以制度创新
推动高水平开放与发展

——基于临港新片区的研究

李正强　主编

中国金融出版社

责任编辑：王雪珂
责任校对：潘　洁
责任印制：丁淮宾

图书在版编目（CIP）数据

以制度创新推动高水平开放与发展：基于临港新片区的研究/李正强主编．—北京：中国金融出版社，2023.7
ISBN 978-7-5220-1958-1

Ⅰ.①以…　Ⅱ.①李…　Ⅲ.①自由贸易区—经济发展—研究—中国　Ⅳ.①F752

中国国家版本馆 CIP 数据核字（2023）第 055928 号

以制度创新推动高水平开放与发展——基于临港新片区的研究
YI ZHIDU CHUANGXIN TUIDONG GAOSHUIPING KAIFANG YU FAZHAN：JIYU LINGANG XINPIANQU DE YANJIU

出版发行　中国金融出版社
社址　北京市丰台区益泽路 2 号
市场开发部　（010）66024766，63805472，63439533（传真）
网上书店　www.cfph.cn
（010）66024766，63372837（传真）
读者服务部　（010）66070833，62568380
邮编　100071
经销　新华书店
印刷　北京九州迅驰传媒文化有限公司
尺寸　169 毫米×239 毫米
印张　19.5
字数　262 千
版次　2023 年 7 月第 1 版
印次　2023 年 7 月第 1 次印刷
定价　59.00 元
ISBN 978-7-5220-1958-1
如出现印装错误本社负责调换　联系电话（010）63263947

前　言

建设自由贸易试验区是党中央在新时代推进改革开放的一项战略举措，也是推动高水平对外开放构建新发展格局的重要抓手。2018年，习近平总书记在首届中国国际进口博览会开幕式上宣布，为了更好发挥上海等地区在对外开放中的重要作用，决定增设中国上海自由贸易试验区的新片区。2019年8月20日，位于上海东南的临港新片区揭牌成立。习近平总书记指出，要更好发挥中国（上海）自由贸易试验区临港新片区作用，对标最高标准、最高水平，实行更大程度的压力测试，在若干重点领域率先实现突破。习近平总书记要求临港新片区要进行更深层次、更宽领域、更大力度的全方位高水平开放，有针对性地进行体制机制创新，强化制度建设，提高经济质量。

为探索临港新片区先行先试、体制机制创新和制度建设的可行路径，进一步推动高质量对外开放，对外经济贸易大学高水平对外开放与金融创新研究中心围绕高标准贸易自由化、高水平跨境金融、离岸人民币市场和资本项目开放、通关便利化、数字产权保护和数据流动五个方面，组织专家学者进行专题研究，本着“两对标（对标高水平自由贸易区的做法、对标CPTPP要求）、一结合（结合中国实际）”的原则，借鉴海外自贸区经验和已有海内外自贸区发展研究成果，进行了比较深入的研究，赴临港新片区和临港集团实地调研，现已形成阶段性研究成果，特汇编成书总结如下。

全书分为五部分，第一部分为“推动上海临港新片区高标准贸易自由化的战略方案、实施路径和保障措施”，由对外经济贸易大学蓝庆新教授课题组负责编写。本节提出临港新片区高水平贸易自由化发展应遵循借鉴国际经验、体现中国特色、倡导内外联动、突出需求导向、坚持底线思维五大发展原则，以贸易规模稳步扩大、国际影响力大幅提升，贸易结构持续改善、核心发展动能有序转化，贸易制度创新突破、区域引领作用充分发挥，发展环境不断优化、要素集聚水平显著增强为发展目标。在对标国际公认的竞争力最强自由贸易港区，分析临港新片区当下发展的重点任务和存在的问题基础上，课题组研究制定了临港新片区高标准贸易自由化战略方案和临港新片区高标准贸易自由化的实现的具体路径。

第二部分为“进一步推动临港新片区高水平跨境金融的政策建议”，由对外经济贸易大学薛熠教授课题组负责。研究发现国外自贸区（新加坡、迪拜等）金融开放水平较高的原因在于：除房地产投资外，资本账户已基本放开；形成了发达的离岸金融市场，有效地推动了金融开放的进程；建立了成熟的风险管控体系，在金融开放的同时防止了金融危机的发生；同时，立足实际，结合自身情况，形成了适合自己的独特发展模式。在总结国内外自贸区金融开放相关经验的基础上，对临港地区的金融开放发展提出了如下建议：一是进一步放开资本账户限制，打造2.0版的分账核算账户体系；二是对标CPTPP，构建高标准经贸规则；三是发展离岸金融市场，打通内外循环机制；四是建立风险防范安全网，更好地承接国外资金。

第三部分为“上海发展离岸人民币市场和资本项目开放研究报告”，由上海财经大学丁剑平教授团队负责。研究认为离岸人民币债券和离岸人民币信贷是上海浦东发展人民币离岸市场的核心。由于所有金融要素和基础设施都与债券市场的基准利率相关，因而应将人民币离岸债券市场作为发展离岸金融的主要突破口。在确立未来人民币离岸市场的改革方向后，研究聚焦于资本项目开放的风险研究，发现资本项目加速开放会增加负债美元化和资本外逃风险，且在其他配套措施不足的情况下，资本项目的开放对人民币国际化无显著地提升。同时指出，临港新片区如果想在资本项目可兑换方面取得突破，需要有中央层面的政策支持和各部门配合。在此基础上，可以进一步完善FT账户，以FT账户为蓝本，统一复杂的跨境账户体系，形成与之相关匹配的统一的监管信息报送平台；借助数字人民币跨境支付便利化契机，打造离岸综合数字化人民币账户，在“统一账户＋大数据实时动态监管”的基础上推进资本项目开放。此外，本节研究还对临港新片区“金改50条”中有关金融创新、资本账户开放、跨境支付等条款进行调研评估，并对临港新片区进一步进行资本账户开放提出政策建议。

第四部分为“推动临港新片区高水平开放研究——通关便利化的制度支持”，本部分由对外经济贸易大学李海莲教授课题组负责编写。本节在梳理过往文献对于通关便利化，总结了国际国内主流自由贸易港口的海关通关制度设计，回顾我国改革开放以来对通关便利领域的相关改革成效，研究建议在临港新片区未来在跨境服务贸易发展的海关监管体系、国际中转集拼和分拨配送、保税维修、保税研发商品监管制度四方面加强通关便利化制度建设，实现对通关便利化的制度支撑。

第五部分为“推动临港新片区高水平数字产权保护和数据流动的方案设计”，本部分由对外经济贸易大学邓慧慧研究员课题组负责，通过将国内对比和国际对标进行分析，得到临港新片区数字产权保护和数据流动规则的发展思路。通过与国际先进国家或地区的对标，临港未来的改进方向包括：建立跨境流动数据分级分类标准和管理制度；探索建立标准格式合同管理模式；引入第三方对数据保护能力认证机制；设置数据保护监管机构，形成统一监管体系；探索新的个人数据跨境流动原则和标准；积极参与国际层面的认证信任机制。进一步与CPTPP进行对标后，未来发展方向包括：允许适当的非本地化要求；加强数字知识产权保护，在临港新片区先行先试严格的网络著作权保护；加快制定针对信息数据跨境传输的相应法律法规；加大侵权处罚力度。基于上述分析，本部分提出了推动数字产权保护和数据流动发展的实施路径。第一，加强数字产权保护力度，包括建立数字产权保护规章体系、强化数字产权保护战略、推动数字产权证券化发展、建设数字产权服务体系和加大侵权行为处罚力度。第二，建设完备的国际通信设施，包括打造新型泛在移动网络、加快国际互联网数据专用通道建设和推进数字经济新型应用设施部署。第三，建立安全的跨境数据流动体系，包括建立数据安全保护体系、加强数据保护能力认证和建立跨境数据流通和交易风险评估机制。第四，优化跨境数据流动治理体系，包括加快完善跨境数据法律管理制度体系、建立健全跨境数据流动安全管理机制、建立分级分类的数据出境安全监管机制和加强跨境数据流动管理国际合作。第五，打造跨境数据流动国际化平台，包括打造跨境数据流动国际化平台、打造信息服务业开放合作的国内外“连接器”、推进重点领域数据流动合作和建设“数字丝路”的国际枢纽口岸。

全书在体现国际化视野的同时，注重理论联系实际，充分借鉴国际经验与中国改革开放的历史进程相结合。针对中国目前改革进入“深水区”的大环境，具体根据临港的实际开放情况，展望了临港新片区下一步改革可能的大方向，同时剖析了具体的改革问题，其方向涉及金融改革，贸易制度设计，数字经济等方面。相信未来临港片区将按照习近平总书记要求，聚焦建设以投资贸易自由化为核心的制度体系，将在更深层次、更宽领域、以更大力度推进全方位高水平对外开放，为全国积累更多可复制、可推广的经验。

落实好自贸区提升战略，推进高水平对外开放，主动且深度对接高标准国际经贸规则，加快形成与国际高标准规则相衔接的制度体系和监管模式，是稳步扩大规则、规制、管理、标准等制度型开放的重要切入点。这需要依赖对内的制度改革，破除制度约束，完善相应的法律法规、实施细则以及配套性政策。

本书借助具体回答临港新片区推进高水平对外开放所面临的具体新问题，试图丰富学术界和业界对于如何通过落实自贸区战略进一步推动制度型对外开放这一问题的理解，引起研究人员对于这一中国经济改革新问题的重视。

本书的完成离不开各位作者的辛苦付出，以及出版社各位同仁的高效工作。对外经济贸易大学原党委书记蒋庆哲教授、原校长夏文斌教授、副校长王强教授、副校长洪俊杰教授、国际经济贸易学院院长唐宜红教授、金融学院党委书记曹小勇教授在本书五个课题的立项、中期评审和结项中，亲自参与并提出了很多宝贵意见，在此表示衷心感谢。

本书的完成得到了临港集团的大力支持，我们要特别感谢临港集团党委书记、董事长袁国华先生在百忙之中给予我们的全面支持，无论是本书最初的立意选题，还是实地调研和研究成果反馈，他都给了我们非常多的宝贵意见和帮助。我们感谢临港集团总裁翁恺宁先生、原副总裁徐斌先生、CFO 杨菁女士、副总经济师王振富先生、原干部处处长庄伟林先生、创新发展研究中心执行主任汪承亮先生，以及相关平台公司领导史乐平先生、逢淑光先生和临港新片区管委会相关部门的同志在我们撰写本书研究过程中的大力支持和宝贵意见。

限于编写人员的知识水平和实践经验，本书的缺点和疏漏之处在所难免，恳请大家多提宝贵意见。

高水平对外开放与金融创新研究中心主任

李正强

2023 年 1 月

目　录

推动上海临港新片区高标准贸易自由化的战略方案、实施路径和保障措施

2019 年 7 月 27 日，国务院发布了关于印发中国（上海）自由贸易试验区临港新片区总体方案的通知，《总体方案》是新时代彰显我国坚持全方位开放鲜明态度、主动引领经济全球化健康发展的重要举措，意在更深层次、更宽领域、以更大力度推进全方位高水平开放。随着全球经济一体化加速，我国国际区域经济合作进展也加速推进，已经签署了 RCEP 等区域合作协议，正在积极准备加入 CPTPP 和加速推动中日韩 FTA 建设，同时国内自由贸易试验区建设不断深入。在我国推进高水平对外开放的背景下，临港新片区作为开放“排头兵”，应当对标国际高标准贸易规则，借鉴国际自由港和国内其他开放先进区域做法，不断推进高质量贸易开放，打造成为我国开放创新的先行先试区以及高水平开放经济的新高地和新引领。

RCEP 协议、中欧投资协定、CPTPP 协议以及“一带一路”倡议为临港新片区高标准贸易自由化带来了发展机遇。RCEP 在货物贸易方面、原产地累积规则方面、服务贸易方面、投资领域、海关程序和贸易便利化方面、标准和技术法规及合格评定程序方面、知识产权方面、电子商务领域、贸易救济、政府采购、竞争政策、中小企业、经济技术合作等领域达成了较高水平规则，给了临港新片区主动对接高标准规则，推进改革，先行先试的机会。中欧投资协定在国内监管、公平竞争、标准和透明度制定、可持续发展等方面的规则水平高于国际上已有的投资协定。欧盟承诺对我国进一步开放可再生能源领域、制造业领域、能源产业领域、批发零售业领域，显著降低了临港新片区企业对欧洲高端制造业领域投资的难度，也为临港新片区制造业和服务业带来更多对接全球优质资源的机会，给临港新片区货物贸易和服务贸易发展提供可持续的产业资源。CPTPP 以其“全面且进步”的特色为区域内生产要素的最佳配置创造最优条件，更好地分享了各成员国彼此的经济成长和发展机会，打造了引领未来国际贸易规则走向的“风向标”。从临港新片区定位来看，对标 CPTPP 条款规则，不断创新改革，引入国际国内资源是其未来发展的方向，也是其推动高水平贸易和开放的重要途径。“一带一路”倡议是推动世界经济社会全面发展，构建人类命运共同体的中国方案，“一带一路”建设为国际贸易和对外开放拓展了新的空间，打开了新的格局，临港新片区拥有得天独厚的产业基础、便利的交通条件、丰富的人才储备和先行先试的政策，“一带一路”倡议给其发挥自身优势，打造以我为主的国际和区域产业链、供应链、价值链，发展自由贸易，拓展国际发展空间带来了重要机遇。

目前高标准国际经贸规则主要体现在若干高标准区域经贸协定（如与我国密切相关的主要有 CPTPP、RCEP 等）以及国际自由港建设中。首先，课题组分别从货物贸易、原产地规则、服务贸易、投资领域、海关程序、知识产权、电子商务、商务人员临时入境、卫生与植物卫生措施（SPS）等高水平贸易自由化规则方面对临港新片区建设相关贸易政策进行了对标分析。其次，课题组通过对国际典型自由港发展特色和模式进行了研究，发现可以为临港新片区自由港发展提供借鉴的经验有：加快推进自由贸易港的集疏运体系建设；加强自由贸易港相关法律法规建设；营造高效、便利、开放的贸易环境；大规模降低税费为临港新片区企业减负；促进自贸港与长三角互动发展；扩大自贸港对 RCEP 区域辐射带动效应。最后，比较海南自由港、北京两区与临港新片区贸易发展政策条款分析认为，与国内高标准自贸区比较而言，临港新片区在资金成本、商事成本和人才政策等方面有较强优势；而在跨境服务贸易的开放程度、金融监管、电子商务、知识产权保护、环境保护等方面存在劣势，需要进一步创新发展探索。综上所述，临港新片区建设在对标国际高标准贸易规则方面存在的有利条件主要有：一是建设综合保税区，促进贸易、运输自由实现。二是投融资资金提供便利化加速，投资、资金自由有突破。三是企业和个人所得税双 15% 政策落地，税制接近自由港标准。临港新片区建设在对标国际高标准贸易规则方面亟待解决的问题有：一是由公平市场制度亟待健全、监管体系尚待完备、产业知识产权保护亟待加强和国有企业影响公平竞争问题亟待解决导致的在新片区营造更优营商环境面临的问题；二是由海关监管便利化程度有待提高、新片区转口贸易的业务成本费用依然较高、传统的外汇管理体制有待完善和现有税收制度不利于离岸贸易的开展导致的在新片区发展国际转口和离岸贸易面临的问题；三是由开放领域依然有限、开放模式单一、服务贸易新业态新模式发展不足、对服务贸易管理的体制机制有待优化和与服务贸易特点相适应的具体监管手段有待创新导致的在新片区发展新型服务贸易面临的问题；四是由新片区实现跨境数据流动面临若干制度障碍、新片区数字产业链核心环节的发展依然薄弱、对数字产业的创新带动作用亟待加强导致的在新片区发展数字贸易、跨境电商面临的问题。

临港新片区高水平贸易自由化发展应遵循借鉴国际经验、体现中国特色、倡导内外联动、突出需求导向、坚持底线思维五大发展原则，以贸易规模稳步扩大、国际影响力大幅提升，贸易结构持续改善、核心发展动能有序转化，贸易制度创新突破、区域引领作用充分发挥，发展环境不断优化、要素集聚水平显著增强为发展目标。在对标国际公认的竞争力最强自由贸易港区，分析临港新片区当下发展的重点任务和存在的问题基础上，课题组研究制定了临港新片区高标准贸易自由化战略方案，一是临港新片区未来的发展要在服务业关键领域开放上实现实质性突破，方案主要内容有：尽快出台临港新片区跨境服务贸易特别管理措施（负面清单），持续推动自贸试验区外商“负面清单”相关试点工作，解绑行政审批管理思维，积极协调深化改革过程中的多方利益，建立加强业务专业化监管制度，建立统一信息共享大数据平台等，进一步促进改革深化；对金融、医疗、维修再制造等核心新兴业态放宽准入条件，除对国防、金融、航空等少数特殊服务业设置例外条款，对所有服务部门均给予准入前国民待遇和最惠国待遇；扩大服务贸易模式，对跨境交付、自然人流动等模式加大关注力度等。二是要在国际贸易业务和监管模式的创新上持续探索完善，方案主要内容有：简化海关通关手续，采取预裁定、抵达前处理、信息技术运用等促进海关程序的高效管理手段；开展离岸贸易只向离岸公司征收年度管理费，不再征收任何税款，出台专门针对离岸贸易的出口退税政策；夯实新片区服务业发展基础，扩大服务业发展规模，充分发展供应链金融、商务服务、互联网服务等新模式新业态；放松对跨境数据流动的监管，高效配置数据资源，在新片区设立《网络安全法》特殊条款，解除对数据跨境流动不畅的限制，推动数字贸易发展，打造数字产业链，打造高质量数字产业内容产品，夯实数字贸易发展产业根基；加强专利申请意识和国际标准意识，明确关于商标、工业设计、版权和专利等具体规定，知识产权保护机制要体现知识产权保护发展的新趋势，扩大知识产权保护范围，明确专利付费、强制许可以及专利撤销的权利和义务，向 RCEP、CPTPP 进一步靠拢；出台切实可行、公平公开的方案，保障私企公平竞争权益，对国有企业在特定行业准入上进行限制和管理，对任何有据可查的国有企业享有的特惠进行梳理和全面削减；完善新片区对于数据流动监管、国有企业监管、环境监管、劳工监管、知识产权保护监管制度，建立行业自律性监管制度，建立公众参与监管的机制，增强监督技术水平；建立校企合作机制，打造“政产学研金服用”的贸易—金融—科创生态体系等。三是积极推动匹配国际贸易新业态的金融开放创新，方案主要内容有：与央行、外管局积极沟通协作，完善外汇管理政策，促进外汇管理体制机制接轨国际高标准水平，创新探索离岸贸易的金融支持政策，积极匹配服务国际贸易新业态企业，解决外汇收付困难问题；放开离岸贸易项下预付和预收货款额度限制，放宽在岸账户和离岸账户之间资金往来限制；深化改革审核结算模式，完善本外币一体化跨国公司资金池管理，从制度上保证企业跨境资金收付便利性。

丰富临港新片区高标准贸易自由化战略方案，加强问题导向力度，实施一批面向全球、面向未来，具有突破性、引领性和差异化的重大改革创新举措，为国家建设更高水平开放型经济新体制提供临港模板、贡献临港智慧。临港新片区高标准贸易自由化的实现可走如下四条路：一是走加快服务业进一步扩大开放、深入推进投资管理制度改革，积极探索新型国际贸易业态、稳步推进智慧海关监管体系的建设高效透明的高标准贸易自由化政策之路。

二是走大力促进创新型金融要素集聚辐射、率先打造全国金融开放先行区，强化高能级全球航运枢纽功能、建设具有国际优势的航运发展软环境，对标国际化创新型高层次人才服务管理模式、建设高端人才集聚高地，率先探索数据跨境流动便利化制度保障、抢占全球数字化治理主战场的建设竞争有序的高标准贸易自由化市场之路。三是走提升自贸试验区立法位阶、开放授权制度保障临港新片区权利需求空间，对标最高标准自由贸易港区税制安排、实施具有国际竞争力的税收制度的建设公平正义的高标准贸易自由化法治之路。四是走优化开放创新风险防控体系、实现临港新片区风险压力测试真正破题，深化区域高质量服务体制机制、打造高效便利全方位服务体系，发挥临港新片区辐射带动效应、实现与长三角一体化发展示范高效联动的建设精准到位的高标准贸易自由化服务之路。政策之路实施路径：在加快服务业进一步扩大开放、深入推进投资管理制度改革上，一是要分类放宽服务业准入限制，二是要全面推行行政服务标准化和规范化，三是要清理并创新临港新片区政策措施，四是要优先争取服务业核心领域开放实质性落地；在积极探索新型国际贸易业态、稳步推进智慧海关监管体系上，一是要加快 5G 国际通信基础设施建设，二是要吸收、吸引跨国公司亚太总部和功能性全球总部落户，三是要鼓励外资设立和发展全球研发中心和开放式创新平台，四是要实施国际贸易创新的税收优惠政策，五是要构建全要素多层次智慧海关监管体系。市场之路实施路径：在强化高能级全球航运枢纽功能、建设具有国际优势的航运发展软环境上，一是允许部分国外资本控制的航运企业在各自境内沿海港口之间从事沿海捎带业务，二是完善港口集疏运体系，三是加强海铁联运发展专项补贴政策扶持力度；在对标国际化创新型高层次人才服务管理模式、建设高端人才集聚高地上，一是完善外籍人才自由出入许可制度，二是打造国际顶尖科学家社区，三是强化住房供给保障；在率先探索数据跨境流动便利化制度保障、抢占全球数字化治理主战场上，一是建立数据跨境流动领域“白名单”制度，在临港新片区内放宽跨境商务、高科技产业和科技研发领域的跨境数据流动管控，二是积极参与跨境数据流动国际合作，三是探索数据跨境流动个案案例指导机制。法制之路实施路径：在提升自贸试验区立法位阶、开放授权制度保障临港新片区权利需求空间上，一是根据实践需要、结合《总体方案》逐级提出立法需求，单独制定临港新片区的地方性法规，依法设计临港新片区地方性法规的架构，二是加快构建分领域、分类别的自贸区专项法律法规；在对标最高标准自贸园区税制安排、实施具有国际竞争力的税收制度上，一是制定临港新片区重点发展产业“白名单”，增值税分等级优惠征收，前期可以按10%或4%征收，企业申请发票由审批制改为备案制，完善增值税专用发票开票端的数据共享，二是对新片区内开展离岸业务的企业，专门设置“离岸账户”和“离岸业务税务登记证号”，对有境外股权投资的企业，允许其以境外盈利弥补境内亏损，适当放宽间接抵免适用范围，三是对在新片区投资创办科创类企业的个人，根据其投资行业类别和创办企业类型，全额返还其在新片区5年内或7年内实际缴纳的个人所得税。服务之路实施路径：在优化开放创新风险防控体系、实现临港新片区风险压力测试真正破题上，一是成立金融风险防控中心、互联网金融安全技术中心等专门机构，二是加强国际和地区间的监管互认与合作，三是完善知识产权保护制度，加强跨境知识产权维权服务；在深化区域高质量服务体制机制、打造高效便利全方位服务体系上，一是协调相关部门，不断丰富“一网通办”境外人士和外资企业办事指南、政策指引等办事服务指引功能，二是建立临港新片区促进企业利用资本市场高质量发展联席会议制度，三是推进社会事业“15分钟服务圈”建设；在发挥临港新片区辐射带动效应、实现与长三角一体化发展示范高效联动上，一是强化新片区贸易辐射服务功能，二是协同推进贸易平台共建与互通，三是引领推进长三角区域国际贸易“单一窗口”互联互通，四是引领推进长三角产业创新协同。

着眼于推动各项重大战略和重点任务落实，实现《临港新片区总体方案》《临港新片区发展“十四五”规划》《临港新片区新型国际贸易发展

"十四五"规划》确定的发展目标和推动上海临港新片区高标准贸易自由化战略方案，必须不断完善方案实施机制，以组织保障和要素保障为关键点，加强资金、土地、智库等要素的保障开展，建立完善方案实施的保障体系，加强考核监督，动员和引导全社会力量共同实现发展蓝图。

一、当前我国国际区域经济合作进展对临港新片区高标准贸易自由化带来的机遇

（一）RCEP 协定签署为临港新片区贸易发展提供高水平规则

区域全面经济伙伴关系（Regional Comprehensive Economic Partnership，RCEP）与欧盟、北美自由贸易区在经济层面形成了"三足鼎立"的格局，RCEP 协定将显著提升区域经济一体化水平。在 RCEP 协定货物贸易方面，生效后区域内 90% 以上的货物贸易将最终实现"零关税"。对于 RCEP 协定和区域内自贸区中相互重叠的降税产品，企业仍然可以在双边自贸区下享惠，而由于 RCEP 协定可以与原产地累计，待未来 RCEP 协定逐步降税到位，在同等优惠关税下，企业都会逐步采用 RCEP 协定这一更优的原产地政策享受优惠。RCEP 协定达成的货物贸易领域价值最大的成果，即规定了区域内的原产地累积规则。RCEP 协定与多数自由贸易协定的双边原产地规则不同，规定商品从 A 国进入另一自贸伙伴 B 国，可以使用协定中多个缔约方的中间品，来达到所要求的增值标准或生产要求，这样 A 国享受 B 国"零关税"的门槛会明显降低。RCEP 协定在服务贸易方面的开放水平都显著高于各自"10 + 1"协定。对中方而言，开放承诺已经达到已有自贸协定的最高水平，承诺服务部门数量在中国加入世界贸易组织后约 100 个部门的基础上，新增开放 22 个部门，提高 37 个部门的承诺水平。除了市场开放及相关规则外，还包含金融服务、电信服务和专业服务三个附件，对金融、电信等领域作出

了更全面和高水平的承诺，对专业资质互认作出了合作安排。在投资领域，RCEP 协议的签署达成了中国有史以来首张对制造业、农业、林业、渔业、采矿业 5 个非服务业领域投资自由化承诺的负面清单。随着 RCEP 协定的签署，中国第一次以国际协定的方式作出了承诺，确定了清单以外全面开放，不再有限制性措施，也完全契合我国“开放的大门越来越大”的承诺。除了投资自由化外，RCEP 协定还包括很全面的投资保护、投资促进和投资便利化措施。尤其是投资保护，将显著提升投资政策的透明度和信心，进一步吸引区域内外的投资。在海关程序和贸易便利化方面，RCEP 协定简化了海关通关手续，采取预裁定、抵达前处理、信息技术运用等手段促进海关程序的高效管理。尽可能在货物抵达后 48 小时内予以放行。对快运货物、易腐货物等，争取在货物抵达后 6 小时内放行，将推动果蔬和肉、蛋、奶制品等生鲜产品的快速通关和贸易增长。整体水平超过中国加入世界贸易组织后参加并达成的首个多边货物贸易协定《贸易便利化协定》（TFA）。在标准、技术法规和合格评定程序方面，RCEP 协定在推动各方对标准的认可、技术法规和合格评定程序中减少不必要的技术性贸易壁垒，并鼓励各方标准化机构在加强标准、技术法规以及合格评定程序方面的交流与合作。这些举措将提高域内货物贸易便利化水平，降低贸易成本，促进形成区域一体化市场。在知识产权领域，RCEP 协定既包括传统知识产权主要议题，也体现了知识产权保护发展的新趋势。全面提升了区域内知识产权整体保护水平，将有助于促进区域内创新合作和可持续发展。在电子商务领域。RCEP 协定的达成是亚太区域内首份范围全面、水平较高的多边电子商务规则成果，涵盖了丰富的促进电子商务使用和合作等相关内容，主要包括了促进无纸化贸易、推广电子认证和电子签名、保护电子商务用户个人信息、保护在线消费者权益等规则。RCEP 协定还在贸易救济、政府采购、竞争政策、中小企业、经济技术合作等领域达成了较高的水平规则。上海是中国的贸易中心和航运中心，未来 RCEP 协定对于进出口贸易有很强的带动作用，必然对上海国际贸易和航运带来发展机遇。临港新片区是上海自贸试验区的组成部分，不仅直接适用上海自贸试验区各项开放创新措施，而且拥有其独特的功能定位、政策优势和制度创新。RCEP协议中体现的高标准国际经贸规则，其内容是分阶段、分类别有序推进的，给了临港新片区主动对接高标准规则、推进改革、先行先试的机会。有助于临港新片区在深化优化贸易环境、调整布局产业链、联通国内国际市场、打造双循环核心枢纽等方面积极发力，把临港新片区打造成RECP协定区域乃至全球贸易网状结构的中心。

（二）中欧投资协定为临港新片区贸易发展提供产业资源

中欧投资协定在国内监管、公平竞争、标准和透明度制定、可持续发展等方面的规则水平高于国际上已有的投资协定。欧盟承诺对我国进一步开放可再生能源领域、制造业领域、能源产业领域、批发零售业领域，显著降低了临港新片区企业对欧洲高端制造业领域投资的难度。在欧盟2021—2027年财政预算框架和“下一代欧盟”基金计划中，除抗击新冠肺炎疫情和支持经济复苏外，推进数字化和绿色投资是最大的投入领域。我国相关领域（如光伏、风电）的企业在全球具备较强竞争力，该协定达成后，欧盟将为中国开放该领域投资，中国企业有望进一步受益。我国首次承诺在各行业实施负面清单开放制度，在服务业、制造业领域加大对欧盟资本的开放力度。中欧投资协定完成也为中欧自贸协定打下基础，进一步加深我国与欧盟的经贸关系，加快中欧贸易自由化进程，尽管当前中欧投资协定处于暂时搁置状态，但未来正式实施仍可期待。临港新片区作为我国高水平开放的前沿，制造业和服务业面临更多对接全球优质资源的机会，市场准入范围将不断扩大，中欧投资协定将为临港新片区货物贸易和服务贸易发展提供可持续的产业资源。

（三）CPTPP为临港新片区高水平开放提供对标方向

跨太平洋伙伴关系协定（TPP）被称为史上最高标准的自贸协定，全面与进步跨太平洋伙伴关系协定（Comprehensive Progressive Trans－Pacific Partnership，CPTPP）则是从整体上继承了TPP的精神和原则，保留了其中原本的市场开放框架和95%的条款，所以仍不失为全球范围内最高标准的自贸协定。该项协定之所以被命名为“全面与进步”，是因为其远远超过了一般自贸协定仅为降低交易成本而签订，更多地还包括了确保提高亚太地区劳工和环境标准，创造出更多旨在提高人民生活水平的对外贸易和就业机会等重要目标。在CPTPP最终版本中，完整地保留了“电子商务章节”（对通过数字贸易创建的数据提供广泛保护），“政府采购章节”（规定向外国投标人同等开放政府采购合同），以及“国有企业章节”（主要体现在限制成员国政府补贴国有企业和限制成员国政府干预市场方面）等原TPP条款，这是“国企条款”首次被纳入国际贸易协议。与TPP较为严苛的生效条件相比，即“须获得全体签约国当年（2013年）经济总量之和85%以上的六个国家批准后的60天后生效”，CPTPP的生效条件较为宽松，在11个签字国中，只需有6个国家完成国内立法机构的审批手续后，即可在60天后自动生效。CPTPP条款关注知识产权保护，缩短了创新药物的专利保护期和版权期限，缩小了信息保护范围。CPTPP为区内生产要素的最佳配置创造最优条件，更好地分享了各成员国彼此的经济成长和发展机会，打造了引领未来国际贸易规则走向的“风向标”。从临港新片区定位来看，对标CPTPP条款规则，不断创新改革，引入国际国内资源是其未来发展的方向，也是其能够打造高水平贸易和高水平开放的重要途径。我国正在积极考虑加入CPTPP，这不仅与临港新片区的目标定位和发展要求有关，更与CPTPP设计的理念“全面且进步”以及自身建设的“引领性”有关。

（四）“一带一路”倡议为临港新片区开放带来拓展空间

“一带一路”倡议是推动世界经济社会全面发展，构建人类命运共同体的中国方案，中国实施高水平开放正是体现了中国推动“一带一路”倡议建设的担当。“一带一路”倡议适应国际形势，为国际贸易拓展了新的市场，打开了新的格局。一方面，“一带一路”倡议为企业“走出去”减少了阻碍。很长一段时间以来，我国对外贸易受到不同程度贸易壁垒的阻碍，高昂的关税等因素使中国外贸企业“走出去”的负担沉重，难关重重。此外，当地的基础设施落后、人员综合素质相对较低等均是增加企业“走出去”成本的隐患。“一带一路”倡议沿线各国与中国之间的经贸互惠互利，中国为沿线各国提供一定的基础设施建设，专业技术人员的培训教育以及各国相互之间的关税优惠使中国企业在“走出去”的道路上更有了底气，阻碍明显减少，国际竞争力也有了显著的提高。另一方面，“一带一路”倡议的推行给中国外贸企业带来了机遇。单纯靠企业自身开辟一个新市场的成本和风险非常之大，而“一带一路”倡议为中国企业积极寻找合适的新市场，并为中国外贸企业提供多种多样的政策优惠，使中国外贸企业在营商之路能够走得更加轻松，风险、成本得到良好控制。临港新片区要成为世界级自贸试验区，也必须承载新形势下“一带一路”建设“桥头堡”的重要任务。随着“一带一路”倡议务实推进，得到越来越多的国家和国际组织认可，它们积极参与到“一带一路”建设中来，目前已有138个国家、31个国际组织与中国签署了201份共建“一带一路”合作文件。临港新片区拥有得天独厚的制造业基础、便利的交通条件、丰富的人才储备和中央多项优惠政策，“一带一路”倡议为临港新片区发挥自身优势，与相关国家战略对接，打造以我为主的区域价值链，发展自由贸易，拓展国际发展空间带来了重要机遇。

二、RCEP、CPTPP的相关条款与临港新片区建设相关贸易政策对标分析

（一）RCEP、CPTPP高标准贸易自由化的相关条款

临港新片区建设需要以高标准国际经贸规则为蓝本，将其打造成为高水

平开放经济的新高地和新引领。目前高标准国际经贸规则主要体现在若干高标准区域经贸协定中，与我国密切相关的主要有《全面与进步跨太平洋伙伴关系协定》（CPTPP）、《区域全面经济伙伴关系协定》（RCEP）等。表1为RCEP、CPTPP高标准贸易自由化的相关条款。

表1　RCEP、CPTPP高标准贸易自由化的相关条款

相关条款	《区域全面经济伙伴关系协定》（RCEP）	《全面与进步跨太平洋伙伴关系协定》（CPTPP）
货物贸易方面	总体上，协定生效后区域内90%以上的货物贸易将最终实现“零关税”。中国承诺对86%～90%的产品完全开放。中方对东盟十国、澳大利亚、新西兰承诺的最终“零关税”税目比例均为90%左右。除老挝、柬埔寨、缅甸3个最不发达国家外，其余东盟成员、澳大利亚、新西兰对中国承诺的相应比例与我国大体持平或略高于我国承诺比例。关税减让主要分为立刻降税到零和10年内降税到零	大幅度削减成员国间工业品的关税和非关税壁垒，大部分成员国零关税的比重都将达到80%以上。不限制或不禁止货物进出口，并对进口产品给予不低于国内生产的同类产品的待遇。取消对再制造产品的进口限制措施。执行原产地规定，只有缔约方生产的产品（包括中间投入）适用于CPTPP关税优惠，以促进区域内供应链发展。要求最终实现全部贸易品“零关税”
原产地规则方面	RCEP首次增加了货物的出口商或生产商签发原产地声明的资格，并明确各个缔约国应该落实该制度的期限。首次提出背对背原产地证明概念，即中间缔约方的出口商针对已由原出口方出具原产地证明的货物再次分批分期灵活出具的原产地证明，在所涉货物在其他缔约国通关时仍然享受协定税率。在确定货物的原产资格无疑问的情况下，允许轻微差异、信息遗漏、打字错误或者特定字段的突出显示在内的微小差错。允许在确定货物是否适用RCEP关税优惠时，将来自RCEP任何缔约方的原产成分都考虑在内，实行原产成分累积规则 RCEP规定商品从A国进入另一自贸伙伴B国，可以用协定中多个缔约方的中间品，来达到所要求的增值标准或生产要求，A国享受B国“零关税”的门槛可明显降低	针对不同商品制定了有差异的区域价值标准，而且提供了四种计算方式：净成本法、扣减法、累积法和集中值法，每种计算方法的区域价值要求都存在一定的差异。CPTPP除对商品整体提出要求外，还对其活性成分或关键零部件提出了区域价值标准。对汽车和纺织品提出了专门的原产地标准，其中对纺织品的要求极其严格。CPTPP对奶制品的保护尤为明显，在程序性规则中详细规定了进口商和出口商的义务，对纺织品单独设置了原产地规则，定义了纺织品的贸易受到威胁时的救济措施等规则，免于提交原产地证书的上限为1000美元

续表

相关条款	《区域全面经济伙伴关系协定》（RCEP）	《全面与进步跨太平洋伙伴关系协定》（CPTPP）
服务贸易方面	各国在RCEP项下的开放水平都显著高于各自“10+1”协定。对中方而言，开放承诺达到了已有自贸协定的最高水平，承诺服务部门数量在中国加入世界贸易组织承诺约100个部门的基础上，新增开放22个部门，提高37个部门的承诺水平 除了市场开放及相关规则外，还包含金融服务、电信服务和专业服务三个附件，对金融、电信等领域作出了更全面和高水平的承诺，对专业资质互认作出了合作安排	采用了“准入前国民待遇+最惠国待遇+例外条款”这一自由化程度较高的方式，即对所有服务部门均给予准入前国民待遇和最惠国待遇，仅对国防、金融、航空等少数特殊服务业设置例外条款。而且，在服务贸易、金融服务、投资等领域均采用“负面清单”的模式
投资领域	包含了公平公正待遇、征收、外汇转移、损失补偿等投资保护条款，以及争端预防和外商投诉的协调解决等投资便利化条款。采用负面清单方式对制造业、农业、林业、渔业、采矿业5个非服务业领域投资作出较高水平开放承诺。确定了清单以外全面开放，不能再有限制性措施，彻底锁定了当前的改革成果。保留各方在特别敏感领域进行监管的权利，成员方将对一些敏感领域保留政策灵活性，对包括公共卫生在内的重要公共福利目标进行监管。除了投资自由化外，投资章节本身还包括很全面的投资保护、投资促进和投资便利化措施	对中央政府主管机关、外国投资管理机关的范围放松了，对“书面协定”、国家掌握自然资源的范围、公共服务的内涵、投资授权的内涵进一步扩大，协定约束范围增加。执行准入前国民待遇加“负面清单”制度，禁止如“技术本地化”等生产要求，投资所涉资金享受自由转账，并为投资纠纷提供中立而透明的国际仲裁渠道。不仅提供了包括国民待遇和最惠国承诺、最低待遇标准等基本投资保护，而且确保投资者能够将资金转入和流出东道国，不考虑国籍地任命高级管理人员
海关程序方面	简化了海关通关手续，采取预裁定、抵达前处理、信息技术运用等促进海关程序的高效管理手段。尽可能在货物抵达后48小时内进行放行。对快运货物、易腐货物等，争取在货物抵达后6小时内进行放行，将推动果蔬和肉、蛋、奶制品等生鲜产品的快速通关和贸易增长。整体水平超过了世界贸易组织颁布的《贸易便利化协定》（TFA）	在信息共享和统一标准的基础上，通过风险评估系统的筛查和自动化、简化的海关手续，便利货物放行，优化快件运输，降低交易费用。在正常情况下，对等于或低于根据缔约方法律所设定的固定数额不计征关税。每一缔约方应定期审议该数额，同时考虑相关影响因素

续表

相关条款	《区域全面经济伙伴关系协定》（RCEP）	《全面与进步跨太平洋伙伴关系协定》（CPTPP）
知识产权领域	涵盖了著作权、商标、地理标志、专利、外观设计、遗传资源、传统知识和民间文艺、反不正当竞争、知识产权执法、合作、透明度、技术援助等广泛领域。既包括传统知识产权主要议题，也体现了知识产权保护发展的新趋势。全面提升了区域内知识产权整体保护水平，将有助于促进区域内创新合作和可持续发展	在地理指标、版权保护、反规避责任、专利保护、药品定价等方面提出的标准也明显高于世界贸易组织颁布的《与贸易相关的知识产权协定》（TRIPS）的水平。知识产权条款将以往免费获取的专利变为必须付费，无法运用强制许可、专利撤销手段使用发达国家的专利
电子商务领域	主要包括了促进无纸化贸易、推广电子认证和电子签名、保护电子商务用户个人信息、保护在线消费者权益、加强针对非应邀商业电子信息的监管合作等规则。制定跨境传输数据对规则，并限制成员国政府对数字贸易施加各种限制，包括数据本地化（存储）要求	解除对电子商务领域的管制，承诺不对电子传输的产品或在线数字产品征收关税或其他费用，保护个人信息，保护跨境信息自由流动和最小化数据本地化要求，防止政府要求访问企业专有软件源代码。给予数字产品非歧视待遇、不得强制要求计算设施设于境内、不得强制要求提供源代码。规定了不得在域名中出现的内容，规范和明确了声音商标注册和气味商标注册
商务人员临时入境方面	承诺对于区域内各国的投资者、公司内部流动人员、合同服务提供者、随行配偶及家属等各类商业人员，在符合条件的情况下，可获得一定居留期限，享受签证便利，开展各种贸易投资活动。承诺适用范围扩展至服务提供者以外的投资者、随行配偶及家属等协定下所有可能跨境流动的自然人类别	承诺使企业能够将关键人员转移并临时获得高技能的全球人才，进入的企业不受配额等数字限制，也不需要进行经济需求测试（或劳动力市场影响评估）
卫生与植物卫生措施（SPS）方面	在世界贸易组织颁布的《卫生与植物卫生措施协定》基础上，RCEP 加强了风险分析、审核、认证、进口检查，以及紧急措施等规则的执行	确立了区域化、等效性、科学和风险分析、进口检查和透明度等承诺，并设立了 SPS 措施委员会、建立了合作技术协商机制，增强了缔约方之间交流和贸易的可预测性

资料来源：笔者整理。

（二）临港新片区建设相关贸易政策对标分析

1. 货物贸易

临港新片区建立洋山特殊综合保税区，采取境外货物入区、保税区内货物交易免征增值税和消费税、区内货物出境免征出口关税、国内货物入区出口退税等措施。新片区在物理围网区内取消不必要的贸易监管、许可和程序要求，实施以安全监管为主的监管模式和实施特殊的税收政策。在货物报关出口之日起至次年4月30日之前的征期内，需要申报退税。同时，需要明确生产企业收购视同自产产品、取消出口退税率、出口免税及启运港退税核销货物的税收关系。对于区域内自贸区中相互重叠的降税产品，企业可以在双边自贸区下享惠。对不同的产品和服务，关税减让可以尝试立刻降税到零和10年内降税到零分阶段分批次实施，不限制或不禁止货物进出口，并对进口产品给予不低于国内生产的同类产品的待遇。

2. 原产地规则

利用RCEP区域优势，积极应用实施背对背原产地证明概念，由原出口方出具原产地证明的货物再次分批分期灵活出具的原产地证明，中间缔约方的出口商在所涉货物在其他缔约国通关时仍然享受协定税率。在进口方面，在对商品整体提出符合我国国情的原产地规则要求的基础上，对其活性成分或关键零部件依据区域和经济体划分价值标准。签发对外贸易经营者备案和原产地企业备案“两证合一”货物原产地证书，办理对外贸易经营者备案的企业将同时完成原产地企业备案，无须再专门到海关办理原产地企业备案。实现对外贸易经营者备案、原产地企业备案“一次受理、一次备案、一次发证”，企业无须重复录入信息。“两证合一”采取商务部门负责备案、采集和推送信息，海关、贸促机构接收导入备案信息的业务流程模式，在“总对总”层面实现备案信息自动推送、导入、转换，部门间系统对接、互联互通、数据交换、信息共享。

3. 服务贸易

临港新片区需取消不必要的贸易监管、许可和程序要求，实施更高水平的贸易自由化便利化政策和制度。对境外抵离物理围网区域的货物，探索实施以安全监管为主、体现更高水平贸易自由化便利化的监管模式。开展资金、人才和数据跨境流动便利化试点，建立本外币一体化账户体系，建设世界顶尖科学家社区，实施汽车产业、工业互联网、医疗研究、金融等领域的数据跨境安全有序流动试点。减低专业资质互认门槛，积极对接各国各地区专业资格证书相互认证工作。尝试采用“准入前国民待遇 + 最惠国待遇 + 例外条款”这一自由化程度较高的准入方式，针对一些特殊部门设置例外条款。

4. 投资领域

率先试点在若干领域放宽外商投资准入，尽最大可能减少外商投资准入负面清单条数，确定清单以外全面开放，不再设有限制性措施，锁定当前的改革成果，防止改革“倒退”现象发生。颁布促进投资自由的政策，如实施外商投资安全审查制度和商事主体登记确认制，深入实施“证照分离”改革，保障投资者资金出入境高效便捷，不考虑国籍地任命高级管理人员。先行先试扩大金融、增值电信、数据跨境流动、教育、医疗、文化等领域对外开放。

5. 海关程序

在海关程序及贸易便利化方面，临港新片区在一、二线进出口环节，简化海关手报手续，在区内管理、统计制度上，减少对企业经营活动的干预，并运用自动化手段，推出关税保函试点业务，做到先放后税、便利通关。充分利用临港新片区海关特殊监管区域的功能，在监管通关、物流监控、统计分析以及技术保障等业务方面，发挥好便捷操作、便利通关的优越性。尽可能在货物抵达后 48 小时内放行，对快运货物、易腐货物等，争取在货物抵达后 6 小时内放行，推动果蔬和肉、蛋、奶制品等生鲜产品的快速通关。

6. 知识产权

临港新片区开展国际合作规则试点，加大对专利、版权、商业秘密等权利和数据的保护力度，主动参与引领全球数字经济交流合作。完善专利付费制度，重视高新技术领域专利国际申请备案，全面提升区域内知识产权整体保护水平。成立中国（上海）自贸试验区临港新片区知识产权综合服务窗口和中国（上海）知识产权维权援助中心临港新片区分中心，为区域企业、高校以及个人提供确权、保护、交易、运用等“一站式”服务。推进上海知识产权地方综合立法，加强科创板企业涉及知识产权转让许可、资产评估、风险防控等服务，将知识产权保护绩效纳入各区党委和政府绩效考核体系和营商环境评价体系。

7. 电子商务

临港新片区建设安全便利的国际互联网数据专用通道，加快5G等新一代信息基础设施建设，提升宽带接入能力，开展网络服务质量和应用水平试点，开展数据跨境流动的安全评估，加大对专利、版权、企业商业秘密等权利及数据的保护力度。促进无纸化贸易、电子认证和签名、保护电子商务用户个人信息、保护在线消费者权益。制定跨境传输数据对规则，包括数据本地化存储要求。给予数字产品非歧视待遇，放宽计算机设施服务器地理位置要求，加强电子商务企业源代码保护力度。

8. 商务人员临时入境

临港新片区对外籍人才实施更加开放便利的政策措施，建立外国人在新片区内工作许可制度和人才签证制度，其在境外的从业经历可视同国内从业经历，允许境外人士在新片区内申请参加我国相关职业资格考试。放宽跨境流动自然人类别范畴，对于区域内各国的投资者、公司内部流动人员、合同服务提供者、随行配偶及家属等各类商业人员，在符合条件的情况下，放宽居留期限并且提供“一站式”签证便利服务。

9. 卫生与植物卫生措施（SPS）

临港新片区成立临港技术标准检验检测服务联盟，建设符合临港产业导向的检验检测和标准计量的联盟体系，并扩大采信第三方检验检测认证结果的范围，以完善“十检十放”模式为抓手，形成具有刚性约束的闭环管理。加强风险分析、审核、认证、进口检查，以及紧急措施等规则的实施执行力度。建立合作技术协商机制，增强缔约方之间交流和贸易的可预测可执行性。

三、国际自由贸易港经贸制度、海南自贸港经贸制度、北京两区经贸建设制度总结分析及与临港新片区贸易发展政策的对标研究

（一）典型自由港的比较分析

自由港对一个地区甚至一个国家外向型经济发展起到重要的作用。临港新片区打造自贸港，可以扩大港口吞吐量，提高港口的中转功能，自由港的发展会促进港口向综合性、多功能方向发展，使港口成为外向型经济中心，进而会促进港口所在地区外向型经济的发展。临港新片区打造自贸港能最大限度地适应国际贸易灵活性的要求，提高贸易中各方的经济效益，促进自由港及毗邻地区就业率提升和第三产业的繁荣等。国际自由港的核心竞争力在于贸易便利化、投资自由化、金融国际化以及健全的法制保障，通过政策创新提升管理效率，降低企业经营成本。中国香港、新加坡、迪拜、鹿特丹是世界上典型的自由港，参考借鉴其国际经验为临港新片区建设提供可参考样板。

1. 典型自由港的同质性比较

（1）突出的区位地缘优势

国际典型自由港一般具有优越的区位条件，地处多条水路交通的交汇

点，具有较好的地缘优势，大多背靠或易于与广大腹地相连，能够在国际贸易中获得广阔市场。比如中国香港地处太平洋沿岸各国中心，是太平洋和印度洋航运要道，由欧洲、非洲和南亚次大陆往来东亚之间的航运，都以中国香港为中转站。新加坡自由港处于马六甲海峡东南端，太平洋和印度洋交通要道，是连接亚洲、欧洲、澳大利亚、非洲的海上交通枢纽。迪拜自由港位于波斯湾东南侧、阿曼湾西侧，处于亚洲、非洲、欧洲三大洲的交汇点，便于同世界各国进行贸易活动。鹿特丹自由港位于莱茵河与马斯河汇合处，是欧亚大陆桥的西桥头堡，素有“欧洲门户”之称，地理位置同样极为优越。

（2）较为完备的集疏运体系

国际典型自由港普遍注重集疏运体系建设，将其视为港口重要硬件条件和竞争优势。香港自由港有通往世界各地的海上和空中航线，海上运输尤为发达。新加坡自由港作为国际航运中心之一，建立了四通八达的航运网络体系，已开辟世界各地航线 250 多条，与 120 多个国家和地区的 600 多个港口建立业务关系，每天有班轮开往世界主要港口。迪拜自由港在集疏运体系建设上具有前瞻性，建于 20 世纪 60 年代至 70 年代的拉希德港和杰贝阿里港均为挖入式人工港，已联通 120 多条世界主要航线。迪拜还建设世界一流的基础设施，将自由港、机场、自由贸易区连为一体。鹿特丹自由港集疏运体系建设注重多种运输方式的连接和连通，将港口、铁路、公路、内河、管道和城市交通系统及机场连接，构成有机系统，内连各港区码头，紧接港口工业区和市区，远通欧洲综合交通管网，为货物多元物流、多式联运奠定了良好的基础设施条件。

（3）开放便利的国际贸易环境

国际典型自由港除具备区位地缘先天优势，以及现代化集疏运体系的后天优势外，还具有开放自由的经济环境和开放便利的国际贸易环境，这也是自由港具有较强国际竞争力必备的软环境。国际典型自由港通过降低市场准入门槛、提升海关效率、提供优质物流服务和商业运营环境等提升贸易便利化水平，使其在周边国家和地区中脱颖而出，对货物、资本、人员产生较强吸引力。

（4）纳税简便的低税负环境

国际典型自由港一般具有税制简单、税负较低的特点。简单的税制大幅降低了市场主体处理涉税业务的时间，降低了制度性交易成本。较低的税费负担水平又降低了市场主体的运营成本，增强其盈利能力。根据普华永道（PWC）和世界银行集团（World Bank Group）联合发布的《世界纳税指数报告》，4 个自由港所在国家或地区纳税时间大幅低于世界平均水平。

（5）透明清廉公正的法治环境

国际典型自由港所在国家或地区一般具有透明、清廉、公正的法治环境，市场主体无须付出寻租成本或寻租成本较低，就能确保国际贸易活动顺畅进行，这是吸引市场主体的重要制度因素。透明国际（Transparency International）每年发布全球清廉指数（The Corruption Perceptions Index，CPI），4 个自由港所在国家或地区均排在世界前列，荷兰、新加坡进入法律遵从度最高国家之列。良好的法治环境为自由港持续稳定发展提供了可靠保障。

2. 典型自由港的异质性比较

（1）国际典型自由港与自贸区配置模式比较

世界上第一个自由港是于 1547 年建立的意大利里窝那自由港。至今，世界自由贸易区的发展已有 400 多年的历史。在其发展过程中，在不同的国家和不同时期，人们对它有不同的称谓。现阶段可以称作自由贸易区的名称有自由港、自由区、对外贸易区、自由贸易区、出口加工区、科学工业园区、自由关税区、保税仓库和免税工厂等。按照主要功能特点划分，自由贸易区可分为自由港型、转口集散型、贸工综合型、出口加工型、保税仓库型、商业零售型和自由边境区型等，如表 2 所示。

表2　世界自由贸易区的主要类型

类型	主要功能	代表港口
自由港型	主要功能为装卸、储存、包装、买卖、加工制造等，其特点是对进口的外国商品原则上不征税	典型自由港型自由贸易区如中国香港、新加坡等
转口集散型	以港口装卸、货物储存和转运为主	该类型自由贸易区如汉堡自由港、不来梅自由区、马赛自由区、巴拿马科隆自由贸易区等
贸工综合型	主要功能包括国际贸易、简单加工和制造	目前世界上的自由贸易区多数属这种类型
出口加工型	主要功能以出口加工为主，以国际贸易和储运服务功能为辅	多分布在亚太地区，主要从事以出口为导向的制造业
保税仓库型	主要是发挥保税功能，境外货物不必办理进口手续即可长时间处于保税状态，可以进行再包装、混合、处理、分级、挑选等业务	—
商业零售型	该类自由贸易区允许从事展示和零售业务	智利伊基克自由贸易区
自由边境区型	墨西哥马魁拉多拉边境工业区是该类自由贸易区的典型	墨西哥是设置自由边境区最多的国家，利用其靠近美国的区域特点，发展出口加工业

资料来源：笔者整理。

按照区域的开放形态划分，自由贸易区经济发展模式分为开放型经济发展模式和外向型经济发展模式。外向型经济发展模式又包括转口集散外向型、出口加工外向型和工贸结合外向型三种形式，它们具有两个共同的特点：一是区内货物来自境外，最终销往地也是境外；二是区内企业的经营收入全部来自境外（见表3）。

表3　世界自由贸易区发展模式

发展模式	基本概念	特征
开放型经济发展模式	开放型经济发展模式主要是贸工结合开放型发展模式	与外向型经济发展模式的主要区别在于：一是区内的货物流向呈现开放性特征，区内货物可以来自境外，也可以来自国内，货物最终输出的方向可以是国际市场，也可以是国内市场；二是从资金流的方向来看，区内企业的经营收入有来自境外的部分，也有来自国内的部分

续表

发展模式	基本概念	特征
转口集散外向型经济发展模式	该类型自由贸易区一般位于港口或临近港口，便于开展转口贸易，货物在区内经储存或简单加工后再转口输出	一是发展目标主要是通过国际中转贸易服务来赚取外汇收入；二是发展途径比较单一，区内仅限于贸易功能；三是发展方式属于典型的贸易带动型倾斜式
出口加工外向型经济发展模式	该类型的自由贸易区通常设在港口、临近港口或边境口岸地区，便于商品出口业务的开展，区内只从事出口商品的加工制造活动，加工后全部外销	一是通过引进外资、先进生产技术和管理经验的方式来发展本国的出口工业，达到增加外汇收入、创造就业机会的目的；二是发展途径仍然比较单一，区内企业以外商投资为主，加工制造是其主要经营类型；三是发展方式属于出口加工倾斜式
工贸结合外向型经济发展模式	该模式的自由贸易区综合了转口集散外向型与出口加工外向型经济发展模式的特点，爱尔兰香农国际航空港自由贸易区是这种模式的典型代表。该模式自由贸易区的主要目的是引进资金和技术，扩大对外贸易，发展加工制造业，获取更多的经济利益	一是发展目标多元化，既包括引进先进的生产技术和管理经验，又包括扩大出口、增加外汇收入以及增加就业等；二是发展途径多功能，不但可以开展商业活动，也可以进行加工制造；三是发展方式多样性，经济发达国家的自由贸易区多采用以贸易为主、出口加工为辅的发展方式。发展中国家的自由贸易区则更适合于出口加工业为主，转口或过境贸易相机发展的方式
贸工结合开放型经济发展模式	在经济全球化的推动下，一些国家和地区进一步提高其开放度，随之出现了贸工结合的开放型自由贸易区经济发展模式，与外向型经济发展模式相比，开放型经济发展模式既强调自身的发展，又重视对区域经济的带动作用	一是发展目标多元化，如增加外汇收入、引进先进技术和管理经验、创造就业机会等；二是发展途径更具多功能特点，包括进出口贸易、转口或过境贸易、混合加工制造、商品展示等，区内货物既可以转销国外，也可以内销；三是发展方式呈现多样性特征，根据各个自由贸易区的不同情况，或采用平衡式，同时发展多种功能；或采用倾斜式，不同阶段有所侧重

资料来源：笔者整理。

（2）国际典型自由港的管理体制比较

新加坡自由港和自由贸易区由三家公司负责管理和运营，裕廊港自由贸易区由裕廊港私人有限公司管理；新加坡机场物流园和樟宜机场航空货运中心这两个空港型自由贸易区由樟宜机场集团有限公司管理；包括布拉尼货物集散站、岌巴集散处、巴西班让货物集散站、三巴旺码头等在内的六个自由贸易区则由新加坡港务集团（PSA）管理。阿联酋对港口、自由贸易区、海关采取三位一体的管理模式，其管理机构是迪拜港董事局，为政企合一的实体，统一管理、经营港口和自由贸易区，董事会主席为皇室指派，对协商事宜具有最终裁定权。鹿特丹自由港的管理、经营、开发由港务局负责，政府只负责自由港的基础设施建设。

3. 典型自由港经验对临港新片区贸易发展政策的建议

通过典型自由港国际比较可以发现，自由港是在一定经济社会历史条件下的产物，有明显共性特征，也有其各自特色。临港新片区的探索要遵循我国基本国情和区情，典型成熟自由港的发展特色和模式可以为临港新片区自由港的建设提供发展经验。

（1）全面推进临港新片区自贸港基础性建设

加快推进自由贸易港的集疏运体系建设。近年来，随着贸易一体化的推进，我国港口基础设施现代化、智能化水平提升，但在发展的过程中也存在“短板”效应，比如，自贸港集疏运体系的系统性发展滞后。集疏运体系是国际典型自贸港长期稳定发展的基础性条件，是贸易一体化发展环节上的重要一环。为此，应大力发展海铁联运、江海联运、多式联运，建设水上高速公路，实现多种运输方式的高效衔接。同时，通过提高物流效率、适当减少港口收费等手段降低自由贸易港的集疏运成本，使其与国际典型自由港相比仍具有竞争力，提高对国际资源的配置能力。

加强自由贸易港相关法律法规建设。与典型成熟自贸港环境相比较而言，我国在对接透明、清廉、公正的法治环境方面存在较大差距，对于以资源自由流动为发展根本动力的自由贸易港发展具有阻碍作用。因而，建立完善自贸港长期稳定繁荣发展的相关法律法规成为推进自贸区建设的重点内容。在自贸港法律法规建设方面，应制定出台相关法律法规，在法律法规上确立临港试验区的功能、定位，特别是自由通航、自由贸易的核心功能，对自由贸易港期限、投资、贸易、金融、人员流动、知识产权保护等方面作出框架性规定。采取国务院各部委集中授权的方式化解临港先行先试中产生的上位法“天花板”效应。进一步规范各级政府权力清单，压缩政府官员寻租设租空间，减少对自由贸易港的非市场性干扰。

（2）全面优化临港新片区自贸港营商环境

营造高效、便利、开放的贸易环境。将临港内国际贸易“单一窗口”平台与中国香港、新加坡等自由港贸易平台进行对接，提升国际贸易便利化水平，通过国际贸易“单一窗口”汇集信息强化口岸管理部门的事中、事后监管。遵循国际自由港的自由通航惯例，对进出船只和货物给予最大限度自由，免于实施惯常的海关监管，实现真正意义上的“一线放开，二线管住”。进一步优化进出口货物流程，通过信息化、智能化手段继续压缩通关时间，提高通关效率。自由贸易港开放平台必然吸引国际资本进入，重点解决自由贸易试验区实践中对外商投资“准入不准营”问题，将我国高水平全方位对外开放落到实处。在金融开放创新方面，可允许临港开设自由贸易（FT）账户，推动离岸金融的发展。

大规模降低税费为临港新片区企业减负。目前，我国总体税费负担偏高，挤压了企业利润空间，对要素和资本流入中国市场起到阻碍作用。为此，应在全国实施更大规模减税降费，将减税降费措施落实到位，确保企业从中获益。在普遍减税的基础上，在临港内实施更加优惠、灵活的税收优惠政策，不仅对大多数货物免征进口关税，还可对港内注册的高新技术、港航物流、先进装备制造等产业实行更为优惠的增值税、企业所得税税率。还可通过税收抵免政策的灵活运用，鼓励自由贸易港内总部经济的发展。

（3）全面深化“三区一体”战略定位促进区域动态协调发展

促进自贸港与长三角互动发展。国际典型自由港发展实践证明，自由港是带动所在地区乃至国家经济发展的引擎。自由港的长期发展，不仅强化了所在地区的贸易、金融、流通等功能，还以其对资源的巨大吸附力促进了制造业发展，成为地区乃至国家经济的重要支柱。应大力促进自由港与所在地区互动，通过现代自由港所具有的贸易、金融、流通等功能，带动地区相关产业发展。自由贸易港的发展，也会对所在地区的相关产业产生较强需求刺激，进一步促进地区制造业，以及金融、物流、保险、通信、信息等现代服务业的发展。

扩大自贸港对 RCEP 区域辐射带动效应。经过几十年的发展，国际典型自由港已经成为区域性乃至国际性贸易中心、航运中心、金融中心，有的还成为制造业中心。典型自由港的国际经验表明，自由港不仅具有集聚国际资源的吸引力，还具有对所在区域的辐射力和带动力。可建立中国特色自由贸易港与整个城市区域互动发展机制，在城市区域内配置国内国际资源，以自由贸易港为平台推动区域高水平对外开放，带动城市区域内产业向全球价值链高端攀升。

（二）海南自贸港经贸制度、北京两区经贸建设制度与临港新片区贸易发展政策的对标研究

1. 海南自贸港与临港新片区贸易发展政策条款比较

根据《中国（上海）自由贸易试验区临港新片区总体方案》《中国（上海）自由贸易试验区临港新片区发展“十四五”规划》《中国（上海）自由贸易试验区临港新片区新型国际贸易发展“十四五”规划》以及《海南自由贸易港建设总体方案》《中国（海南）自由贸易试验区总体方案》《中华人民共和国海南自由贸易港法》等相关文件，围绕海关程序及贸易便利化、货物贸易、服务贸易、电子商务等方面对比海南自贸港经贸制度与临港新片区贸易发展政策，如表 4 所示。

表 4　海南自贸港经贸制度与临港新片区贸易发展政策相关条款比较

相关条款	临港新片区	海南自贸港
实施公平竞争的投资经营便利	实施外商投资安全审查制度	实行“极简审批”投资制度；建立健全公平竞争制度
	探索试行商事主体登记确认制，尊重市场主体民事权利，对申请人提交的文件实行形式审查	实施市场准入承诺即入制。严格落实“非禁即入”，在“管得住”的前提下，对具有强制性标准的领域，原则上取消许可和审批，建立健全备案制度
实施高标准的贸易自由化	建立洋山特殊综合保税区，实施更高水平的贸易自由化便利化政策和制度	加强海关特殊监管区域建设。在洋浦保税港区等具备条件的海关特殊监管区域率先实行“一线放开，二线管住”的进出口管理制度
	对境外抵离物理围网区域的货物，探索实施以安全监管为主、体现更高水平贸易自由化便利化的监管模式	海关对海南自由贸易港内企业及机构实施低干预、高效能的精准监管，实现自由贸易港内企业自由生产经营。实施“零关税”的货物，海关免于实施常规监管
	推进服务贸易自由化。服务贸易项目：支持资本技术密集型服务贸易发展，创新跨境电商服务模式，给予企业原油进口资质	服务贸易配套制度：实施跨境服务贸易负面清单制度；实施与跨境服务贸易配套的资金支付与转移制度；在告知、资格要求、技术标准、透明度、监管一致性等方面，进一步规范影响服务贸易自由便利的国内规制
实施资金便利收付的跨境金融管理制度	研究开展自由贸易账户本外币一体化功能试点，探索新片区内资本自由流入流出和自由兑换	构建多功能自由贸易账户体系。以国内现有本外币账户和自由贸易账户为基础，构建海南金融对外开放基础平台。通过金融账户隔离，建立资金“电子围网”
	支持符合条件的金融机构开展跨境证券投资、跨境保险资产管理等业务	将企业发行外债备案登记制管理下放至海南省发展改革部门，优先支持岛内企业在境外发行股票和债券融资；试点海南自由贸易港内企业境外上市外汇登记直接到银行办理

续表

相关条款	临港新片区	海南自贸港
实施资金便利收付的跨境金融管理制度	先行先试金融业对外开放措施，放宽金融机构外资持股比例、拓宽外资金融机构业务经营范围等措施	出台细化措施：支持境外证券基金期货经营机构在港设立独资或合资金融机构；推动发展相关的场外衍生品业务；推进产权交易场所建设，研究允许非居民按照规定参与交易和进行资金结算；支持港内已经设立的交易场所在会员、交易、税负、清算、交割、投资者权益保护、反洗钱等方面，建立与国际惯例接轨的规则和制度体系；支持在海南自由贸易港设立财产险、人身险、再保险公司以及相互保险组织和自保公司
实施高度开放的国际运输管理	船舶从事国际运输的退税政策：对境内制造船舶在“中国洋山港”登记从事国际运输的，视同出口，给予出口退税	退税政策更细化：境内建造的船舶在“中国洋浦港”登记并从事国际运输的，视同出口并给予出口退税；对以洋浦港作为中转港从事内外贸同船运输的境内船舶，允许其加注本航次所需的保税油；对其加注本航次所需的本地生产燃料油，实行出口退税政策；对符合条件并经洋浦港中转离境的集装箱货物，试行启运港退税政策
	航权：推动浦东国际机场与“一带一路”沿线国家和地区扩大包括第五航权在内的航权安排	推动在双边航空运输协定中实现对双方承运人开放往返海南的第三、第四航权，扩大包括第五航权在内的海南自由贸易港建设所必需的航权安排，支持在海南试点开放第七航权
实施具有国际竞争力的税收制度和政策	对境外进入物理围网区域内的货物、物理围网区域内企业之间的货物交易和服务实行特殊的税收政策。扩大新片区服务出口增值税政策适用范围	岛内按照零关税、低税率、简税制、强法治、分阶段的原则，逐步建立与高水平自由贸易港相适应的税收制度

续表

相关条款	临港新片区	海南自贸港
实施具有国际竞争力的税收制度和政策	对新片区内符合条件的从事集成电路、人工智能、生物医药、民用航空等关键领域核心环节生产研发的企业，自设立之日起5年内减按15%的税率征收企业所得税	对鼓励类产业企业，减按15%征收企业所得税。对旅游业、现代服务业和高新技术产业企业，其2025年前新增境外直接投资所得，免征企业所得税。对符合条件的资本性支出，允许在支出发生当期一次性税前扣除或加速折旧和摊销
	研究实施境外人才个人所得税税负差额补贴政策	对在海南自由贸易港工作的高端人才和紧缺人才，其个人所得税实际税负超过15%的部分予以免征
实施国际互联网数据跨境安全有序流动	加快5G、IPv6、云计算、物联网、车联网等新一代信息基础设施建设；试点开展数据跨境流动的安全评估；开展国际合作规则试点，加大对专利、版权、企业商业秘密等权利及数据的保护力度	允许实体注册、服务设施在海南自由贸易港内的企业，面向自由贸易港全域及国际开展在线数据处理与交易处理等业务，开展国际互联网数据交互试点；在国家数据跨境传输安全管理制度框架下，开展数据跨境传输安全管理试点

资料来源：中国（上海）自由贸易区临港新片区网站（https：//www. lgxc. gov. cn/）、中国（海南）自由贸易港网站（http：//www. hainan. gov. cn/hainan/hnzy/zymy. shtml）。

2. 北京两区与临港新片区贸易发展政策条款比较

根据《中国（上海）自由贸易试验区临港新片区总体方案》《中国（上海）自由贸易试验区临港新片区发展“十四五”规划》《中国（上海）自由贸易试验区临港新片区新型国际贸易发展“十四五”规划》《中国（北京）自由贸易试验区总体方案》《关于深化北京市新一轮服务业扩大开放综合试点建设国家服务业扩大开放综合示范区工作方案》等相关文件，围绕海关程序及贸易便利化、货物贸易、服务贸易、电子商务等方面对比北京两区经贸制度与临港新片区贸易发展政策，如表5所示。

表 5　北京两区经贸建设制度与临港新片区贸易发展政策相关条款比较

相关条款		临港新片区	综合示范区	自贸试验区
实施公平竞争的投资经营便利	引资	实施外商投资安全审查制度，在电信、保险、证券、科研和技术服务、教育、卫生等重点领域加大对外开放力度，放宽注册资本、投资方式等限制，促进各类市场主体公平竞争	建立市场化招商引资奖励机制：包括建立“前端支持”型和“后端激励”型两种类型社会招商中介机构	全面落实外商投资准入前国民待遇加负面清单管理制度；鼓励在法定权限内制定投资和产业促进政策；完善“走出去”综合服务和风险防控体系，提高境外投资便利化水平
	证照分离改革	探索试行商事主体登记确认制，尊重市场主体民事权利，对申请人提交的文件实行形式审查。深入实施“证照分离”改革	全面推进政务服务综合窗口“区块链 + 电子证照”应用；推进“证照分离”改革	—
	争端解决	支持新片区加强国际商事纠纷审判组织建设	—	允许境外知名仲裁及争议解决机构经北京市人民政府司法行政部门登记并报国务院司法行政部门备案，在区内设立业务机构；积极完善公证、调解、仲裁、行政裁决、行政复议、诉讼等有机衔接，相互协调的多元化纠纷解决机制；充分利用现有审判资源，为金融诉讼提供绿色通道
实施高标准的贸易自由化	设立保税区	在新片区内设立物理围网区域，建立洋山特殊综合保税区，取消不必要的贸易监管、许可和程序要求，实施更高水平的贸易自由化便利化政策和制度	支持北京天竺综合保税区打造具有服务贸易特色的综合保税区，一是助力文化保税产业发展；二是打造医药产业聚集区，实现进口药品通关单电子数据联网核查；三是培育新兴业态政策高地	—

续表

相关条款		临港新片区	综合示范区	自贸试验区
实施高标准的贸易自由化	监管模式	对境外抵离物理围网区域的货物，探索实施以安全监管为主、体现更高水平贸易自由化便利化的监管模式	—	探索创新综合保税区内国际高端艺术展品担保监管模式；推行以信用为基础的分级分类监管制度；创新监管服务模式，对区内企业、交易单据、人员、资金、商品等进行追溯和监管：试点开展交易商品全程信息化管理，对保税流转、异地保税仓储、进出库、核销等环节进行记录和自动管控
	重点产业	支持新片区发展具有国际竞争力的重点产业；根据油气体制改革进程和产业需要，研究赋予新片区内符合条件的企业原油进口资质	工程建筑：落实不动产登记机构主体责任，实施不动产登记、交易和缴税线上线下“一窗受理、并行办理”、探索取消施工图审查或缩小审查范围、探索在民用和简易低风险工业建筑工程项目中推行建筑设计师负责制；医疗健康领域：探索研究政府保障就近养老服务体系建设的土地供给政策、支持人类遗传资源服务站在北京市内开展业务、支持设立国际研究型医院、进口非特殊用途化妆品备案管理工作	国际快递业务（代理）经营许可审批权下放；医疗健康领域：跨境电子商务零售进口药品试点、开展跨境远程医疗等临床医学研究、医疗器械创新北京服务站、鼓励在吸纳非卫生技术人员在医疗机构提供中医治未病服务、医师职称晋升、项目收费等方面先行试点、对自贸试验区内的社会办医疗机构配置乙类大型医用设备实行告知承诺制

续表

相关条款		临港新片区	综合示范区	自贸试验区
实施高标准的贸易自由化	服务贸易	推进服务贸易自由化，加快文化服务、技术产品、信息通信、医疗健康等资本技术密集型服务贸易发展，创新跨境电商服务模式，鼓励跨境电商企业在新片区内建立国际配送平台	开展服务业企业投资项目“区域评估＋标准地＋承诺制＋政府配套服务”改革；设立外商投资企业境内上市服务平台；优化影视类文化企业制作的影视作品审查流程；鼓励外商投资成人类教育培训和经营性职业技能机构；优先支持区内符合条件的文化企业申报“信息网络传播视听节目许可证”和游戏版号；在自由贸易试验区施行的服务业领域的开放政策，凡符合北京发展定位的，北京市均可按程序报批后在进一步深化服务业扩大开放工作中进行试点	—
实施资金便利收付的跨境金融管理制度	外汇业务	进一步简化优质企业跨境人民币业务办理流程，推动跨境金融服务便利化。研究开展自由贸易账户本外币一体化功能试点，探索新片区内资本自由流入流出和自由兑换	开展本外币合一银行结算账户体系试点；开展本外币合一跨境资金池试点；允许出口商在境外电商平台销售款项以人民币跨境结算；研究探索实物资产跨境转让的场内外汇结算模式；研究推动境外投资者使用一个人民币境外机构境内外汇账户处理境内证券投资事宜	允许区内银行为境外机构人民币银行结算账户（NRA 账户）发放境外人民币贷款；推动重点行业跨境人民币业务便利化。主要针对对外承包工程类企业诉求；推动重点行业外汇业务便利化，主要针对承包工程企业

续表

相关条款		临港新片区	综合示范区	自贸试验区
实施资金便利收付的跨境金融管理制度	跨境金融活动	支持新片区内企业参照国际通行规则依法合规开展跨境金融活动，支持金融机构为新片区内企业和非居民提供跨境发债、跨境投资并购和跨境资金集中运营等跨境金融服务。新片区内企业从境外募集的资金，可自主用于新片区内及境外的经营投资活动。支持符合条件的金融机构开展跨境证券投资、跨境保险资产管理等业务	支持证券公司从事沪伦通中国存托凭证业务；支持符合条件的在京财务公司获得结售汇业务资格，开展买方信贷和延伸产业链金融业务；设立私募股权转让平台，拓宽私募股权和创业投资退出渠道	鼓励符合条件的中资银行开展跨境金融服务；允许通过北京产权交易所等开展实物资产、股权转让、增资扩股的跨境交易；支持设立重点支持文创产业发展的民营银行；支持设立全国自愿减排等碳交易中心；支持区内汽车金融公司开展跨境融资，研究简化汽车金融公司发行金融债券、信贷资产证券化或外资股东发行熊猫债券等相关手续
	资本项目	按照国家统筹规划、服务实体、风险可控、分步推进的原则，稳步推进资本项目可兑换	赋予中关村科创企业更多跨境金融选择权，自主决定跨境融资方式、金额和时机等，逐步实现非金融企业外债项下完全可兑换；在全市范围开展资本项目收入支付便利化试点	—
	金融监管	经国家金融管理部门授权，运用科技手段提升金融服务水平和监管能力，建立统一高效的金融管理体制机制，切实防范金融风险	—	在国家金融监管机构指导下，支持设立北京城市副中心金融风险监测预警与监管创新联合实验室，构建京津冀金融风险监测预警平台；充分发挥金融科技创新监管试点机制作用

续表

相关条款		临港新片区	综合示范区	自贸试验区
实施高度开放的国际运输管理		提升拓展全球枢纽港功能，在沿海捎带、国际船舶登记、国际航权开放等方面加强探索，提高对国际航线、货物资源的集聚和配置能力	完善航空口岸功能，提升高端物流能力，扩展整车、平行进口汽车等进口功能；探索飞机维修企业航空器材包修转包修理业务口岸便利化措施；优化完善货运基础设施设备，鼓励航空公司在机场投放货运机队	推动第五航权在内的航权安排；优化航材保税监管措施，降低航材运营成本；试点开展公务机按照包修协议报关业务
实施自由便利的人员管理	人才政策	放宽现代服务业高端人才从业限制，在人员出入境、外籍人才永久居留等方面实施更加开放便利的政策。建立外国人在新片区内工作许可制度和人才签证制度。允许具有境外职业资格的专业人才经备案后，在新片区内提供服务。制定和完善境外人才引进政策和管理办法，给予境外高层次人才办理工作许可、永久或长期居留手续“绿色通道”。探索实施外籍人员配额管理制度	境外专业人才经备案后，可以依规办理工作居留证件，其境外从业经历可视同境内从业经历；支持外籍科学家领衔承担政府支持科技项目；便利境外高端人才境内经常项目项下合法收入办理个人赡家款项下购汇汇出，便利其在便利化额度外结汇缴纳随行子女在境内就读国际学校学费	允许探索制定分层分类人才吸引政策。注重分层分类、高端引领，通过科学的人才分类，针对不同层次人才制定不同举措，实施分层分类、精准有效的人才政策
	人员管理	允许境外人士在新片区内申请参加我国相关职业资格考试。为到新片区内从事商务、交流、访问等经贸活动的外国人提供更加便利的签证和停居留政策措施	采取“线上＋线下”模式，建立全链条“一站式”服务窗口和服务站点；给予在京中资机构境外员工薪酬结汇便利化政策	优化外国人来华工作许可、居留许可审批流程。推动实现工作许可、居留许可全程代办，探索实现外籍人才工作、居留许可证件“一窗办理、一次取证”

续表

相关条款		临港新片区	综合示范区	自贸试验区
实施国际互联网数据跨境安全有序流动		建设完备的国际通信设施，加快5G、IPv6、云计算、物联网、车联网等新一代信息基础设施建设。支持新片区聚焦集成电路、人工智能、生物医药、总部经济等关键领域，试点开展数据跨境流动的安全评估。开展国际合作规则试点，加大对专利、版权、企业商业秘密等权利及数据的保护力度，主动参与引领全球数字经济交流合作	—	探索国际数字产品专利、版权、商业秘密等知识产权保护制度建设；探索开展数字贸易统计监测
实施具有国际竞争力的税收制度和政策		对境外进入物理围网区域内的货物、物理围网区域内企业之间的货物交易和服务实行特殊的税收政策。扩大服务出口增值税政策适用范围。对从事集成电路、人工智能、生物医药、民用航空等关键领域核心环节生产研发的企业，自设立之日起5年内减按15%的税率征收企业所得税。研究实施境外人才个人所得税税负差额补贴政策。探索试点自由贸易账户的税收政策安排	中关村国家自主创新示范区公司型创业投资企业有关企业所得税试点政策；自2020年1月1日起，对示范区内公司型创业投资企业，转让持有3年以上股权的所得占年度股权转让所得总额比例超50%的，按照年末个人股东持股比例减半征收当年企业所得税；转让持有5年以上股权的所得占年度股权转让所得总额比例超50%的，按照年末个人股东持股比例免征当年企业所得税。 中关村国家自主创新示范区特定区域技术转让企业所得税试点政策。自2020年1月1日起，示范区特定区域内注册的居民企业，符合条件的技术转让所得，在一个纳税年度内不超过2000万元的部分，免征企业所得税；超过2000万元的部分，减半征收企业所得税	—

续表

相关条款		临港新片区	综合示范区	自贸试验区
科技创新领域		—	对从事集成电路、人工智能、生物医药、关键材料等领域生产研发类规模以上企业认定高新技术企业时，满足从业一年以上且在中国境内发生的研究开发费用总额占全部研究开发费用总额的比例不低于50%条件的，实行“报备即批准”； 深化科技成果使用权、处置权和收益权改革，开展赋予科研人员职务科技成果所有权或长期使用权试点，探索形成市场化赋权、成果评价、收益分配等制度	鼓励跨国公司设立研发中心，开展“反向创新”；建立知识产权交易中心；开展外国专利代理机构设立常驻代表机构试点工作；加强知识产权审判领域改革创新；探索建立公允的知识产权评估机制；推进知识产权保险试点；建立专利快速审查、快速确权和快速维权的协同保护体系；在自贸试验区设立受理点，受理商标权质押登记

资料来源：中国（北京）自由贸易试验区网站（http://open.beijing.gov.cn/）、中国（上海）自由贸易区临港新片区网站（https://www.lgxc.gov.cn/）。

3. 临港新片区贸易发展政策优劣势分析

（1）临港新片区优势分析

上海临港新片区无论在开放政策制度上的安排，还是在贸易制度以及金融制度的安排上，都显示出我国对外加大开放、对内深度改革的力度与决心。上海临港新片区对比海南自贸港和北京两区贸易政策建设存在如下优势。第一方面是资金成本优势。成本优势不仅体现在区域内企业税收按5年15%优惠政策实施，而且资金还可以自由进出，企业融资具有资金成本优势。我国目前的贷款利率比较高，而西方国家的资本价格都很便宜，这就决定了临港新片区低成本资本借入的优势。第二方面是商事成本优势。新片区的新意在于其“五个自由制度的安排”。在投资方面，借鉴国际上自由贸易园区的通行做法，实施外商投资安全审查制度，在电信、保险、证券、科研和技术服务、教育、卫生等重点领域加大对外开放力度，放宽注册资本、投资方式等限制。在贸易领域，建立洋山特殊综合保税区，对标国际公认、竞争力最强自由贸易园区。在资金方面，借鉴国际通行的金融监管规则，开展自由贸易账户本外币一体化功能试点，探索新片区内资本自由流入流出和自由兑换。在运输方面，逐步放开船舶法定检验，开放探索沿海捎带、国际船舶登记、国际航权等业务新模式。在人员方面，放宽现代服务业高端人才从业限制，在人员出入境、外籍人才永久居留等方面实施更加开放便利的政策措施。建立外国人在新片区内工作许可制度和人才签证制度。“五个自由制度的安排”大大减少了行政审批、提高了效率。第三方面是人才政策优势。上海临港新片区致力于打造更具吸引力的人才发展环境，主要是聚焦吸引国内和国际各方面的人才。上海临港新片区一共提出了 12 条政策，其中包括人才“居转户”（居住证转户籍）年限从原来的 7 年缩短到现在的 5 年，核心人才进一步缩短到 3 年。对于非本市户籍人才购房资格，由居民家庭调整为个人等。在临港新片区，购房需要缴纳个税或者社保的年限从 5 年缩短到 3 年。

（2）临港新片区劣势分析

就服务贸易而言，临港新片区跨境服务贸易的开放程度与海南自贸港还有差距，对入区企业综合实力要求高，限制比较严格，在重点行业的外资股权比例方面有一定的保留，电信、法律、金融、影视行业等服务业对企业法律形态和董事会及外籍高级管理人员任职设有一定限制。在对接国际化产业标准和实行直接的资格认证方面所涉及的行业都较为局限。在金融监管方面，北京成立了金融法院为“两区”金融业建设发展保驾护航，临港新片区在金融监管方面没有实质性的政策举措，目前仍然属于新片区发展建设的薄弱环节。在电子商务方面，涉及个人信息保护、计算设施本地化、网络开放等规定仍然不够明确，对涉及大数据和云计算等数字经济产业的发展没有明确性实施规则。在知识产权保护规则方面，关于商标、工业设计、版权和专利等具体规定也不够明确。在环境保护方面，海南自贸港通过《海南自贸港法》加强对生态环境的保护力度，注重环境问题，并有细化的要求，而临港新片区在环境保护、绿色投资与贸易、在争端解决机制方面仍需要细化完善方案。另外，临港新片区在原产地累积规则以及标准、技术法规和合格评定程序方面也需要创新发展探索。

四、临港新片区建设在对标国际高标准贸易规则方面存在的有利条件以及亟待解决的问题

临港新片区强调要打造“更具国际市场影响力和竞争力的特殊经济功能区”，设立新片区是进一步扩大开放重大战略部署，是新时代彰显我国坚持全方位开放鲜明态度、经济全球化健康发展的重要举措。新片区按照《中国（上海）自由贸易试验区临港新片区总体方案》要求，要在更深层次、更宽领域、更大力度上推进全方位高水平开放的总体要求和发展目标，到2025年，建立比较成熟的投资贸易自由化便利化制度体系。到2035年，建成具有较强国际市场影响力和竞争力的特殊经济功能区，形成更加成熟定型的制度成果，打造全球高端资源要素配置的核心功能，成为我国深度融入经济全球化的重要载体。目前，新片区的建设仍处在进一步的探索过程中，客观研究临港新片区在建设过程中存在的有利条件和问题，能够为临港新片区下一步的建设作出科学合理的政策规划和实施建议。

（一）临港新片区建设在对标国际高标准贸易规则方面存在的有利条件

1. 建设综合保税区，促进贸易、运输自由实现

贸易自由化，是临港新片区重要使命之一，上海口岸整车进口业务从“落地征税”向“保税仓储”复合式发展加速转变。进口整车在区内实现保

税存储功能，对企业来说，销售模式更灵活、更快速，减轻了厂商运营成本和资金压力。过去从订单下达、国外装运发货到国内销售，至少要2个月，而将工厂发货点前置到洋山特殊综保区，则从下订单到国内销售可减少到1周左右。境外货物入区保税或免税，区内企业可依法开展中转、集拼、存储、加工、制造、交易、展示、研发、再制造、检测维修、分销和配送等业务。长期以来，除平行进口汽车外，我国对进口车多实行“落地征税”。进口汽车保税仓储，充分发挥洋山特殊综合保税区口岸资源聚集优势、港口枢纽干线优势、保税政策体系优势，为企业资金压力做“减法”，形成汽车企业、仓储企业及物流企业多方共赢，也为供应市场需求做“加法”，加快了国内进口汽车供应链反应速度，为洋山综保区发展成为全球汽车资源配置“枢纽”打下根基。运输自由也是临港新政，更多船舶自由抵达洋山港。上海海事局推动实行更加便利的“中国洋山港”国际船舶登记管理制度，丰富围绕船舶登记的航运保险、航运结算、航材租赁、船舶交易、航运仲裁、海事服务等航运产业链布局融合，集聚航运服务要素，深化上海国际航运中心建设，服务中国（上海）自由贸易试验区临港新片区建设发展。

2. 投融资资金提供便利化加速，投资、资金自由有突破

在临港新片区内探索开展本外币合一的跨境资金池试点，是一项成功实施的金融创新。“金融30条”发布后，临港新片区管委会会同国家外汇管理局上海市分局，为临港集团搭建跨境资金池提供完善的政策辅导，建行新片区分行、工行新片区分行充分发挥全球化经营优势，对标高水平国际金融服务能力，为临港集团境内外投融资资金提供便利化的本外币一体化结算、汇兑服务方案。资金进出自由是投资和贸易自由的前提和基础，风险可控下的“先行先试”和“压力测试”，是临港建设特殊经济功能区的重要内容。临港集团跨境资金池的搭建，为企业在境内组建和使用跨境资金池提供了便利，实现了集团与子公司打通、境内与境外打通、本币与外币打通，对临港集团境内外本外币资金集中管理、引进境外资金参与临

港新片区建设、降低资金综合成本起到关键性作用，助力企业更好利用两个市场和两种资源。在金融领域，临港还有许多创新突破：目前已实现跨境人民币结算便利化，并有300多家优质企业纳入“白名单”；在全国率先取消外商直接投资人民币资本金专户；出台境内贸易融资资产跨境转让政策；开展高新技术企业外债便利化额度试点；率先允许融资租赁母子公司共享外债额度。金融创新加速了金融机构的集聚。汇华理财、交银金融科技、汇丰金融科技、中证资本市场法律服务中心，以及中国国有企业混合所有制改革基金、平安新型基础设施投资基金、建银长三角战略新兴科创基金等100多个金融类项目落地，10多家银行在区内设立分支机构，太平洋保险、工商银行、交通银行、农业银行等首批8家机构签约入驻“滴水湖金融湾”，70多家头部金融机构及组织设立“智能投研技术联盟”，累计注册与签约的基金总资金规模超过2600亿元。①

3. 企业和个人所得税双15%政策落地，税制接近自由港标准

从政策兑现效果来看，在临港企业所得税和个人所得税双15%优惠政策顺利落地。企业所得税优惠首批认定符合条件企业37家，预计可减税约2000万元。管委会还先行落实个人所得税税负差额补贴，同步实施国内高端人才直接经济贡献奖励政策。新税制推进了税收征管服务方式创新，上海市税务局先后发布支持临港新片区发展征管服务措施“十七条”和“新十条”，在全市率先实施“无税无票不申报”、分支机构独立纳税等。赋予优质企业最大尺度“用票自由”，已支持特斯拉、格来赛生命科技公司千万元发票增量扩版。临港新片区经济快速发展，税务部门组建了“蓝税滴”税务服务团队，与管委会、开发公司等建立重点税源、重点项目信息沟通机制，在新项目落地前，提前介入充分了解纳税人涉税诉求。建立税务“首席联络员”制度，创新大企业纳税服务产品，加强并固化线下沟通渠道，明确大企

① 谢卫群. 加速跑! 临港新片区具备对标自由贸易港条件［EB/OL］. https://www.hubpd.com/c/2021-02-28/990328.shtml, 2021-02-28.

业联络员和税务机关首席联络员的沟通机制，实现税企双方点对点直连。税务部门实时与企业沟通，第一时间了解企业生产经营情况，业务团队及时分析企业下一步可能遇到的涉税业务，并对相关业务进行流程解构，提醒企业在出现涉税诉求前，提前准备好各个流程审批所需的资料。目前，在税务局内部将多个需要纵向审批的事项建立多小组并联式办公，展开多个层级的容缺后补式资料提前审核，通过提前化介入、跨部门协调、多层级联动，达到企业提出业务申请后的快速审批效果。

（二）临港新片区建设在对标国际高标准贸易规则方面亟待解决的问题

1. 临港新片区营造更优营商环境面临的问题

一是公平市场制度亟待健全。临港新片区出台的《中国（上海）自由贸易试验区临港新片区管理委员会政府采购实施意见》中，仅仅指出政府采购方式包括公开招标、邀请招标、竞争性谈判、竞争性磋商、单一来源采购、询价和国务院政府采购监督管理部门认定的其他采购方式，并没有作出更为详尽的说明。由于没有具体法规的规范约束，难免在实际操作过程中出现执行力不强、落实不到位甚至腐败等问题。此外，CPTPP 竞争政策主要是反垄断法律与措施方面的规定，涉及范围很广，水平较高，而国内的竞争法虽然包含对市场公平环境规定的基本条款，但《反垄断法》尚不健全，反垄断条款缺乏统一权威的执法部门，反垄断政策执法机构的职能配置不合理，反垄断政策相关机构执法人员专业性不强，与国外差距较大，临港新片区也尚未出台相关试行规定。

二是监管体系尚待完备，法律法规保障亟须加强。新片区对于数据流动监管、国有企业监管、环境监管、劳工监管、知识产权保护监管制度不完善，行业监管缺乏自律性监管制度，未能建立公众参与监管的机制。监督管理体系不健全，监督技术水平不高，未能充分利用电子信息技术及互联网技术，未对监管领域实现全面监管。临港新片区现有的法律法规基本都是以部门规章的形式，法律法规的层级较低，法律法规数量少，法律法规严重滞后，不能有效保障临港新片区发展新型国际贸易业务。

三是产业知识产权保护亟待加强。当前，高水平国际经贸规则日益从准入环节的开放向边境后规则延伸，现行的高标准知识产权保护主要集中在各国对生物医药产品的国内管理程序、新数字经济体下的著作权保护等问题。临港新片区关于商标、工业设计、版权和专利等具体规定仍然不够明确，而 RCEP 涵盖了著作权、商标、地理标志、专利、外观设计、遗传资源、传统知识和民间文艺、反不正当竞争、知识产权执法、合作、透明度、技术援助等广泛领域。既包括传统知识产权主要议题，也体现了知识产权保护发展的新趋势，CPTPP 中明确了专利付费、强制许可以及专利撤销的权利和义务，临港新片区对知识产权保护涉及范围和保护力度仍然需要向 RECP、CPTPP 进一步靠拢。

四是国有企业影响公平竞争问题亟待解决。我国国有企业在许多行业的垄断具有行政性，如电信、电力、石油、采矿、烟草售卖等。临港新片区在特定行业准入上的限制和管理，若不能出台切实可行、公平公开的方案，临港新片区的深层次开放将会面临阻碍问题。而 CPTPP 在国有企业方面的相关条款，如融资便利、财政补贴和扶持、项目审批和规则豁免等方面，对任何有据可查的国有企业享有的特惠进行了梳理和全面削减，临港新片区实现公平竞争的目标仍需进一向 CPTPP 靠拢。

2. 临港新片区发展国际转口和离岸贸易面临的问题

一是在发展转口贸易方面，海关监管便利化程度有待提高。CPTPP 利用大数据技术通过风险评估系统的筛查和自动化、简化的海关手续，便利货物放行，优化快件运输，降低交易费用。RCEP 除了简化了海关通关手续，还采取预裁定、抵达前处理、信息技术运用等促进海关程序的高效管理手段。目前，临港新片区国际中转集拼依然面临“两次报关”难题，整体通关效率较低。此外，临港新片区由于没有实现国际货物与国内货物中转混拼装箱运输途径，导致大量国内货物无法纳入国际中转集拼业务范围，国际中转集拼货物吞吐量明显不足。

二是临港新片区转口贸易的业务成本费用依然较高。由于目前欧美航线主要集中在洋山港区，东北亚航线主要集中在外高桥港区，另外，海关监管政策与客户运作习惯不匹配，临港新片区的国际中转集拼业务比重较小，如需做集拼转口业务，货物需要在两港区之间进行二次驳运，与韩国釜山港、新加坡港、中国香港等差距明显，显著增加了转运时间成本和费用成本。

三是传统的外汇管理体制有待完善。临港新片区外汇管理体制是金融改革与创新“顶层设计”的重要内容。当前临港新片区的外汇管理政策远远不能满足跨国公司的实际要求，现行的外汇管理体制尚不能有效地与国际接轨。临港新片区内集聚有大量贸易型企业，传统的外汇管理体制与企业开展离岸贸易业务的“三流（货物流、资金流和订单流）分离”运作模式不匹配，导致相关外汇收付困难，如离岸贸易项下预付和预收货款需要登记，且额度受限，在岸账户和离岸账户之间资金往来有严格限制等。这导致临港新片区内企业难以灵活选择账户体系进行业务操作，无法享受自贸试验区政策带来的便利性。

四是现有税收制度不利于离岸贸易的开展。作为一种新型贸易方式，离岸贸易以“三流分离”为显著特征，与通常使用的按营业额或利润征收税款的做法不同，离岸法区的政府只向离岸公司征收年度管理费，而不再征收任何税款。货物在异地办理出口退税时，由于缺乏专门针对离岸贸易的出口退税政策，导致国内各地税务部门对该贸易模式的理解不一致，造成诸多不便，例如，由于离岸贸易往往在同一笔货物贸易中存在多项合同关系，根据现行印花税征收条例，则须在多环节缴纳印花税。

3. 临港新片区发展新型服务贸易面临的问题

一是开放领域依然有限。尽管自贸试验区前期曾推动“负面清单”等相关试点工作，但由于政府部门长期以来形成的行政审批管理思维制约了负面清单管理模式的实施，加之改革深化过程中遇到的多方利益协调困难、监管缺失、信息沟通不畅等因素，使服务业开放不够全面，服务业核心领域的市场准入条件还有待放宽，尤其是金融、医疗、维修再制造等新兴业态相对集中的领域开放限制依然较多，而 CPTPP 仅对国防、金融、航空等少数特殊服务业设置例外条款，对所有服务部门均给予准入前国民待遇和最惠国待遇。

二是开放模式单一。前期自贸试验区推动外商投资“负面清单”工作主要是针对服务贸易第三种模式，即商业存在，对跨境交付、自然人流动等模式的关注较少。对此，自贸试验区曾探索实施跨境服务贸易负面清单管理模式，并制定《中国（上海）自由贸易试验区跨境服务贸易负面清单管理模式实施办法》《自由贸易试验区外商投资准入特别管理措施（负面清单）(2020 年版)》，自贸试验区外商投资准入负面清单还有 30 条需要进一步推进，《总体方案》分解的 78 项任务中，还有 7 项需要对上争取。

三是服务贸易新业态、新模式发展不足。目前全球货物贸易与服务贸易已呈现出显著的融合发展趋势。临港新片区制造业基础良好，并已形成新能源装备、大型船用关键件、汽车整车及零部件、海洋工程装备、工程机械装备、民用航空装备、再制造等装备制造产业基地，但相关服务业发展基础薄弱，服务业规模有待扩大，供应链金融、商务服务、互联网服务等新模式新业态尚未充分发展。

四是对服务贸易管理的体制机制有待优化。由于服务业管理主要按行业进行划分，这导致服务贸易发展中行政主管和牵头部门较多，各部门管理视角和工作推进的重点不同，尚未形成统一协调和集体规划的机制，多头管理问题突出，将会降低政府行政效率和增大企业商事成本。此外，相比货物贸易较为成熟完善的统计体系，服务贸易统计方法标准欠缺，严重滞后于高水平经贸规则，在原产地规则方面，CPTPP 针对不同商品制定了有差异的区域价值标准，而且提供了四种计算方式，包括净成本法、扣减法、累积法和集中值法。临港新片区服务贸易统计调查工作的法制化、规范化和科学化有待加强。

五是与服务贸易特点相适应的具体监管手段有待创新。适合服务贸易特点的监管方式还没有建立，服务贸易监测和统计体系尚不完善，服务贸易监管模式不合理。如针对金融服务等新兴服务贸易，RCEP 首次引入了新金融服务、自律组织、金融信息转移和处理等规则，就金融监管透明度作出了高水平承诺，而目前临港新片区海关监管重心仍在有形实物上，对这类服务基本沿用货物监管方式，归类、征税、查验手续较为复杂，监管方式难以满足快速便利的需求。此外，针对专业人士跨国流动等相关需求，包括境内外人员资质互认等工作有待深化。

4. 临港新片区发展数字贸易、跨境电商面临的问题

一是临港新片区实现跨境数据流动面临若干制度障碍。外商投资企业管理人员和工作人员登录境外邮箱和使用交流软件不便，影响跨国资料和数据交换、浏览境外商业信息、掌握境外经济动态。虽然无序的跨境数据流动会带来极大安全风险，但对跨境数据流动控制过严导致合理的数据资源得不到有效配置，将同样制约数字贸易的发展。CPTPP 的规则，是禁止数据本地化要求和对软件源代码的披露，这会明显促进数据的跨境流动。但是我国的《网络安全法》对于关键信息提出了本地化要求，《网络安全法》第三十七条规定："关键信息基础设施的运营者在中华人民共和国境内运营中收集和产生的个人信息和重要数据应当在境内存储。"当然《网络安全法》也允许适当的非本地化要求："因业务需要，确需向境外提供的，应当按照国家网信部门会同国务院有关部门制定的办法进行安全评估；法律、行政法规另有规定的，依照其规定。"但该规定仍会导致数据跨境流动不畅。

二是临港新片区数字产业链核心环节的发展依然薄弱。上海数字内容产业主要依靠传统产业转型发展，创新型产业十分薄弱，并且大部分企业以服

务外包为主，如动漫和网络游戏产业都是利用劳动密集型优势进行加工，缺少自主品牌。目前，新片区原创高质量数字产业内容不多、产业链不完善，如动漫产业与食品、玩具、服装、出版以及相关衍生品的结合不够，没有形成完整的产业链，缺少上下游产业间的互相带动效应。

三是对数字产业的创新带动作用亟待加强。临港新片区的数字化贸易等新产业、新业态的比重小，新旧动能转换不够，开展国际数字贸易的基础环境有待改善，数字贸易龙头企业的竞争力有待提升。大型龙头电商平台缺失，尽管上海有一批细分领域的龙头电商，但缺少大型综合性龙头电商，这使新片区在跨境电商业务等方面缺乏竞争力，如果缺少具有强大辐射带动作用的创新型企业，未来关键核心技术突破将面临压力。另外，以需求导向和产业化方向，围绕产业链布置创新链，围绕前沿领域和重点领域开展原始创新、集成创新的氛围不够，专利意识、标准意识还比较淡漠。

五、临港新片区建设对接高水平国际经贸规则的贸易自由化原则、目标、战略方案

紧紧围绕习近平总书记“五个重要”的指示精神，紧密结合落实《中共中央　国务院关于支持浦东新区高水平改革开放、打造社会主义现代化建设引领区的意见》，牢牢把握高质量发展和高标准开放两大主题，着力发展国际贸易新业态经济、改善区域国际营商环境、提升创新协同能力、调整产业发展结构、对接高标准贸易规则、建设区域生态文明。“十四五”时期，临港新片区要始终坚持当先锋、做表率，主动将临港发展放到全市、长三角区域乃至全国的整体大局中，按照五大“结合”发展方向，去思考、去谋划、去推动，集聚资源要素，努力实现临港科学发展、率先发展、开放发展，推动临港新片区建设发展再上新台阶。

（一）发展原则

借鉴国际经验。坚持高起点谋划、高标准建设，主动适应国际经贸规则重构新趋势，充分学习借鉴新加坡港、东京湾等国际最高标准、最好水平自由贸易港（区）的先进经营方式、管理方法和制度安排，形成具有国际竞争力的开放政策和制度，加快建立开放型经济新体制，增强区域辐射带动作用，使我国深度融入全球经济体系的前沿地带。

体现中国特色。坚持党的集中统一领导，坚持中国特色社会主义道路，坚持以人民为中心，践行社会主义核心价值观，确保临港新片区建设正确方向。充分发挥集中力量办大事的制度优势，调动各方面积极性和创造性，集聚全球优质生产要素，着力在推动制度创新、培育增长动能、构建全面开放新格局等方面取得新突破，为实现国家战略目标提供坚实支撑。

倡导内外联动。提高区域辐射力，搭建各类开放功能性平台，发挥平台经济的资源整合效应，支持区内企业"走出去"、拓展全球业务。加强区内区外功能和空间合理分工与联动发展，通过产业链条延伸和强化服务功能，更大范围地发挥临港新片区的发展带动效应。

突出需求导向。对照临港新片区建设总体方案，整体研究区域空间格局，锚固好基本生态空间，有序引导开发建设，突出多心敞开、组团发展，注重综合交通支撑，保证国土空间格局科学合理、具有弹性，能够应对经济社会发展环境变化。

坚持底线思维。坚持稳扎稳打、步步为营，统筹安排好开放节奏和进度，成熟一项推出一项，不急于求成、急功近利。深入推进简政放权、放管结合、优化服务，全面推行准入便利、依法过程监管的制度体系，建立与国际接轨的监管标准和规范制度。加强重大风险识别和系统性风险防范，建立健全风险防控配套措施。完善重大疫情防控体制机制，健全公共卫生应急管理体系。开展常态化评估工作，及时纠偏纠错，确保临港新片区健康发展。

（二）发展目标

本文结合《中国（上海）自由贸易试验区临港新片区总体方案》《中国（上海）自由贸易试验区临港新片区发展“十四五”规划》《中国（上海）自由贸易试验区临港新片区新型国际贸易发展“十四五”规划》等相关文件发展目标指示方向，在对标高水平国际经贸规则的贸易自由化方面，聚焦临港新片区产城融合区和“五个重要”目标，发挥临港新片区作为上海国际贸易中心核心承载区的功能作用，创新发展服务贸易模式，深度优化贸易营商环境，对标国际上公认的竞争力最强的自由贸易园区，努力将临港新片区打造成为新型国际贸易发展高地、长三角国际贸易枢纽、全球及亚太供应链管理中心，在全球贸易投资网络中集聚优势资源、占据重要地位、发挥关键作用。

贸易规模稳步扩大，国际影响力大幅提升。要立足行业新动向、新趋势，探索新模式、新路径，紧扣临港新片区重点产业布局和中长期发展态势，充分利用两个市场两种资源，加速扩大贸易规模，做大做强国家外贸转型升级基地（汽车及零部件）和上海国际服务贸易示范基地平台，积极把握区域全面经济伙伴关系协定（RCEP）签署等带来的机遇，深化构建与国际通行规则相衔接的制度体系，不断推动货物进出口持续增长、服务贸易进出口逐步发展壮大，努力提升新型国际贸易占总贸易额的比重。

贸易结构持续改善，核心发展动能有序转化。以临港新片区世界前沿产业为基础，坚持布局联动、优势互补，加快培育生产性服务企业，做大做强生物医药、人工智能、民用航空等先进制造业产业集群，为产业基础高级化、产业链现代化提供有效支撑。集聚数字领域跨国集团、头部企业，推动跨境电商和专业服务机构健康、多元发展，形成一批具有影响力的功能型平台。依托洋山特殊综合保税区的港口优势、政策优势，加快集聚大宗商品产业链主体，做强做优“洋山价格”。

贸易制度创新突破，区域引领作用充分发挥。持续创新贸易制度，集聚创新资源，破除制约科技创新的体制机制障碍，推进国际协同创新。充分发挥区域引领作用，带动全球创新链、产业链和价值链加速优化整合，努力提供贸易新业态发展方案。加强数字贸易交易促进平台建设，优化数字贸易监管服务体系，培育壮大数字内容、数字服务应用领域的企业集群，积极推进数字贸易生态链建设。持续加大对离岸贸易的结算、税收等制度创新支持力度，加快形成离岸贸易产业集聚区。

发展环境不断优化，要素集聚水平显著增强。打造“放管服”改革先行区，努力优化市场化、法治化、国际化的营商环境，持续增强贸易自由化便利化，聚焦高能级贸易主体与总部机构，提高要素集聚和配置水平。进一步提高外商投资开放度和透明度，稳步提升实际利用外资总额，引导和鼓励资金资源流向重点领域、关键环节。临港新片区精细化、数字化、治理能力大幅提高。

（三）战略方案

中国（上海）自由贸易试验区临港新片区的高质量发展，以习近平总书记提出的“五个重要”为行动指南，将贸易规模稳步扩大，国际影响力大幅提升，贸易结构持续改善，核心发展动能有序转化，贸易制度创新突破，区域引领作用充分发挥，发展环境不断优化，要素集聚水平显著增强为发展目标。探索特殊经济功能，对标国际公认的竞争力最强自由贸易园区，分析临港新片区当下发展的重点任务和存在的问题。研究认为，临港新片区未来的发展要在服务业关键领域对外投资开放上实现实质性突破，在国际贸易业务和监管模式的创新上持续探索完善，推动匹配国际贸易新业态的金融开放创新。

1. 在服务业关键领域对外投资开放上实现实质性突破

严格按照“五个重要”的要求，实行更深层次、更宽领域、更大力度、全方位、高水平的对外开放，强化国际化、法制化、市场化的营商环境。对标全球最高标准的经贸规则 RCEP、CPTPP 等，出台《临港新片区跨境服务贸易特别管理措施（负面清单）》有序地推进服务业领域的扩大开放。持续推动自贸试验区“负面清单”相关试点工作，解绑行政审批管理思维，积极协调深化改革过程中的多方利益，建立加强业务专业化监管，建立统一信息共享大数据平台等，进一步促进改革深化。对金融、医疗、维修再制造等核心新兴业态放宽准入条件，除对国防、金融、航空等少数特殊服务业设置例外条款，对所有服务部门均给予准入前国民待遇和最惠国待遇。扩大服务贸易模式，对跨境交付、自然人流动等模式加大关注力度。

2. 在国际贸易业务和监管模式的创新上持续探索完善

简化海关通关手续，采取预裁定、抵达前处理、信息技术运用等促进海关程序的高效管理手段。利用大数据技术通过风险评估系统的筛查和自动化、简化的海关手续，便利货物放行，优化快件运输，降低交易费用。解决临港新片区国际中转集拼的“两次报关”难题，提升通关效率，实现国际货物与国内货物中转混拼装箱运输途径，增加国际中转集拼货物吞吐量，合理规划航线，降低临港新片区转口贸易的业务成本费用。开展离岸贸易只向离岸公司征收年度管理费，不再征收任何税款，出台专门针对离岸贸易的出口退税政策。夯实新片区服务业发展基础，扩大服务业发展规模，充分发展供应链金融、商务服务、互联网服务等新模式新业态。大力发展创新性产业，以树立自主品牌为发展趋势，完善数字产业产业链，打造高质量数字产业内容产品。放开外商投资企业管理人员和工作人员登录境外邮箱和使用交流软件的各种限制，畅通信息内容交换交流渠道。放松对跨境数据流动的监管，高效配置数据资源，在新片区设立《网络安全法》特殊条款，解除对数据跨境流动不畅的限制。进一步激发创新创业活力，刺激数字贸易发展，提升数字贸易龙头企业的竞争力，引进大型综合性龙头电商，增强跨境电商业务竞争力，引进强辐射带动作用的创新型企业，形成产业集聚，突破关键核心技术发展，培育新片区科技创新氛围。加强专利申请意识和国际标准意识，明确关于商标、工业设计、版权和专利等具体规定，知识产权保护机制要体现知识产权保护发展的新趋势，扩大知识产权保护范围，明确专利付费、强制许可以及专利撤销的权利和义务，向 RECP、CPTPP 进一步靠拢。解决政府多头管理问题，增强政府行政效率，着力于法制化、规范化、科学化，完善服务贸易统计方法标准。建立适合服务贸易特点的监管方式，完善服务贸易监测和统计体系，创新合理服务贸易监管模式，对金融监管透明度作出高水平承诺，创新多元化科技监管方式，实现全方位高效监管，深化改革境内外人员资质互认等业务。完善新片区对于数据流动监管、国有企业监管、环境监管、劳工监管、知识产权保护监管制度，建立行业自律性监管制度，建立公众参与监管的机制，增强监督技术水平。对《中国（上海）自由贸易试验区临港新片区管理委员会政府采购实施意见》中政府的采购条款细化说明，制定法规规范约束，健全公平市场制度。出台切实可行、公平公开的方案，保障私企公平竞争权益，对国企在特定行业准入上进行限制和管理，对任何有据可查的国有企业享有的特惠进行梳理和全面削减。建立校企合作机制，打造“政产学研金服用”的贸易—金融—科创生态体系。

3. 推动匹配国际贸易新业态的金融开放创新

与中国人民银行和外汇管理局紧密协调，完善外汇管理政策，促进外汇管理体制机制接轨国际高标准水平，积极匹配服务国际贸易新业态企业，创新离岸加工贸易的外汇收付政策，解决外汇收付困难问题。放开离岸贸易项下预付和预收货款额度限制，放宽在岸账户和离岸账户之间资金往来限制。深化改革审核结算模式，完善本外币一体化跨国公司资金池管理，从制度上保证企业跨境资金收付便利性。推进高水平资本项目开放，重点推进金融市场高水平双向开放，完善直接投资准入前国民待遇加负面清单管理。完善外汇市场“宏观审慎 + 微观监管”两位一体管理框架，扩大外资金融机构业务范围，继续优化直接投资机制，研究探索开展人民币期货交易试点，探索发展人民币离岸交易，开发面向国际的人民币贸易金融产品。

六、临港新片区高标准贸易自由化的实施路径与保障措施

丰富临港新片区高标准贸易自由化战略方案，加强问题导向力度，实施一批面向全球、面向未来，具有突破性、引领性和差异化的重大改革创新举措，为国家建设更高水平开放型经济新体制提供临港模板、贡献临港智慧。本文从建设高效透明的高标准贸易自由化政策路径、建设竞争有序的高标准贸易自由化市场路径、建设公平正义的高标准贸易自由化法治路径、建设精准到位的高标准贸易自由化服务路径方面给出了临港新片区高标准贸易自由化的实施路径。

（一）实施路径

1. 建设高效透明的高标准贸易自由化政策路径

（1）加快服务业进一步扩大开放，深入推进投资管理制度改革

一是分类放宽服务业准入限制，探索采用“准入前国民待遇 + 最惠国待遇 + 例外条款”这一自由化程度较高的准入方式。选择体现国家战略需要、国际市场需求大、对开放度要求高的重点领域，授予临港新片区管委会对新兴行业、新型商业模式、新型业态制定相应改革管理措施的权限。完善外商投资安全审查机制“防火墙”功能。二是全面推行行政服务标准化和规范化，降低企业办事的随机性与不确定性，尤其重视明确外资企业和民营企业参与政府项目的渠道和流程，加快消除对非国有经济的市场监管壁垒。确立金融、电信、数字贸易等服务贸易行业风险分析、进口检查和透明度的标准和规范。三是清理并创新临港新片区政策措施，区域政策需要前瞻性、科学性、安全性和系统性。根据产业发展制定出有利于服务业进一步开放的并对服务业开放风险进行有效预警和监管的法律法规。四是优先争取服务业核心

领域开放实质性落地，探索建立临港新片区的国际贸易新业态领域负面清单管理制度，对金融、电信、数字贸易等国际贸易新业态领域作出了更全面和高水平的承诺，只针对一些特殊部门设置例外条款，禁止如“技术本地化”等生产要求。以地方性法规的形式，确立数据共享、数据权属及数据交易定价机制等，在数字贸易中制定跨境传输数据对规则，取消对数字贸易施加的各种限制，包括数据本地化（存储）要求、计算设施设于境内要求、强制提供源代码要求等。投资所涉资金享受自由转账，并为投资纠纷提供中立而透明的国际仲裁渠道。文化产业优先探索和有序开放外商投资音像制品制作业务领域。在原产地认证方面，可以应用 RCEP 提出的背对背原产地证明模式，并针对不同商品制定有差异的区域价值标准，对商品整体和其活性成分或关键零部件都应用区域价值标准。减低专业资质互认门槛，积极对接各国各地区专业资格证书相互认证工作。

（2）积极探索新型国际贸易业态，稳步推进智慧海关监管体系

一是加快 5G 国际通信基础设施建设，重点发展基于大数据、云计算的跨境电子商务等数字贸易产业，培育估值超过百亿美元的数字贸易龙头企业。积极建设上海“数字贸易国际枢纽港”，参与制定跨境数字贸易的产业标准、隐私保护、数据跨境流动、知识产权保护等相关制度。二是吸收、吸引跨国公司亚太总部和功能性全球总部落户，鼓励外资设立和发展全球研发中心和开放式创新平台。完善区域总部经济政策体系，打造多维度总部型经济，进一步增强跨国公司地区总部全球资源配置和开放枢纽功能。推动跨境资金流动便利化，吸引全球资金管理总部集聚；推动离岸贸易结算便利化，吸引全球销售总部集聚；推动跨境支付便利化，吸引全球采购总部集聚；落实通关便利化，吸引全球供应链总部集聚。落实鼓励外资研发中心发展新举措，推动外资研发中心升级，更好地发挥外资研发溢出效应。对接 RCEP 扩大临港新片区总部的辐射范围，努力打造配置全球资源的亚太门户。三是实施创新型国际贸易的税收优惠政策，允许新能源汽车、智能制造装备头部企

业，以及从事资金结算、研发、国际船舶运输等总部型跨国企业的企业所得税按10%征收。临港新片区的离岸金融发展要大幅减免税收、大幅降低且最终无存款准备金、承认企业获得利差收益等方面着力，为区内企业获得实质性的离岸金融服务。四是构建全要素多层次智慧海关监管体系，简化海关通关手续，采取预裁定、抵达前处理、信息技术运用等促进海关程序的高效管理手段。利用大数据、云计算等技术，在信息共享和统一标准的基础上，通过风险评估系统的筛查和自动化、简化的海关手续，便利货物放行，优化快件运输，降低交易费用。利用区块链技术破解数据监管难题，建立GIS全息3D模型和无人机立体空间巡视可视化，运用射频识别仓库货物，智能安全锁全时空监管集装箱，实现群智物联网对流动要素的精细化监管。

2. 建设竞争有序的高标准贸易自由化市场路径

（1）强化高能级全球航运枢纽功能，建设具有国际优势的航运发展软环境

一是允许部分国外资本控制的航运企业在各自境内沿海港口之间从事沿海捎带业务，在洋山深水港区与我国沿海各个建有保税港区、自由贸易试验区的港口之间，先行先试外贸集装箱沿海运输业务，争取第五航权开放试点，打造航空转运枢纽。二是完善港口集疏运体系，构建芦潮集并站，以深水港物流为载体基础，先行构建和完善洋山陆域公共集拼平台（中心）运作，建设洋山岛域国际中转集拼公共服务平台。三是加强海铁联运发展专项补贴政策扶持力度，积极研究将海铁联运模式纳入启运港退税范围，加强海铁联运信息化建设，优化海铁联运港口、铁路、场站间信息交互标准化，实现货物全程跟踪。

（2）对标国际化创新型高层次人才服务管理模式，建设高端人才集聚高地

一是完善外籍人才自由出入许可制度，调整外籍高层次人才的入沪签证政策，发放“临港新片区特别签证”，建立临港企业直聘外籍中层骨干人才制度，

临港新片区内企业能够将关键人员转移并临时获得高技能的全球人才，进入的企业不受配额等数字限制，也不需要进行经济需求测试。对于区域内各国的投资者、公司内部流动人员、合同服务提供者、随行配偶及家属等各类商业人员，在符合条件的情况下，可获得一定居留期限，享受签证便利，开展各种贸易投资活动。二是打造国际顶尖科学家社区，建立校企合作机制，充分依托国内外著名高校在材料、化学、工学、物理、医学等多领域的学科优势和人才资源，汇聚国内外顶尖力量，建设具有国际影响力、引领国内外相关领域科学研究和产业发展的一流创新平台，为上海的发展提供坚实的创新支撑。充分发挥校企各自优势，同频共振、共赢发展，创建更高能级、更具活力的新型研发机构机制体制，打造“政产学研金服用”的科创生态体系，聚焦国际前沿领域和国家战略需求，着力突破关键核心技术，促进人才集聚、科技创新和成果转化，推动战略科技产业发展。临港新片区要着力推进各科创型平台进一步发展，着力突破关键核心技术，力争产出更多原创性成果；着力推动科技成果转化，推动更多一流科技成果在临港新片区实现产业化；着力集聚一流创新人才，发挥新型研发机构体制机制优势，吸引更多海内外人才来临港新片区施展才华、成就梦想。做好全球高科技成果在临港的集聚、培育和转化，积极打造一批对标国际最高标准、最好水平的一流创新中心，使之成为上海科创中心生态体系的重要组成部分。三是强化住房供给保障，减少临港新片区购房的限购约束，建立公平公开的房源信息管理机制和市场销售渠道，建立购房款分期返还制度，提供“先租后售”的公共租赁房源。

（3）率先探索数据跨境流动便利化制度保障，抢占全球数字化治理主战场

一是建立数据跨境流动领域“白名单”制度，在临港新片区内放宽跨境商务、高科技产业和科技研发领域的跨境数据流动管控，如生物医药、人工智能、跨境电商等产业，对一般性政府及行业数据的跨境流动采取审查许可、登记备案等措施，对不涉及国家机密的数据采用约束性公司原则，

允许新片区内的跨国企业经安全评估或经申报批准后进行跨境数据转移。二是积极参与跨境数据流动国际合作，推动制定针对数字产品和服务的生产、交易、使用等环节的数字贸易规则，配合国家层面参与多边和双边谈判，积极推进我国加入 APEC 跨境隐私规则体系。三是探索数据跨境流动个案案例指导机制，鼓励产业界、行业协会、学术界及其他自律组织参与安全评估和治理体系，创新案例推演模式，加入更多对案例产生影响的实质性因素，力求为数据跨境流动案例作出科学性强、前瞻性高、适应性广的指导机制。

3. 建设公平正义的高标准贸易自由化法治路径

（1）提升自贸试验区立法位阶，开放授权制度保障临港新片区权利需求空间

临港新片区可以基于现有的国际自贸港规则进行创新和补充，建立一套更有优势、更高标准的规则制度。在接轨国际规则的过程中，如有与中央政府的现行法规相抵触的风险点，可以考虑出台特殊政策以实现接轨。规则的运行过程要保证透明，减少政治干预和人为干扰坚定贯彻落实。一是根据实践需要、结合《总体方案》逐级提出立法需求，单独制定临港新片区的地方性法规，依法设计临港新片区地方性法规的架构。二是加快构建分领域、分类别的自贸区专项法律法规，包括《数据安全管理办法》《个人信息和重要数据出境评估办法》《数据资源安全共享管理办法》等。制定跨境证券、期货和融资方面的专项规定，促进电子合同推广立法，试点实行以家庭为单位的税收制度，在临港新片区设立较高层级的法院或法庭，设立检察院分院或者独立的检察派出机构，允许新片区法院与他国法院签署法院间承认判决的指导备忘录并加大各国法院间信息共享的力度，完善国际商事仲裁体系建设，制定案件受理的负面清单。

（2）对标最高标准自贸园区税制安排，实施具有国际竞争力的税收制度

在临港全域构建全新的进出境制度环境和监管模式，全面对接 RCEP 等

高标准国际经贸规则，推动更深层次、更大力度的压力测试，努力实现要素开放向制度开放转型。税务部门需要和政府其他部门、金融机构以及其他相关经济主体利用大数据技术协同归集各类数据，共享各类涉税数据，处理好区内税收征管与国际税收征管的协调关系。一是制定临港新片区重点发展产业"白名单"，增值税分等级优惠征收，前期可以按 10% 或 4% 征收，企业申请发票由审批制改为备案制，完善增值税专用发票开票端的数据共享。二是对新片区内开展离岸业务的企业，专门设置"离岸账户"和"离岸业务税务登记证号"，对有境外股权投资的企业，允许其以境外盈利弥补境内亏损，适当放宽间接抵免适用范围。三是对在新片区投资创办科创类企业的个人，根据其投资行业类别和创办企业类型，全额返还其在新片区 5 年或 7 年内实际缴纳的个人所得税。

4. 建设精准到位的高标准贸易自由化服务路径

（1）优化开放创新风险防控体系，实现临港新片区风险压力测试真正破题

一是成立金融风险防控中心、互联网金融安全技术中心等专门机构，共享各部门系统资源，共建集成系统，形成动态摸底、全面监测、及时预警、联动化解的科技化风险防控闭环体系。完善外汇宏观审慎管理框架，丰富管理手段，防止大规模跨境资本流动引发系统性风险，改进微观监管方式，强化非现场能力建设，对非法金融活动实施"精准打击"，实现服务实体经济、防范风险的双重目标。跟踪研究金融科技前沿技术，分析跨境支付、加密货币、互联网金融跨境等金融科技对外汇交易模式的影响，储备相关的监管技术和应对举措。推进大数据、可视化、人工智能等新技术应用，以技术驱动型监管代替传统监管模式，实现即时监管、动态监管和全方位监管。推动多维度数据采集，构建涵盖跨境业务的全口径、全生命周期的数据生态系统，夯实发展监管科技的大数据基础。积极与各国开展多边、双边监管合作，深度参与到国际金融治理框架构建中，寻求建立既对标国际规则，共同防范跨

境金融业务风险。主动加强与国际监管机构沟通交流，探索开展联合监管、联合执法，突破境外取证执法难点，协同打击国际监管套利行为。二是考虑常设外商投资安全审查委员会，由其统一负责外国投资审查的制度建设，其组成可包括发展改革委、国家安全局、财政局、商务部、国家科委、司法局、经信委、金融办等部门。设立事前咨询程序和救济性程序，建立外商投资后的跟踪、监测、实施与报告机制，相关部门定期或不定期地开展追踪、监测、评估，以确保外商投资符合国家安全和公共安全等要求。建立合作技术协商机制，增强缔约方之间交流和贸易的可预测性。三是加强国际和地区间的监管互认与合作，适当采用国际已经运作成熟的通行惯例与规则，适时启动和完善“监管互认机制”，做好数据交换、结果互认、工作协调、执法互动，做好相关领域采用国际监管标准和监管互认的风险评估工作。四是加强跨境知识产权维权服务，完善知识产权保护制度，增大知识产权保护涉及范围、增强知识产权保护执行力度，完善著作权、商标、地理标志、专利、外观设计、遗传资源、传统知识和民间文艺、反不正当竞争、知识产权执法、合作、透明度、技术援助等保护条例，体现知识产权保护发展的新趋势。明确专利采取收费保护制度，确定强制许可、专利撤销的权利和义务。开展以知识产权为由发起的贸易保护措施的产业影响评估和企业应对服务，持续开展国际经贸领域知识产权海外维权人才培训，加大支持建设自贸试验区版权服务中心，增强中国（临港）知识产权保护中心功能。

（2）深化区域高质量服务体制机制，打造高效便利全方位服务体系

一是协调相关部门，不断丰富“一网通办”境外人士和外资企业办事指南、政策指引等办事服务指引功能，确保办事服务便捷、权威、准确。选择涉外服务的高频办事事项，研究建设全流程英文在线办事服务功能，方便外资企业和境外人士用户直接通过“一网通办”国际版进行在线办事，强化移动端“随申办”的服务功能，推动数字服务化转型。二是建立临港新片区促进企业利用资本市场高质量发展联席会议制度，牵头统筹协调区内促进企业

对接资本市场相关工作，针对企业改制、挂牌、上市和上市后发展所涉及的重点问题和共性问题开展协调工作。协助上海证监局开展拟上市企业的辅导监管、上市公司的日常监管，促进上市公司规范运作，提升上市公司质量。三是推进社会事业“15分钟服务圈”建设，服务圈以社区为圆心，以人的需求为着眼点，在一个社区周边慢行15分钟的区域内，配置完备的医疗、养老、教育等公共服务设施。

（3）发挥临港新片区辐射带动效应，实现与长三角一体化发展示范高效联动

一是强化新片区贸易辐射服务功能，对标世界最高标准、最好水平，先行先试包括中国已经加入的RCEP、已完成谈判的中欧双边投资协定以及积极参与的中日韩自贸协定、CPTPP谈判等涉及的经贸规则，实施更大程度压力测试，将临港新片区最新贸易改革成果率先在长三角地区实施，将自由贸易账户复制推广至长三角地区。二是协同推进贸易平台共建与互通，打造以自贸区为核心的高能级开放合作平台，以临港新片区为引领，加强长三角地区开放协同，既要各自发挥优势，又要形成合力，加快构建以投资便利化、贸易自由化为重点的开放型经济新体制，真正成为集聚高端要素、汇集高端人才、培育高端产业的重要载体。如上海自贸区期货交易平台和浙江自贸区大宗商品贸易，依托中国（浙江）大宗商品交易中心，集聚境内外原油贸易商做强现货交易，申请在上海洋山港和外高桥海关特殊监管区域设立国际大宗商品交割仓库，提升期货交割贸易便利化水平。三是引领推进长三角区域国际贸易“单一窗口”互联互通，以数字化转型为契机，深化“互联网+政务服务”，全面实现“一点进入、一次申报、一窗反馈”，将长三角区域港航物流信息接入单一窗口，实现上海电子口岸“国际海港通”和“长江集装箱江海联运综合服务平台”对接，逐步扩大到空港航运信息交换，推进长三角海关特殊监管区、保税物流中心卡口系统和口岸物流监控系统有机联动。四是引领推进长三角产业创新协同，加强上海国际技术市场、浙江科技

大市场、江苏省技术产权交易市场与安徽省科技研究开发中心等四方联动和资源共享，积极引入民营企业资本、重视民营企业经济，建设重点领域国家实验室，联手打造长三角关键技术协同创新联盟，合力打造以上海为核心节点，连接杭州湾、扬子江、皖江三大城市群的科技创新网络，利用好上海证券交易所设立科创板并试点注册制的机遇，强化上海创新策源地的地位，丰富长三角一体化内涵。

（二）保障措施

着眼于推动各项重大战略和重点任务落实，实现《临港新片区总体方案》《临港新片区发展“十四五”规划》《临港新片区新型国际贸易发展“十四五”规划》确定的发展目标和推动上海临港新片区高标准贸易自由化战略方案，必须不断完善方案实施机制，建立完善方案实施的保障体系，加强考核监督，动员和引导全社会力量共同实现发展蓝图。

1. 发挥党的领导核心作用

坚持党总揽全局、协调各方，发挥各级党组织在经济社会发展工作中的领导核心作用。加强党的各级组织建设，强化基层党组织整体功能，发挥战斗堡垒作用和党员先锋模范作用。落实全面从严治党要求，加强党风廉政建设和反腐败工作，为经济社会发展营造良好的政治生态。加强党的理论教育和党性教育，培养造就高素质干部队伍。贯彻党的群众路线，创新群众工作体制机制和方式方法，注重发挥工会、共青团、妇联等群团组织的作用。巩固和发展最广泛的爱国统一战线，全面落实党的民族、宗教、侨务等政策，充分发挥民主党派、工商联和无党派人士作用，激发公民的主人翁意识，最大限度凝聚全社会推进改革发展、维护社会和谐稳定的共识和力量。

2. 强化项目支撑要素供给

围绕规划任务，根据实际情况，制定完善相关政策，强化方案保障措施。优化财政支出结构，加强公共服务领域等重大项目资金保障。

（1）强化政策引导

用好用足“一核 + 四轴 + 多组团”试验示范的相关政策，围绕重点发展和鼓励发展的产业，及时出台扶持政策，通过政策引导，推动产业优化提升和加快发展。对标国际最高标准自贸园区的政策，提供最优政策保障，提高政策吸引力。不断完善区域政府投资、产业发展、社会事业、区域发展和改革创新等领域的政策措施，构筑和谐民生的政策保护网。保持政策的连续性和稳定性，根据新形势、新情况、新变化，提高政策的针对性和灵活性，把握好实施的力度、节奏和重点。

（2）加大项目支撑

坚持以方案确定项目、以项目落实方案。优化项目供给结构，提高项目供给品质，在基础设施、先进制造业、战略性新兴产业、文化旅游、生态环保、社会民生等领域实施工程，加强项目策划和研究论证，不断完善重大工程项目库。按照“四三二”工作法，大力推动“签约项目抓开工、开工项目抓进度、竣工项目抓投产”，在保证安全、环保前提下，切实加快项目建设进度。认真落实重点项目包保机制，强化项目服务管理，根据《临港新片区发展“十四五”规划》培育出 3 个及以上的千亿级产业集群，认证总部机构累计 50 个左右，新增上市公司累计 20 家左右，整体推进重大项目按时建设、保证质量、快出效益。

（3）强化要素保障

加强资金、土地、智库等要素的保障。加快构建“贷、投、债、股、信、险、财、租”一体化的金融服务体系，不断优化投融资结构，降低融资成本及规模，充分发挥金融对经济社会发展的支撑作用，发挥财政资金的引导作用，优先安排涉及高水平开放、高质量发展等领域的财政支出。按照“新拓增量、盘活存量、集约高效”的原则，合理调整用地结构，确保新片区建设、产业发展、民生改善的用地需求，提高土地利用的综合效益。继续完善重点项目“绿色通道”，对涉及产业发展、民生福祉等重大项目，优先予以土地保障，确保临港新片区“十四五”期间完成外商直接投资实到金额50亿美元的目标。建设临港新片区中国特色自由贸易港（区）研究院智库，创新工作机制、加强智库干部培训和人才引进、设立自由贸易港（区）研究基金、做好财政保障等，充分发挥智库作用，做好自贸区（港）研究，高标准高质量来服务临港新片区中国特色自由贸易港建设。

3. 健全方案实施管理体系

健全临港新片区远景目标实施主体责任制，由方案主管部门组织实施，强化财力保障，确保方案如期实现。组织好方案实施评估和宣传，形成全社会关心方案、参与实施和共同监督的良好氛围。

（1）强化方案刚性约束

政府各部门要按照职责分工，制定远景目标分解落实方案和年度实施计划，将总体方案任务目标分解落实到专项方案、区域方案和年度计划中，切实抓好落实。建立健全重要目标任务实施跟踪反馈机制，加强方案实施的动态管理。根据区域功能定位，科学制定考核指标，强化对环境保护、基本公共服务、经济结构优化等目标任务的综合评价考核。完善方案督察制度，提高督察工作效能，实施干部离任方案审计，保障方案的严格实施。

（2）加强方案衔接融合

坚持“三规”或“多规”融合的方案理念，加强经济社会发展方案与土地利用方案、区域总体方案等方案的衔接和融合，加强方案纲要与经济产业、功能布局、社会事业等专项方案协调推进，并把方案任务与有关重点项目建设计划、各类行动计划以及年度计划紧密结合，明确不同领域不同阶段工作重点和时序，采取有力措施，形成方案整体合力，保证方案执行及时到位。各部门和各片区要根据《临港新片区发展“十四五”规划》确定的目标和任务，加快制定和实施重点专项方案、乡镇（街道）方案和重点区域专项方案。坚持专项方案服从总体方案、下位方案服从上位方案，提高方案实施刚性约束。

（3）完善监测评估制度

建立方案评估“实施—评估—调整—实施”的滚动循环机制，引入第三方评估机制，增强方案任务评估的准确性和广泛性。完善方案指标统计制度，健全方案中期评估制度，围绕课题提出的主要目标、重点任务和政策措施，定期组织部门、专家、群众等相关方面对执行情况和实际效果进行全面分析评估，为动态调整和修订方案提供依据，评估报告提请临港新片区人大常委会审议。及时向临港新片区人大报告方案执行情况并主动接受监督，深入推进方案信息公开工作，不断提高公众方案意识，鼓励社会公众通过法定程序和渠道参与方案的实施和监督。

进一步推动临港新片区高水平跨境金融的政策建议

在经济全球化和金融一体化的进程中，更高水平的金融开放一直是各国追求的目标。由于我国存在对于资本账户的部分限制，金融开放的整体水平处于相对落后地位。基于风险控制与渐进性开放的整体目标，国务院、人民银行、银保监会、外汇局等机构发布一系列政策，形成了以自贸区为金融开放“排头兵”的具有中国特色的开放模式，中国自贸区对外开放程度已经处于世界中等水平。一直以来，我国从未停止探索金融开放最优路径，通过对世界范围内部分金融开放水平较高的地区的分析，得出国家资本账户限制的放开，将是现在乃至未来很长一段时间内，各国追求更高水平金融开放的路径与方向，也将是我国未来探索的方向。研究发现，国外自贸区（如新加坡、迪拜等）金融开放水平较高的原因在于：除房地产投资外，资本账户已基本放开；形成了发达的离岸金融市场，有效地推动了金融开放的进程；建立了成熟的风险管控体系，在金融开放的同时防止了金融危机的发生；同时，立足实际，结合自身情况，形成了适合自己的独特发展模式。而国内自贸区经过一段时间的发展，也逐步探索出了富有自身特色的发展路径，包括建立自由贸易账户体系、分账核算单元、负面清单体系等方面的经验，以提高外汇管理效率，在风险管控的基础上逐步促进金融市场的开放与发展。本文在总结国内外自贸区金融开放相关经验的基础上，对临港新片区的金融开放发展提出了如下建议：一是进一步放开资本账户限制，打造2.0版的分账核算账户体系；二是对标CPTPP，构建高标准经贸规则；三是发展离岸金融市场，打通内外循环机制；四是建立风险防范安全网，更好地承接国外资金。

一、世界金融开放发展历程与我国现状

1. 金融开放发展历程

自20世纪70年代西方国家掀起金融自由化浪潮以来，金融开放一直是

世界经济的主流议题。国际上往往把外部的金融自由化等同于金融开放。笼统来讲，金融开放就是扫除资本跨国流动的障碍，使跨国资本能够自由流动。

虽然国际货币基金组织（IMF）和世界银行（World Bank）曾经达成“华盛顿共识”，即金融开放是一把“双刃剑”。但在经济全球化和金融一体化的进程中，全球金融开放程度不断提高仍将是不争的事实（见图 1）。

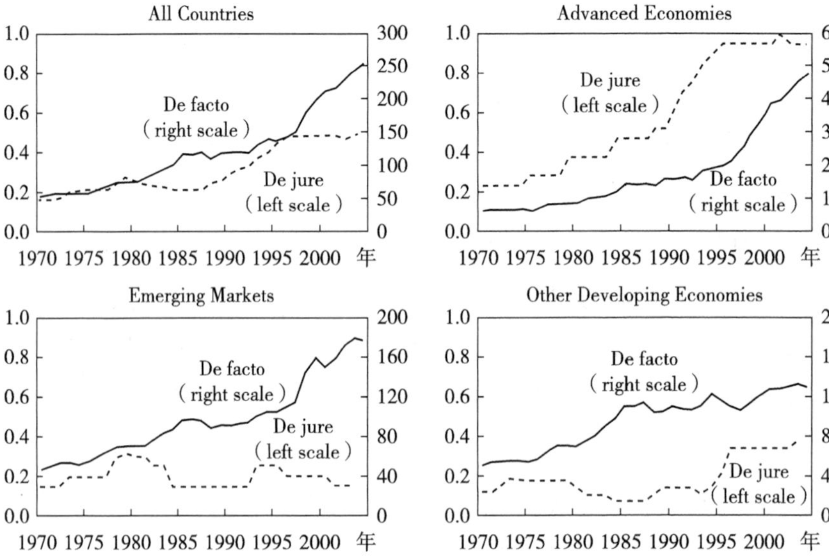

图 1　1970—2000 年各类国家金融开放程度衡量（以政策开放度及事实开放度衡量：图中 De jure 表示政策开放度指标，De facto 表示事实开放度指标）

［资料来源：Kose 等（2006）“How do trade and financial integration affect the relationship between growth and volatility”］

近 40 年来，世界金融开放水平整体上涨 4 倍，在世界范围内，各国都在追求更高水平的金融开放。就整体而言，世界金融开放的事实型指标与政策性指标都在不断上升，其中事实开放度指标从 1970 年的 0. 2 上升为 2005 年的 0. 8。但同时，发达国家与发展中国家在探索金融开放的路径又存在较大区别：发达国家更加关注于规则层面的开放，为金融开放制定了更高的政策标准。近40年间，其以政策开放度指标衡量的金融开放程度一直高于以事实开放度衡量的标准，De facto 指标上涨5倍之多；然而发展中国家出于自身经济能力的限制以及考虑到放开后的各类风险，在政策开放层面较为保守，但其事实层面上的金融开放程度上仍是不断提高的。

2. 中国金融开放程度测度

据 Chinn – Ito 官网相关数据统计，截至2018年，在全球174个国家及地区中，有52个国家及地区达到了金融开放的最高水平，有87个国家及地区金融开放指数为正，世界金融开放水平整体上升（见表1）。

表1　2013—2018年各国家及地区 Chinn – Ito 金融开放指数

国家及地区	2013年	2014年	2015年	2016年	2017年	2018年
法国	2.33	2.33	2.33	2.33	2.33	2.33
德国	2.33	2.33	2.33	2.33	2.33	2.33
日本	2.33	2.33	2.33	2.33	2.33	2.33
中国香港	2.33	2.33	2.33	2.33	2.33	2.33
迪拜	2.33	2.33	2.33	2.33	2.33	2.33
新加坡	2.33	2.33	2.33	2.33	2.33	2.33
美国	2.33	2.33	2.33	2.33	2.33	2.33
英国	2.33	2.33	2.33	2.33	2.33	2.33
澳大利亚	1.57	1.82	2.08	2.33	2.33	2.33
韩国	1.13	1.13	1.13	2.33	2.33	2.33
阿根廷	-1.92	-1.92	-1.92	-1.22	1.31	1.57
墨西哥	1.06	1.06	1.06	1.06	1.06	1.06
冰岛	-1.22	-1.22	-1.22	-0.01	1.06	1.06
巴西	-0.15	-0.15	-1.22	-1.22	-1.22	-1.22
印度	-1.22	-1.22	-1.22	-1.22	-1.22	-1.22
中国	-1.22	-1.22	-1.22	-1.22	-1.22	-1.22

资料来源：Chinn – Ito 官网。

其中，以迪拜、新加坡为代表的传统金融开放程度较高的国家，仍旧保持开放态度，实施开放政策，位于世界金融开放的最高水平，Chinn - Ito 指数保持 2.33 的世界最高水准。

而不少金融开放程度较低的国家及地区，近年来相继出台了一系列开放措施，加快推动金融开放进程。例如，澳大利亚政府设立了澳大利亚工业局、澳大利亚贸易委员会等机构，制定了一系列税收补助与减免措施，吸引外国投资者，同时开放金融市场，不断推动澳大利亚金融开放水平，并达到世界先进开放水平；韩国在 2016 年完全放开金融业准入门槛，金融开放水平进入世界领先地位（见图 2）。

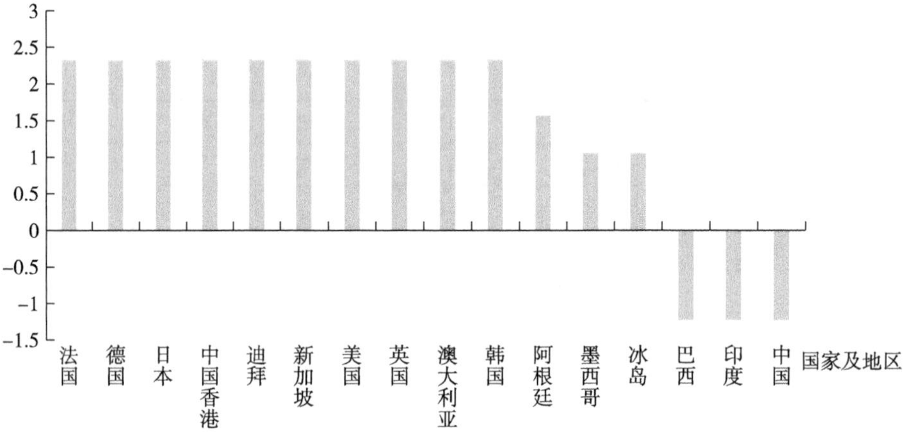

图 2　2018 年各国家及地区 Chinn - Ito 金融开放指数排序

Chinn - Ito 官网相关数据显示，我国金融开放水平整体处于落后地位。近 20 年以来，我国的 Chinn - Ito 指数均维持于 - 1.22，在全球 174 个国家及地区中，仅有 14 个国家及地区的金融开放程度低于我国。这在一定程度上是因为我国出于审慎性原则，保留了对资本账户的部分限制。

然而，我国从未停止金融开放的步伐。基于中国特殊的对外开放路径以及社会背景，中国的金融开放水平一直强调风险控制与渐进性，从国务院到人民银行、银保监会、外汇局，一系列政策部署密集开展，形成了以自贸区为金融开放“排头兵”的具有中国特色的开放模式。以自贸区为试点，出台一系列创新型政策，试图探索金融开放的最优路径，并取得了卓越成就。因此，仅根据 Chinn – Ito 官网提供的相关指数衡量得出中国金融开放的整体水平是不全面的。

因此，本文根据 IMF 资本账户开放度指标框架与相关政策，参照 Chinn – Ito 金融开放指数测算方法，分别对上海自贸区、广东自贸区、海南自贸区、北京自贸区资本账户相关开放度进行评分，计算出四个自贸区的金融开放指数分别为 1.53、1.41、1.38、1.38，已经超越墨西哥、冰岛等国家，基本与阿根廷金融开放水平持平，处于世界中等水平（见图 3）。

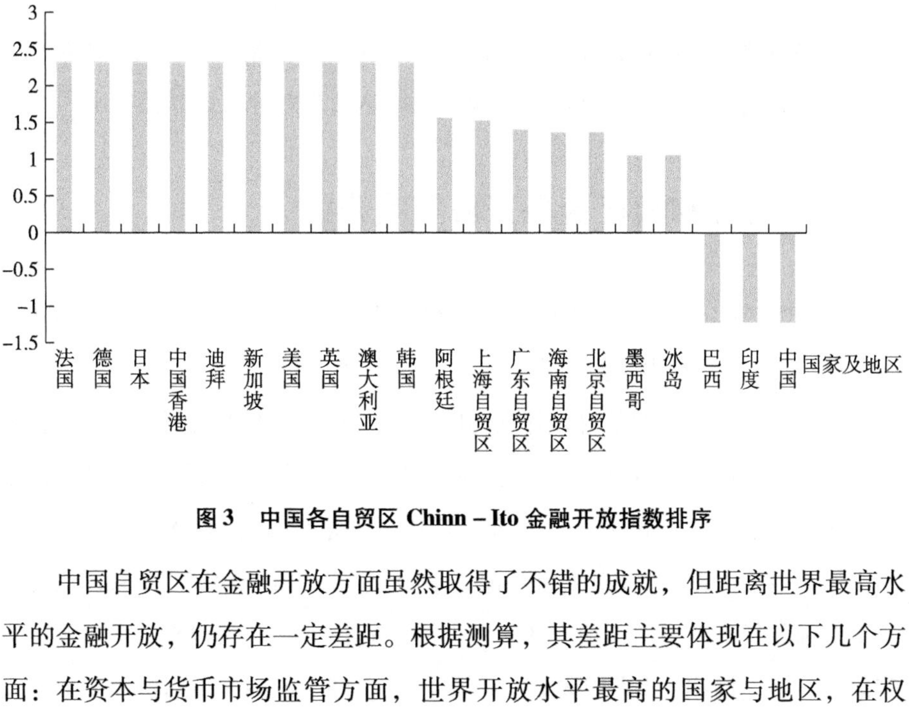

图 3　中国各自贸区 Chinn – Ito 金融开放指数排序

中国自贸区在金融开放方面虽然取得了不错的成就，但距离世界最高水平的金融开放，仍存在一定差距。根据测算，其差距主要体现在以下几个方面：在资本与货币市场监管方面，世界开放水平最高的国家与地区，在权益、债务等方面无限制，而我国考虑到全面放开可能会导致的系统性风险，因而实施有选择性的开放。开放程度最高的上海自贸区，也仅仅是允许境外金融机构进入当地证券交易所进行交易，允许区内企业开展境外证券投资业务；在衍生品交易市场与个人资本交易方面，世界开放水平最高的国家与地区也实施完全放开政策，而我国正在逐步放开相关领域业务部门，旨在推动更高水平的开放；在账户管理方面，世界高水平金融开放国家，以迪拜为例，允许居民设立外汇账户、非居民持有本币账户，且对于兑换无限制。而我国自贸区近年来积极建设统一的 FT 账户体系，虽与世界最高水平仍存在一定差距，但也在客观上推动着我国金融开放的步伐。

由此可见，资本账户限制是我国金融开放水平一直处于较低水准的主要原因。而通过对世界高水平金融开放的国家与地区的分析得出，资本账户限制的放开，将是现在乃至未来很长一段时间内，各国追求更高水平金融开放的路径与方向，也将是我国未来探索的方向。而我国将始终坚持宏观审慎的原则，以自贸区为试点，在自贸区内实施开放政策，探寻适合我国的金融开放路径，进而将政策逐步推广至全国，最终达到金融开放世界领先水平。

二、国外自贸区金融开放经验分析

自 1950 年以来，国际货币基金组织出版了《汇兑安排和汇兑限制年度报告》。它借鉴了货币基金组织从若干来源获得的信息，包括工作人员正式访问成员国期间提供的信息，并在与国家当局密切协商下编写。该项目由货币和资本市场部的一个工作小组负责协调，它利用了该部门（针对特定国家）的专门贡献，并得到了货币基金组织五个地区部门工作人员以及其他部门工作人员的协助。《汇兑安排和汇兑限制年度报告》出版 70 年来，该报告每年对国际货币基金组织所有成员国的外汇安排、外汇和贸易制度以及资本管制进行一次描述，其框架与思路在多年的修订中得到了不断的完善。本文根据 IMF 体系，将经常项目与资本项目下各子项目细分为与贸易有关的措施、无形交易与经常性转移项下汇兑管理、账户管理、资本项目外汇管理、针对商业银行和机构投资者规定的五大类，包含 23 个子项，详细测度自贸区各个项目下的开放状况。IMF 框架和体系的专业性较强，在全球的版本中均有融会贯通、通俗易懂的编译风格，既确保了体系的权威性和准确性，也增强了可读性。《汇兑安排和汇兑限制年度报告》中的外汇管理框架不仅有助于社会各界了解世界各国外汇、外贸和投资管理体制，便利企业对外贸易、投资往来及个人因私出境活动，而且也是各研究机构和人员研究各国汇率制度安排、国际资本流动和货币可兑换进程的重要参考文献。

中国香港、新加坡和迪拜是世界公认的建设水平较高的三大自由贸易港。为促进中国自贸区的建设，本部分选取新加坡和迪拜两个国外自贸区，并选用 IMF 外汇管理体系作为基础参照，对其外汇管理现状进行了总结，为中国自贸区的建设提供一些借鉴，学习其先进经验。一方面，各自贸区是中国金融开放先行先试的试验田，形成可复制、可推广的经验是自贸区的根本目的。从 GDP 的总量看（见图 4），新加坡和迪拜自贸区与国内自贸区的经济规模比较接近，具有较大的借鉴价值；另一方面，中国金融开放水平不高最重要的原因是资本账户管制尚未放开，资本管制是防范金融风险，维护国内金融稳定的重要手段。长期以来，我国一直在探索如何在有效防范金融风

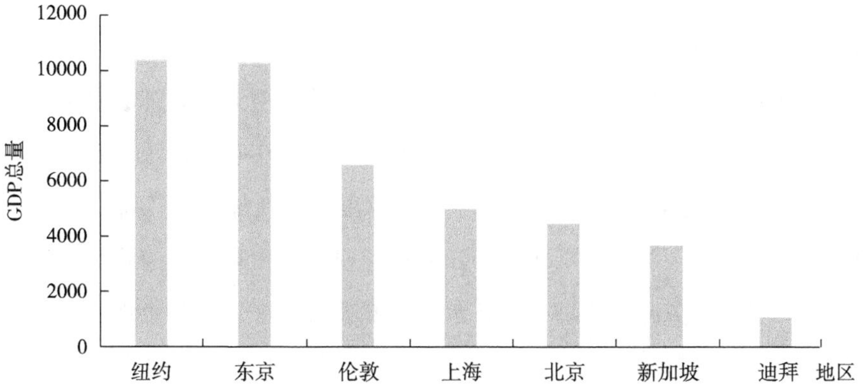

图 4　2018 年各城市 GDP 规模

（资料来源：IMF、国家统计局、迪拜统计中心、新加坡国家统计局等机构）

险的前提下推动金融高水平开放的制度安排。而新加坡和迪拜已经形成了非常成熟的风险管控措施，值得我们学习和借鉴。如新加坡离岸金融中心最初采取的是内外分离的模式，商业银行和金融公司等金融机构可以兼营 ACU，但必须另立单独账户分开管理，这种模式有效地维护了国内金融体系稳定；迪拜为降低金融风险，专门成立了金融服务局和迪拜经济安全中心等监管机构，对金融活动进行严格管控。

1. 新加坡自贸区

新加坡是仅次于中国香港的自由港。新加坡自由贸易港自成立以来，借助自身地理优势积极融入经济全球化，形成了独特的竞争优势。自由贸易政策是新加坡国际贸易战略的核心，几乎所有的货物可以“零关税”进入新加坡。当前新加坡的关税税率从 0 ~ 4% 不等，应税的商品项目仅有酒类、烟草制品、汽车和石油产品。除汽车、石油产品、烟酒等外，对其他商品不征收关税。公司所得税税率为 20%，来自岸外公司的红利收入免征所得税。新加坡也是世界金融及贸易中心，外币可在新加坡自由兑换及进出。商品及服务税（消费税）税率为 7%。作为一个自贸港，新加坡的消费税和进口关税相对较少。

新加坡自由贸易区是全球公认的国际货物转运枢纽。新加坡自由贸易区的制度，采用境内关外做法，视地区发展之需要，在政府公报中宣布可成为自由贸易区的地区。成立于 1968 年的裕廊集团是新加坡贸工部所属的法定机构，专门负责新加坡的工业园区开发和管理。裕廊集团目前管理着两个商务园——樟宜商务园和裕廊东商务园，主要吸引分销、库存管理、货运管理服务以及高科技制造公司入区。早在 1969 年，新加坡首个自由贸易区即在裕廊港码头设立。截至目前，新加坡共有近 10 个自由贸易区、30 多个工业区和 70 多个保税仓库。新加坡自由贸易区从性质上属于海关的特殊监管区域，功能较为简单，主要以发展转口贸易、提供物流服务为目的。进入新加坡境内的国外货物，有90%以上会再次转运出口。货物可以在同一自由贸易区内自由运送，海关不多加以干涉。货物在进入新加坡自由贸易区的储存区时，可以直接凭过境提单办理通关。

（1）新加坡自贸区外汇管理概况。①经常项下。经常项下开放程度非常高，已经基本实现了完全放开。与贸易有关的进出口收汇付汇无限制，账户管理方面也没有任何限制。

②资本项下。新加坡的资本项目开放程度非常高，衍生工具没有居民非居民、销售比例、持有期限限制；对外来直接投资和本国对外投资无限制；对货币市场证券没有居民非居民、销售比例、持有期限限制；对直接投资的清算无限制；对个人贷款、礼物、捐赠、继承和遗产、移民在国外的债务结算、赌博和奖金收入的转移无限制；对担保、保证和财务支持设施无限制；对境外贷款无限制；对境外账户的维护无限制；对商业信贷、本地外汇贷款、购买本地发行的外汇证券无限制；新加坡没有外汇头寸限额；对非居民持有的存款账户无差别待遇。但是，新加坡对房地产交易有限制。外国人可以自由购买所有类型的住宅单位，除了地产和公共住房。希望购买地产的外国人必须获得新加坡土地管理局的批准。对某些类别的住宅物业购买征收资产增值税。新加坡限制非居民出售住房，外国人出售土地私有财产没有具体限制。然而，卖方印花税是在2010年2月对购买一年内出售的所有住宅物业和住宅用地征收的。外国人不得购买或拥有公有住房。新加坡对金融信贷也有所控制，高于500万新加坡元的较大金额金融信贷有一定限制。同时，在实践中，非居民金融实体必须将新加坡元贷款、股票上市和债券发行的新加坡元收益转换为外币，然后才能使用这些资金为新加坡境外的活动融资。新加坡存在外汇存款账户的差别管理。在准备金率上，新加坡银行接受的外币存款不受准备金要求的限制。银行必须以MAS与新加坡元保持最低现金余额，在两周的维护期内，平均至少占其新加坡元合格负债的3%。在流动性要求上，新加坡的银行必须遵守LCR或最低流动资产要求。

（2）新加坡自贸区经验借鉴。1966 年新加坡国会颁布“自由贸易区”条例。自 1969 年启动自贸区建设以来，新加坡以自由经济制度为基础，实行贸易自由、创办企业自由、金融自由，其自贸区建设成为全球典范。

①积极发展离岸金融市场。20 世纪 60 年代，西方跨国公司投资重点向东南亚转移，美国银行为了消除美国政府限制资金外流紧缩措施的影响，策划在亚太地区设立离岸金融中心。新加坡政府审时度势，积极发展国际银行业。1968 年 10 月 1 日，新加坡政府允许美洲银行新加坡分行在银行内部设立一个亚洲货币经营单位（Asian Currency Unit，ACU），以欧洲货币市场同样的方式接受非居民的外国货币存款，为非居民提供外汇交易以及资金借贷等各项业务。这标志着新加坡离岸金融市场的诞生。

1968—1975 年，在新加坡的推动下亚洲美元市场产生并逐步发展。其发展提升了新加坡的国际地位，对新加坡的国际收支改善与经济增长具有重要的贡献，也进一步发展了新加坡的转口贸易。亚洲美元市场资金主要来自亚太地区的跨国公司、各国的中央银行和政府机构以及银行同业间的存款。为了建立亚洲美元市场，吸引银行加入 ACU 的经营，新加坡政府采取了一系列的财政奖励措施。除了财政上的奖励措施外，1968 年新加坡政府还取消了亚洲美元市场的外汇管制。此外，在亚洲美元市场上操作的 ACU，原本必须对存款保持 20% 的流动准备，自 1972 年开始，新加坡金融管理局为了赶超欧洲美元市场，同时为奖励较小的国际操作者，尤其是欧洲银行到新加坡经营，取消了 20% 的流动准备。在这些奖励措施下，亚洲美元市场得以茁壮成长。新加坡逐步形成了一个以经营美元为主，兼营德国马克、英镑、加拿大元、法国法郎、日元等 10 多种硬通货的高效的国际货币市场和国际资本市场。其有如下特点：一是以亚洲美元为主要币种。新加坡尽管已开放资本项目，但对新加坡元一直实行严格管制；另外，为使新加坡成为地区和国际金融中心，新加坡政府积极鼓励和支持离岸金融业务创新。二是对新加坡元使用严格管制。尽管新加坡大力发展金融衍生产品业务，但在 1998 年前禁止任何形式的新加坡元金融衍生产品交易，此后也制定了极为完整严密的规定，禁止开展无实际经济背景的新加坡元投机。三是使所有金融机构的新加坡元账户与非新加坡元账户完全分离，明令严禁新加坡元用于金融投机，对新加坡元境外使用也有非常具体的限制；同时，利用电子支付系统MEPS等现代化科技手段实时监测所有经营新加坡元银行的新加坡元账户（包括新加坡元政府证券），实时监测新加坡元流向、严格执行新加坡元非国际化方面的各项法规。四是为离岸业务发展不断推出优惠税收政策。如1968年8月新加坡政府废除非新加坡居民的利率收入预扣税，使新加坡与中国香港和日本东京在亚洲美元市场中心的竞争中取得优势。此后，新加坡政府在促进金融业全面发展的基础上重点刺激离岸业务发展，不断推出优惠税收政策。五是对金融业实施严格高标准的监管。新加坡金融管理局认为：对金融机构保持严格高标准的监管，与创建更加具有活力、创新机制的金融体系并不矛盾，稳健的金融系统可以为金融自由化提供更加坚实的基础。

②实行高效的综合治理模式，提升新加坡的对外开放水平。我国自贸区可以借鉴新加坡的国家治理机制，综合全面进行自贸区内部治理，与内部企业进行深入交流，在力度上松弛有度，更好地改善营商环境。

根据美国传统基金会公布的《2020年经济自由度指数》排行榜，新加坡首次获评“全球最自由经济体”。在世界银行发布的《营商环境报告》中，常年位居前列。新加坡完善的法治体系、极富吸引力的税收政策和高质量人才保障等都为发展自由贸易提供了一流营商环境。新加坡通过持续的经济制度创新来营造自由开放的政策环境，在财产权利、税收负担、营商自由、贸易自由等方面持续创新自由贸易政策，灵活而有效地把握自由贸易和经济开放的节奏和力度。同时，高效的综合治理也是新加坡成为自由贸易港的主要支撑。新加坡采用政府、市场、社会多元共治体系。政府体制简约高效，行政层级少，主要通过半政府、半企业或半社会性的法定机构来管理公共事务，政府与社会组织形成良性互动。

③在人才政策上：吸引全球优质人才。我国自贸区可以借鉴新加坡自贸区，通过待遇提高、公共服务、城市环境等内外部条件吸引国内外人才前来自贸区发展。

从19世纪以转口贸易为支柱产业的自由港到如今的综合型多功能自贸港，新加坡逐渐形成了服务业、制造业、科技产业并举的多引擎发展战略。新加坡一方面推动裕廊工业园等传统制造园区的转型升级，另一方面通过纬壹科技城等科技园区的建设带动高新技术产业的发展，建立起完整的科技发展体系。新加坡还积极推动金融、商贸、物流、会展旅游等现代服务业发展，形成产业体系完善、布局均衡的多功能自贸港。同时，通过提供优惠的税制、种类多样的工作签证、高效便捷的公共服务，营造舒适宜人的城市环境和友好的社会氛围来打造全球人力资源优势。

④在城市规划上：根据开放程度进行空间分区，促进港城融合发展。在当前我国国内、国际双循环的格局下，港口在促进内贸南北联通和外贸持续交流方面的作用更加凸显，探索港城更高水平地融合发展，成为沿海区域经济发展的重要议题，也是贯彻落实交通强国计划的必由之路。当前港口的功能已经不局限于船舶停靠和货物装卸，而是综合了运输、仓储、商贸、金融、旅游等多项功能，成为集物流、商品流、资金流、人才流、技术流、信息流于一体的综合系统，从而带动城市产业发展，辐射广阔腹地经济。

自贸区应该作出以下努力。因地制宜发展具有竞争力的临港工业。港口给城市带来了天然的产业聚集能力，其中，以发展临港工业最能促进港口城市参与国内、国际双循环。自贸区应着力发展高附加值、高技术含量、环境负担低的先进制造业，从而应对全球产业链回迁，形成低端产业和高端产业互补的格局。在具体产业的选择时，港口城市要以重大项目与龙头企业引领产业链发展，加强产业链上下游的紧密度和分工协作能力，逐步形成有竞争力的产业集群。要注重培育科技研发和产业创新能力，以科技创新带动产业竞争力提高。

加快智慧化、自由化航运中心建设。现代港口的发展不应单纯着眼于吞吐量的提高，而应布局航运服务业来实现港口功能的多元化。应大力推进智慧港口建设，围绕客户诉求，积极开发集成化的航运信息网络交易服务平台，将港口与客户之间的关系从业务链延伸到数据链上。应向船舶提供快速通畅的服务，适度降低停泊费和设备使用费。应在港口周围建设物流中心，实现商品的集中储存、有机衔接，促使商品更快、更经济地流动。要积极实行自贸区政策，推动口岸监管和政策创新，简化一体化通关流程，提升口岸营商环境，降低货主通关成本。应在港口后方大力发展航运金融保险、后台清算、船舶租赁、海事法律等衍生产业，推动商品流、资金流、人才流、信息流的聚合，着力建设航运服务集聚区和区域合作新平台。

推动港城绿色化、人文化升级改造。随着港口业务拓展导致的交通、环境等矛盾日益显现，港口可根据城市发展需要，进行搬迁，使港口和城市均获得新的发展空间。应统筹新港区开发与老港区改造，引导新港区连片开发，加强港口设施和城市设施建设，以适应国际化、现代化的经济发展需求。应注重老港区升级改造，着力治理港口历史发展过程中导致的生态破坏问题，科学规划绿地公园区、商务办公区、住宅生活区、旅游消费区、文化休闲区、餐饮娱乐区等空间布局。应兼顾港口生产岸线与城市景观岸线协调发展，以商务交流为核心，吸引企业总部、金融机构、信息服务机构、研发中心等入驻中央商务区，以滨水观光为主题，兴建沙滩岛屿邮轮项目、会议展览中心、文体赛事场馆，吸引国际国内游客，为城市开启新的发展引擎。

⑤审慎监管金融风险。宏观的系统金融风险一直应该被广泛关注。新加坡实施严格高标准的监管。新加坡金融管理局认为：对金融机构保持严格高标准的监管，与创建更加具有活力、创新机制的金融体系并不矛盾，稳健的金融系统可以为金融自由化提供更加坚实的基础。因而，新加坡政府对适合其金融管理和发展的金融系统总是采取积极态度引进使用，对有利于保持稳健的监管方法，高标准制定管理办法从严管理。我国自贸区应学习新加坡对

于房地产金融市场的管控，抓好自贸区内的宏观审慎，风险“抓大不放小”，做好统筹安排。

新加坡近年更加依赖宏观审慎政策，减少系统性金融风险，尤其是房地产市场衍生的风险。因此，新加坡与国际金融市场虽然高度整合，金融周期的一致性却相对较低。国际货币基金组织的资料显示，在2008年国际金融危机发生之后，全球利率走低，新加坡已经逐步收紧宏观审慎政策。可是，新加坡与全球的商业周期不仅高度相关，甚至更加容易产生波动。金管局认为，这反映出新加坡是一个小而开放的经济体，同时也高度依赖贸易。

新加坡的消费金融风险也很有特点。新加坡政府推出的总偿债率框架主要是针对房屋相关的消费贷款，但实际上该框架也影响到了消费金融市场的其他领域，因此是新加坡政府鼓励民众谨慎借贷，加强金融机构的信贷业务，以及确保房地产市场的长期可持续性的关键。

2. 迪拜自贸区

阿拉伯联合酋长国是中东乃至全球经济最有活力的国家之一。迪拜作为阿联酋乃至海湾地区的贸易、航运、金融、物流和科技中心，近年来越来越受到世人瞩目。迪拜不仅是阿联酋的贸易中心，更是中东地区最重要的贸易枢纽之一。为了发展本地的工商业，迪拜开发建成了一系列自由区和工业区。

迪拜已跻身世界主要港口之一，成为世界首屈一指的中转贸易港口。迪拜作为阿联酋七大酋长国之一，具有较高的国际化水平，经过近几十年的努力，迪拜不仅成为波斯湾地区的第一大港，在世界港口航运业中也占有举足轻重的地位。迪拜先建造了港口码头，经过成长发展再建立自由贸易区，使两者形成优势互补的状态。毗邻杰贝拉里港的就是杰贝拉里自由贸易区。建立该自由贸易区的初衷是为了鼓励外商贸易与投资，由于这一自由区建设得十分成功，促使迪拜和其他酋长国国家出现了多个以其为参考模型的自由区。

（1）迪拜自贸区外汇管理概况

①经常项下。迪拜在经常项下无特殊要求，在账户管理方面基本实现完全放开，总而言之，迪拜和新加坡当前的开放状态极高，基本无限制。迪拜自贸区货币可自由兑换，不受限制，注册手续简便，拥有现代化的高效通信设施和基础设施、充足的能源供应以及优美的工作环境。

②资本项下。迪拜对债务和权益类、证券类没有居民非居民、销售比例限制，仅需满足当地上市要求（自贸区豁免）；对集体投资证券有非居民在当地购买、销售、发行的限制；对外来直接投资和本国对外投资无限制（自贸区豁免）；迪拜对直接投资的清算无限制；迪拜对个人贷款、礼物、捐赠、继承和遗产、移民在国外的债务结算、赌博和奖金收入的转移无限制；迪拜对商业信贷无控制；对担保、保证和财务支持设施无限制；无外汇头寸限额；对非居民持有的存款账户无差别待遇。迪拜对衍生工具没有居民非居民、销售比例、持有期限限制。迪拜对房地产交易有限制。自由保有房产制度允许非居民买卖房地产，但要遵守每个酋长国的具体规定。另外，迪拜对境外贷款有限制；对境外账户的维护有限制。迪拜限制金融信贷。如果这些交易的剩余期限为一年或更短，那么在迪拜经营的银行必须在 UAECB 保持相当于其在非居民银行的迪拉姆存款或贷款的 30% 的特别存款。这种存款不计息。迪拜对本地外汇贷款有限制；对购买本地发行的外汇证券有限制。迪拜存在外汇存款账户的差别管理。在准备金率上，所有定期存款的准备金率均为 1%，所有活期和通知存款的准备金率均为 14%。存款的货币没有区别。在流动性要求上，根据 LCR 进行评估的银行将被要求持有符合实质性限制的净流出货币的合格流动资产。迪拜对投资监管有限制。银行不得将其资本的 25% 以上投资于商业公司发行的股票或债券。信用评级为一级的国内主权和外国政府的债务证券不受此类限制。在非居民投资银行上，非居民收购国有银行的大量股份需要获得 UAECB 的批准。在对机构投资者的控制上，迪拜对保险公司有限制。《保险和保险公司财务条例》（以下简称《条例》）

规定了以下限额，并发布了有关期限的规定，允许公司根据《条例》的每一部分调整其头寸，最长期限为《条例》发布之日起三年。迪拜对投资公司的投资没有限制，但根据种类和风险对共同基金的投资有不同的限制。

（2）迪拜自贸区特色经验

迪拜自贸区被认为是贸工结合、以贸为主的代表。迪拜自贸区设立在本国领土之内，却被认作境外生产中心；在迪拜自贸区内经营的公司均被视为境外实体，或独立于阿联酋法律监管之外的公司。

迪拜自贸区的发展模式主要有以下几点：

一是实行政企合一的运营和管理机构。杰贝阿里自贸区管理局实行政企合一的运营方式，以市场为导向，为企业提供“一站式”高效服务。该管理局是拥有政府职能的实体公司，隶属于“迪拜世界集团”。作为政府性质服务机构，杰贝阿里自贸区管理局通过优质服务网络，提供国际“单一窗口”管理，迪拜贸易门户、杰贝阿里自贸区手机App和综合服务网络，承担全部招商、管理和服务工作。杰贝阿里自贸区管理局实现“一站式”服务，可以直接向投资者颁发营业执照，提供行政管理、工程、能源供应和投资咨询等多种高效服务。

迪拜港务局成立于1991年，直属迪拜政府，对拉什德港和杰贝阿里港的港口运作以及杰贝阿里自贸区的管理实行港区联动一体化运作，承担上述功能区的基础设施建设和港口发展工作，对外执行政府职能，对内管理加工区一切事务。政府给了杰贝阿里自贸区自由和政策，可以在政策允许的范围内运行，这是其成功的主要原因。

二是实行产城融合模式。迪拜已建有30多个自贸园区，有8个较活跃的自由贸易区，包括杰贝阿里自贸区、迪拜机场自贸区、迪拜网络城、迪拜媒体城、迪拜珠宝城、迪拜汽车城、迪拜知识村和迪拜五金城。

迪拜自由港的运行模式可以总结为：自贸区结合特色产业城（迪拜金融城、迪拜互联网城、迪拜媒体城等）。以杰贝阿里自贸区为例，杰贝阿里自贸区定位为低投资、低运营的工贸结合型自贸区，专注于物流贸易供应链管理、加工制造再出口等相关的业务，主要实现贸易便利化的功能。杰贝阿里自贸区设有物理围栏，主要进行区域监管（海关特殊监管区）。而各个特色产业城则发挥人才、资本、技术集聚的作用，实现特色产业的高速发展。各个产业城不设物理围栏，主要进行产业政策监管和企业自主管理。迪拜的模式，成功实现了自贸区与产业的协调发展，突破了物理围栏的界限，最大限度地释放了自由贸易港的“制度红利”和辐射效应，以点带面，形成了自贸区与腹地经济之间的综合性功能网络。

三是迪拜金融风险防范。在监管机构上，迪拜金融服务局，具有较强的自主性与独立性，主要负责迪拜国际金融中心的相关金融机构营业执照的授予，并对这些金融机构未来的创新型金融业务给予持续地监管，此外，迪拜政府还出台了《迪拜国际金融中心监管法》，除非是特许公司或者特许市场机构，任何个人和组织都禁止在迪拜国际金融中心开展金融服务业务。

此外，成立了迪拜经济安全中心，旨在保证迪拜金融市场稳定，打击危害国家和市场稳定的犯罪行为，降低投资风险，维护迪拜全球金融和经济中心地位。迪拜经济安全中心管理局监管对象包括当地政府部门及受政府补贴单位、酋长国内从事经济活动的公司或机构以及在特别发展区、自由区和迪拜国际金融中心从事业务的公司与部门。迪拜经济安全中心的职责与定位包括打击腐败、欺诈、犯罪、贿赂、挪用公款、破坏公共财产、伪造假冒、洗钱、恐怖主义融资以及其他违法犯罪行为。经济安全中心监控、分析迪拜经济走势及现象，降低任何潜在负面影响；监管迪拜金融市场、机构、商业组织、自由区权力滥用、金融违规行为；监督货币、大宗商品、贵金属、上市公司及非上市公司交易；监督指导慈善机构受捐及馈赠行为；制定相关政策与条例，禁止任何个人与组织参与恐怖主义活动，或与恐怖组织保持联系。

3. 启示

表 2　经常项下和资本项下国外自贸区开放情况

	项目	新加坡自贸区	迪拜自贸区
经常项下	出口收汇	除极个别商品，不予限制	普遍征收 5% 的进口关税
	进口付汇	除极个别商品，不予限制	不予限制
	无形交易和经常性转移支付管理	不予限制	不予限制
	无形交易和经常性转移收入管理	不予限制	不予限制
	账户管理	允许居民、非居民开设各种可兑换账户	不予限制
资本项下	资本和货币市场	没有居民非居民、销售比例限制与控制	没有居民非居民、销售比例限制，仅需满足当地上市要求（自贸区豁免）对集体投资证券有非居民在当地购买、销售、发行的限制
	衍生工具及其他工具	没有居民非居民、销售比例、持有期限限制	没有居民非居民、销售比例、持有期限限制
	外商直接投资和利润汇出	不予限制	不予限制
	房地产投资	新加坡对房地产交易有限制。外国人可以自由购买所有类型的住宅单位，除了地产和公共住房。希望购买地产的外国人必须获得新加坡土地管理局的批准。对某些类别的住宅物业购买征收资产增值税。经批准购买土地私有财产的外国人不得在购买之日起五年内出售，外国人不得购买或拥有公有住房	自由保有房产制度允许非居民买卖房地产，但要遵守每个酋长国的具体规定
	个人资本交易	不予限制	不予限制

第一，在制度上要进一步取消资本账户开放的限制。由表2可见，新加坡与迪拜的账户开放程度非常高，除房地产投资尚有一定限制外，其他项下基本已完全放开。相比之下我国还存在一定差距。目前，我国对跨境资本流动实行“宏观审慎＋微观监管”的监管原则。宏观审慎主要防范跨境资金流动的系统性风险，内容包括建立和完善跨境资金流动宏观审慎管理的监测、预警和响应机制。微观监管主要防范个体经营过程中所面临的各类风险，以确保单个金融机构稳健运营为目标。在此框架下，自贸试验区跨境资金流动的风险得到有效遏制，但资金流动受到一定限制。例如，在经常项下，跨境支付需要进行相关单据真实性、合规性的审核；在资本项下，不少项目需要事前核准或者备案。如何在逐步实现资本自由流动的同时，有效防范系统性金融风险，在提高企业跨境贸易投资便利性和稳定金融秩序、防范金融风险之间做好平衡，是临港新片区发展所面临的重要问题。

表3　新加坡亚洲货币经营单位（ACU）

成立时间	1968年
主要目的	吸引东南亚美元支持金融业发展
交易货币	以美元为主
准入许可	作为外汇指定银行的商业银行和证券机构均被允许进入离岸金融市场
业务范围	ACU完全以外币计价交易，用于吸纳新元以外的外汇存款，后期有所松动
金融管制	利率自由浮动、不适用法定准备金，不参加存款保险等
形成方式	政府推动
内外隔离措施	早期严格内外分离，1981年后逐渐允许单向渗透，离岸资金可以通过特定渠道进入在岸
税收优惠	免征ACU账户中非居民存款人的利息收入所得税，部分收入和活动享有优惠利率
监管措施	对每家银行的ACU业务总资产设定上限，银行若要调高上限，需要监管当局批准

第二，发达的离岸金融市场对于金融开放有很大的推动作用。新加坡的离岸金融中心地位的确定和政府的紧密扶持是分不开的。20世纪60年代，西方跨国公司投资重点向东南亚转移，美国银行为了消除美国政府限制资金外流紧缩措施的影响，策划在亚太地区设立离岸金融中心。注意到美国银行

的需求，新加坡政府允许美洲银行新加坡分行在银行内部设立亚洲货币经营单位（ACU），以欧洲货币市场同样的方式接受非居民的国外货币存款，为非居民提供外汇和资金借贷。为吸引银行加入 ACU 的经营，新加坡政府采取了一系列的奖励措施：如取消亚洲美元市场的外汇管制、取消对存款保持 20% 的流动准备、放松外汇管制、开放外汇市场、成立新加坡国际金融交易所（欧洲美元存款利率期货，欧洲日元期权交易）、取消外资对本地银行持股比例限制、放宽离岸银行的新元贷款额度限制、放松对佣金的管制、积极吸引外国公司到新加坡发行股票、修改公司法（对同时满足以下 2 个条件的公司免除审计要求：公司总营业额不超过 1000 万新加坡元；公司总资产额不超过 1000 万新加坡元；公司雇员人数不超过 50 人）、降低企业所得税（新加坡的企业所得税仅为 17%，是世界上企业所得税率最低的国家之一，且实行单一税制和属地征税原则，对企业股东不收分红税，对未转入新加坡的公司营业收入不征税）。

在新加坡政府多项优惠政策的积极引导下，跨国公司和各国金融机构纷纷加入，打通离岸金融交易平台，为亚洲美元市场提供主要资金支撑。亚洲美元市场的建立助推新加坡逐步形成以美元为主、其他国家的硬通货币为辅的国际货币市场和国际资本市场。在无形的外汇市场中，新加坡外汇经纪商起中介作用，为世界各地金融中心提供外汇信息，成为交易过程中的重要纽带。作为欧洲、亚洲、非洲三洲的交通枢纽，新加坡可以全天跨时差、跨地区进行外汇交易。新加坡是亚太地区离岸业务发展最快的城市。在世界经济论坛发布的《全球竞争力报告 2019》和世界银行发布的《全球营商环境报告 2020》中，新加坡分别居世界首位和第 2 位，这与其发达的离岸业务密不可分。新加坡作为全球第四大国际金融中心，离岸银行贷款、债券和保险在其金融服务中占了很大份额，离岸贸易在过去 20 年中保持年均 15% 的高增长率。随着金融开放创新进程不断加快，金融机构跨境互设更加活跃、金融业务往来更加密切、跨境资金流动更加频繁。

第三，分离型模式有利于风险防范。在发展初期，由于当时新加坡还属于发展中国家，经济金融都不发达，抵御外部风险的能力较弱，新加坡选择了内外分离型的发展模式。这种发展模式将境外金融市场与境内金融市场严格区分，不允许本地居民在 ACU 开立外币账户，有效地防止了国际资本自由流动对国内经济金融体系的冲击，充分保证了本国金融市场的稳定和金融政策的有效发挥。新加坡离岸金融市场的参与主体主要是银行，对最低资本金、治理结构、风险管理水平等都有严格要求。当局把境内从事离岸金融业务的银行进行分类并发放不同类型的牌照，只有符合要求的银行才能从事离岸业务，并且需要定期报送离岸业务报表或根据要求补充特定报表，以便进行监管。在政府宏观调控能力和金融监管机制尚不成熟的情况下，选择内外分离型的账户管理方式能够为一国金融开放带来契机的同时形成金融风险“防火墙”。20 世纪 70 年代后，新加坡对离岸金融业务在税收、金融管制和外资持股等方面逐步放宽限制，过渡到有限渗透模式，允许本地居民在 ACU 设立外币账户，并逐步提高存贷款额度。

第四，立足实际，积极寻找适合自己的特色发展模式。如新加坡的港城结合、迪拜的产城融合发展模式等。在当前我国国内、国际双循环的格局下，港口在促进内贸南北联通和外贸持续交流方面的作用更加凸显，自贸区应该因地制宜发展具有竞争力的临港工业。

三、国内自贸区金融开放对比研究

当前，中国整体的金融开放水平不高，与国际先进水平存在较大差距。但国内各自贸区作为金融开放的试验田，在很多方面达到较高水平。参照 Chinn－Ito 金融开放指数的计算方法，2020 年新加坡、迪拜、美国、英国、日本等金融开放程度最高的国家金融开放指数均为 2.33，中国由于在资本账户开放方面仍有许多限制，金融开放指数仅为－1.22，金融开放程度较低。

2018年，在全球174个国家和地区中，我国金融开放程度排名160位，仅有14个国家和地区的金融开放程度低于我国。国内自贸区作为金融开放先行区，相比国内其他地区，金融开放进程步伐较快。上海自贸区、广东自贸区、海南自贸区金融开放指数分别为1.53、1.41、1.38。北京自贸区金融开放指数为1.38，与墨西哥、冰岛等国金融开放程度相近，处于世界中等水平。

中国金融开放水平较低，原因在于资本账户管制尚未放开。资本管制是中国金融和经济稳定的最后一道防线。长期以来中国的资本管制对维护中国金融稳定起到十分重要的作用。当前，国际资本流动愈加频繁，这对发展中国家的金融和经济稳定造成极大冲击。国际金融利益集团则利用发展中国家的制度和政策缺陷，大肆进行套利、套汇活动，给发展中国家造成严重福利损失。资本管制是我们维护国内金融安全的重要手段，应该审慎、渐进、可控的放开，根据自身需要和发展阶段稳步推进资本账户的开放，以防止金融风险的发生。

本章选取了国内四个自贸区：上海自贸区、北京自贸区、海南自贸区和广东自贸区进行对比研究。研究发现，相较于国外高水平开放的自贸区，国内自贸区开放程度虽然略有落后，但是在横向比较下，国内各自贸区均有值得借鉴的先进经验。本部分旨在通过对比研究自贸区相关制度，为构建临港高水平开放片区提供经验。

1. 上海自贸区

（1）上海自贸区外汇管理概况

上海自贸区自2013年起，以金融领域改革为重中之重，金融制度创新、金融服务强化和金融市场开放为核心内容，建立起一个庞大的金融资产缓冲区和蓄水池，逐步完善人民币的全球循环路径，并最终在风险可控的条件下打通资本账户，进行双向投资、相互渗透，实现金融资源的全球优化配置，提升人民币的国际地位，最终将建成类似伦敦和纽约的全面渗透型和内外一体化的真正的全球金融中心。

①经常项下。贸易资金可以自由流动。在账户管理方面，针对非居民开放到中国来办理业务，上海自贸区主要开立以下三个账户：NRA 账户、OSA 账户和 FT 账户。

OSA 账户是 1997 年提出的，国内有四家银行可以办理，是最接近离岸性质的账户。OSA 账户中是单币种账户，没有存款准备金要求，账户资金可以全部拿来投资和贷款发放，没有预提利息税，是三个账户中最完善；NRA 账户可以看作境外企业在境内开立的境内账户，这个账户是有人民币账户，资金投资收入有范围限制，可以做贷款发放，吸收存款的汇率利率参照境内汇率利率；FT 账户于 2014 年开始建设，2015 年银行通过验收，是本外币一体化账户，主子账户一个账户可以使用人民币也可以使用外币，FT 账户致力于跨一线放开，跨二线有限渗透，有准备金要求，有预提税；放款利率和币种转化汇率参照离岸价格，同境外结算相对自由，人民币换美元汇率更接近中国香港、新加坡价格，同境内企业结算时只能使用人民币。跨一线完全放开在个别情况下会收紧。

②资本项下。资本和货币市场交易方面：取消了事前、逐笔提交交易真实性证明材料。试点企业的条件有所放宽，区内的非金融企业（房地产企业、政府融资平台除外）；近一年无外汇行政处罚记录（成立不满一年的企业，自成立之日起无外汇行政处罚记录）；如为货物贸易外汇收支名录内企业，其货物贸易分类结果应为 A 类。允许区内非投资性外商投资企业在真实、合规的前提下，可按实际投资规模将资本项目外汇收入或结汇所得人民币资金依法用于境内股权投资。上海自贸区跨境直接投资，可按上海市有关规定与前置核准脱钩，直接向银行办理所涉及的跨境收付、兑换业务；在区内就业并符合条件的个人可按规定开展包括证券投资在内的各类境外投资；个人在区内获得的合法所得可在完税后向境外支付；区内个体工商户可根据

业务需要向其在境外经营主体提供跨境贷款；在区内就业并符合条件的境外个人可按规定在区内金融机构开立非居民个人境内投资专户，按规定开展包括证券投资在内的各类境内投资；区内金融机构和企业可按规定进入上海地区的证券和期货交易场所进行投资和交易；区内企业的境外母公司可按国家有关法规在境内资本市场发行人民币债券；根据经营需要，注册在试验区内的中外资企业、非银行金融机构以及其他经济组织（以下简称区内机构）可按规定从境外融入本外币资金；允许符合条件的区内企业按规定开展境外证券投资和境外衍生品投资业务等。同一非金融机构自由贸易账户与其开立的境内其他银行计算账户之间，可办理规定业务项下的人民币资金划转。

衍生工具及其他工具方面：区内机构可按规定基于真实的币种匹配及期限匹配管理需要在区内或境外开展风险对冲管理。允许符合条件的区内企业开展境外证券投资和境外衍生品投资业务。试验区分账核算单元基于自身风险管理需要，可参与国际金融市场衍生工具交易。经批准，试验区分账核算单元可在一定额度内进入境内银行间市场开展拆借、回购。区内机构可按规定基于真实的币种匹配及期限匹配管理需要在区内或境外开展风险对冲管理；符合条件的区内企业可开展境外证券投资和境外衍生品投资业务。

外商直接投资和利润汇出方面：极大地简化了外商投资及利润汇出审批流程，放宽了可投资业务，拓宽直接投资外汇登记业务办理渠道。允许外商投资企业或境外发行股票企业的利润或股息、红利汇出境外，对于利润或股息、红利的汇出，事先无须外汇局批准，持有关资料直接到开户银行办理即可。但对结汇所得人民币资金用途仍有部分限制。

房地产投资方面：外资进入房地产业应遵循商业存在原则，即应当设立房地产企业作为从事房地产开发、经营的实体，境外投资者不得境外直接持有中国房地产。外商投资中国房地产业有两种方式，一是向商务主管部门申请设立外商投资房地产企业，二是通过并购境内企业而成立外商投资房地产企业。第一种方式要履行商务部门的审批和备案手续，后一种有严格的资金交付期限要求，而两种方式都要考虑较高的各种税负成本。

个人资本交易项下：在区内就业并符合条件的个人可按规定开展包括证券投资在内的各类境外投资。个人在区内获得的合法所得可在完税后向外支付。区内个体工商户可根据业务需要向其在境外经营主体提供跨境贷款。在区内就业并符合条件的境外个人可在区内金融机构开立非居民个人境内投资专户，开展包括证券投资在内的各类境内投资。

（2）上海自贸区经验借鉴

上海自贸区作为全国首先成立的自贸区，在开放程度上也处于全国领先位置，其政策经过不断的打磨进步，也逐渐形成了许多值得借鉴的特色经验体系，并且被诸如海南自贸区、天津自贸区等借鉴，惠及全国。目前，上海自贸区的自由贸易账户体系、分账核算单元、负面清单体系等有效地提高了外汇管理效率，为对外贸易提供了极大便利。

①自由贸易账户体系。FT 账户是金融机构根据客户需要，在自贸区分账核算单元开立的规则统一的本外币账户。它独立于现有的传统账户体系，打通了自贸区与离岸市场之间的通道，为区内企业涉足境外市场、满足实体经济所需的贸易结算和跨境投融资汇兑便利提供了更有效的方式。FT 账户的基础是商业银行现有在岸核心业务系统，是在商业银行现有账户系统的基础上，通过增加特殊标识的方式，实现对特定市场主体和特定业务进行特殊物权界定，提供资金存管、收支、结算服务，并在管理上单独出表，建立相对独立的资产负债表和损益表。中央银行则建立对应的数据信息采集和管理系统，在内地法律法规下进行数据采集、业务监测和监督管理。

FT 账户的优势：存贷款业务上，打造市场化的利率体系，资金价格一定程度上由商业银行自主定价。具体而言，外汇资金由银行自主定价，已放开上限；人民币资金参照人民银行规定，存款利率不超过中国人民银行公布同期基准利率的 110%；贷款方面：本外币均由银行自主定价。提供汇兑便利。FT 账户在经常账户和直接投资项下基本实现完全意义上的自由汇兑，投融资创新业务可根据实际业务需求进行兑换。相比当前我国境内区外企业只实现了经常项目下的自由汇兑而且还要提供贸易合同等证明材料，进一步地实现简化。最优汇兑汇率。传统的境内区外企业进行货币汇兑时都是以中国银行外汇牌价为基准。而通过 FT 账户办理购汇汇出或结汇入账业务时，分账核算单元必须将由此形成的汇兑敞口在区内或境外平盘对冲。由于目前区内既没有足够数量的交易参与者，也没有现成的平盘交易机制，加上自贸区内同境外实际上已经实现了一定程度的资本自由流动，因此 FT 账户结售汇采用的汇率，主要是离岸市场上的人民币交易汇率。而且商业银行也可以通过分账核算单元直接为客户向国际上主要人民币离岸市场上询价，获取最优汇率。提供融资便利。自贸区内企业可以通过 FT 账户获得境内外流动资金贷款、国际贸易融资、并购贷款等融资服务，增加资金来源渠道，创新资金获得方式。获得融资后，企业既可以在账户中自由汇兑，也可以直接进行投资交易，从而减少汇率、利率风险，降低财务成本，实现资产保值增值。针对跨境双向人民币资金池业务，上海自贸区基于 FT 账户体系作出了更宽松的安排。主要是客户制度上，实行更为宽松的制度，只要存在纽带关系，都可以纳入银行客户范畴，且参与企业不限于自贸区内企业，还可包括上海市的大型中央企业、国有企业和高新技术企业。另外，对进出额度没有明确要求，境外成员企业和区内主办之间或境外主办企业与区内成员企业之间可自行选择货币进行资金归集，无额度限制。“二线”归集必须以人民币进行，净流入（出）额度上限 = 资金池应计所有者权益 ×1。

②分账核算制度。“分账核算”制度是上海自贸区金融政策的核心之一，即通过设立分账核算单元，和境内业务做一风险隔离后，为相关方面提供自由贸易账户及相关服务。该业务细则于 2014 年 5 月出台。其核心内容包括：上海地区的金融机构可以通过建立分账核算单元，为开立自由贸易账户区内主体提供经常项目、直接投资和投融资创新相关等业务的金融服务，以及按照准入前国民待遇原则为境外机构提供相关金融服务。另外，分账核算单元

对自由贸易账户提供可兑换服务形成的本外币头寸原则上要在区内或境外平盘，既有利于境外人民币市场的发展，也有利于人民币汇率形成机制的有效运行。

计入分账核算境外融资的业务类型有以下几种。外币贸易融资，金融机构和企业的外币贸易融资按20%计入分账核算境外融资，其中期限转换因子统一按1计入。表外融资（或有负债），金融机构因向自由贸易账户客户提供基于真实跨境交易和资产负债币种及期限风险对冲管理服务需要而形成的对外或有负债（包括融资性担保），按20%计入分账核算境外融资；因自身币种及期限风险对冲管理需要，参与国际金融市场交易而产生的或有负债，按50%计入分账核算境外融资。企业和金融机构跨境担保已实际履约并构成新的跨境融资关系的金额按实际情况计入分账核算境外融资。其他，其余各类对外负债均按实际情况计入分账核算境外融资。中国人民银行上海总部可根据业务开展情况及风险管理需要，对计入分账核算境外融资的业务类型进行调整。

③负面清单管理。“负面清单管理模式”是一种与正面清单相对应的外资准入管理模式，是指政府通过清单的方式列明高管要求、业绩要求、股权要求等限制措施及与国民待遇、最惠国待遇不符的管理措施，而除了清单上的列明的经济领域外，遵循“法无禁止即可为”的法理概念，其他满足相关条件的行业、领域和经济活动都可不受限制自由进行。

2013年9月29日，中国（上海）自由贸易试验区［China（Shanghai）Pilot Free Trade Zone］正式挂牌设立，《中国（上海）自由贸易试验区外商投资准入特别管理措施（负面清单）2013年》颁布实施。2013版的负面清单以外商投资法律法规、《外商投资产业指导目录》（2011年修订）及《总体方案》为依据，按照《国民经济行业分类及代码》（2011年版）分类编制。目前我国的负面清单共经历五次精简，特别管理措施也从2013版的190条调整到2018版的45条。对比五个版本的负面清单，从适用范围来说，前两版只适用于上海自贸区，2015版适用于上海、广东、天津、福建四个贸易区，而之后的2017版、2018版都适用于所有的自由贸易试验区，体现了上海自贸区作为可复制可推广的改革试点的重要意义。上海自贸区的重大改革创新是我国与国际接轨这一战略的体现。在此之前，外商投资进入我国都需要政府相关部门逐案审批，耗时耗力的同时还会存在政府权力“寻租”等一系列问题，严重阻碍外资进入我国市场。而上海自贸区法“无禁止即可为”的负面清单管理模式放宽了市场的准入，促进了外商投资，同时也发挥了市场资源配置的决定性作用，减少了政府对市场的干预。

2. 北京自贸区

2020年9月21日，国务院印发《中国（北京）自由贸易试验区总体方案》的通知。9月24日上午，中国（北京）自由贸易试验区正式揭牌。9月28日，中国（北京）自由贸易试验区高端产业片区正式挂牌。将重点发展数字贸易、文化贸易、商务会展、医疗健康、国际寄递物流、跨境金融等产业，打造临空经济创新引领示范区。其主要任务和措施是：推动投资贸易自由化便利化；深化金融领域开放创新；推动创新驱动发展；创新数字经济发展环境；高质量发展优势产业；探索京津冀协同发展新路径；加快转变政府职能。

①经常项下。北京自贸区开放程度较高，从收汇付汇管理及无形交易与经常收支管理均处于高度开放状态。企业开立经常项目外汇账户无数量限制。取消外汇账户限额管理，允许企业根据经营需要自主保留外汇，为企业对外贸易用汇提供了自主化空间。经常项目对外支付和转移无限制；简化自贸区经常项目外汇收支手续。国家对服务贸易项下国际支付不予限制。国内资金主账户为多币种（含人民币）账户，账户币种和数量均无限制；取消合作银行数量限制；允许跨国公司备案后直接开展资本项目收入结汇支付便利化改革试点。

②资本项下。资本和货币市场方面：将合格境内机构投资者主体资格范

围扩大至境内外机构在北京市发起设立的投资管理机构，包括境内证券公司、基金管理公司和期货公司。支持跨国公司开展跨境资金集中运营管理业务，进一步简化外债和境外放款登记管理，实行“一次性登记”。

衍生工具及其他工具方面：支持符合条件的财务公司、证券公司等金融机构获得结售汇业务资格，开展外汇即期及衍生品交易。允许符合条件的区内企业开展境外证券投资和境外衍生品投资业务。

外商直接投资和利润汇出方面：支持符合条件的在京机构开展合格境内有限合伙人境外投资（QDLP）试点，允许合格机构向合格投资者募集人民币资金，并将所募集资金投资于境外市场。支持符合条件的机构申请合格境内机构投资者（QDII）、人民币合格境内机构投资者（RQDII）业务资格，积极争取投资额度。对境外直接投资额度方面有所限制，境外直接投资前期费用（以下简称前期费用）累计汇出额不超过 300 万美元，且不超过中方投资总额的 15%，境内机构可凭营业执照向注册地银行办理前期费用登记，银行通过外汇局资本项目信息系统为境内机构办理前期费用登记手续后，境内机构凭业务登记凭证直接到银行办理后续资金购付汇手续。如确有客观原因，前期费用累计汇出额超过 300 万美元或超过中方投资总额 15% 的，境内投资者须提交说明函至注册地外汇局申请办理。外商投资项下资本金结汇授权外汇指定银行直接审核办理。即外汇局根据相关条件，将外商投资项下资本金结汇核准权授予符合条件的银行，由银行在许可权范围内履行审核、统计监测和报备责任。外汇局通过被授权银行对外商投资项下资本金结汇实施间接监管。

依托北京产权交易所发展产权跨境交易人民币结算业务，支持境外投资者以人民币参与境内企业国有产权跨境交易，探索拓展产权交易品种和形式。发展跨境人民币贷款业务，支持商业银行搭建“一带一路”跨境金融服务平台，为在京企业“走出去”提供综合金融服务。支持符合条件的境外企业在境内发行人民币债券。

3. 海南自贸区

（1）海南自贸区外汇管理概况

中国（海南）自由贸易试验区是由习近平总书记亲自谋划、亲自部署、亲自推动的改革开放重大举措，是党中央着眼于国内国际发展大局，深入研究、统筹考虑、科学谋划做出的重大战略决策。建设海南自贸区旨在发挥海南岛全岛试点的整体优势，建设全面深化改革开放试验区，并在自贸区建设的基础上，稳步推进中国特色自由贸易港建设，分步骤、分阶段建立自由港政策和制度体系，把海南打造成为我国面向太平洋和印度洋的重要对外开放门户。

①经常项下。贸易收支方面，自贸区内经常项下外汇收支政策与全国大体一致，贸易外汇收支已实现基本可兑换，不予额度限制，在真实性审核方面仍有一定的要求。

无形交易与经常性转移方面，自贸区内无形交易与经常性转移与全国的规定大致相同，基本实现可兑换，国家对服务贸易、收益和经常转移项下国际收支均不予限制。外汇收入已完全放开限制，境内机构仅凭申报信息可直接办理入账或结汇。外汇支出仍需进行真实性审核。

②资本项下。跨境信贷方面：首先是跨境融资。当前境内主体跨境融资尚存两种模式，一是依据《外债登记管理办法》所规定的“投注差”管理模式，企业可借外债额度为：（投资总额－注册资本）×注册资本到位比例，此种模式主要适用于外商投资企业。二是依据《中国人民银行关于全口径跨境融资宏观审慎管理有关事宜的通知》采用“宏观审慎”管理模式，通过计算跨境融资风险加权余额确定融资上限，符合条件的中外资企业均可依据此文件进行跨境融资。此外，自贸区对企业外债登记与注销业务也给予了进一步的便利。海南自贸区更设立长期发展目标进一步放松外债管理，计划在2035年前实现完全跨境资金流动自由便利。允许符合条件的非金融企业根据

实际融资需要自主借用外债，最终实现非金融企业外债项下完全可兑换。其次是境外放款，金额上限已从所有者权益的30%上调至其经审计上年度末所有者权益的50%，以进一步支持企业“走出去”，促进区内企业国际业务发展。若确有业务需要超过该比例的，企业可继续提出申请，并由外汇局海南省分局审核办理。最后是信贷资产转让。海南自贸港进一步扩大信贷资产对外转让试点，将适用范围扩大到所有外企，并且允许海南的银行直接对外转让或通过资产交易平台代理对外转让境内资产，包括了“银行不良资产”和“银行贸易融资资产”。

股权投资方面：自贸区内逐步放开双向股权投资。境内投资者境外投资方面，海南自贸港内实行合格境内投资企业（QDIE）计划，允许符合条件投资管理机构面向境内投资者募集资金，对境外投资标的进行投资。目前尚未有法律文件对QDIE内涵作出明确定义，也未就QDIE制度出台任何全国性法规政策。境外投资者境内投资方面，海南同时采纳了合格境外有限合伙人（QFLP）和合格境内有限合伙人（QDLP）两个试点方案。首先，QFLP框架下，海南自贸区进一步放松主体限制并放宽管理要求。明确规定对海南QFLP基金管理企业及海南QFLP基金的设立注册均不设最低准入门槛。进一步简化设立注册QFLP基金管理企业和QFLP基金的流程，取消了联席会议审核试点资格的制度，并采用“推荐函”形式予以代替。其次，自2021年起，海南自贸港纳入QDLP试点，允许境外投资机构在境内设立合伙制私募基金，向境内投资者募集人民币资金投资于境外市场。试点企业在获批之后直接享有基础额度，并在一定规则下可以获得增发额度。最后，为进一步开放境外投资者的境内投资，在区内试点跨境资产管理业务，允许境外投资者投资自贸港内金融机构发行的理财产品、证券期货经营机构私募资产管理产品、公募证券投资基金、保险资产管理产品等资产管理产品。

境外发行方面：海南自贸区鼓励境内企业通过境外发行进行融资，在自贸港内注册的境内企业可根据其境内外融资计划在境外发行股票或债券，企业发行外债下放至海南省发展改革部门备案登记管理，境外上市外汇登记可以直接到银行办理。允许海南省地方政府向全球符合条件的境外投资者发行地方政府债券以支持自贸港项目建设。由海南统筹中央资金和自有财力，设立海南自由贸易港建设投资基金，按政府引导、市场化方式运作。

衍生工具方面：境外机构可以在自贸区内从事人民币与外汇衍生品交易，自贸区内积极探索设立跨境金融资产交易平台，尤其是开展场外衍生品交易业务。目前已批准建设海南大宗商品衍生品交易场所，以促进区内衍生品交易。非居民可按照规定在交易场所参与交易和进行资金结算。并积极鼓励已设立的交易场所在会员、交易、税负、清算、交割、投资者权益保护、反洗钱等方面，建立与国际惯例接轨的规则和制度体系。

外商直接投资方面：外商直接投资已基本实现可兑换，负面清单以外企业在境内直接投资几乎不存在限制。首先，审批方面，进一步简化外商投资企业登记注册手续，全面实行准入前国民待遇加负面清单管理模式。其次，资金汇兑方面，企业在开立外汇资本金账户，与办理资本金、利润等跨境资金汇入汇出或结购汇业务时，均无须获取外汇局批准，可直接经由银行办理。最后，为鼓励外商投资企业进行境内股权投资，允许非投资性外商投资企业在真实、合规的前提下，按实际投资规模将资本项目外汇收入或结汇所得人民币资金依法用于境内股权投资。

房地产投资方面：符合条件的境外机构和境外个人可以按照实需的原则购买符自用、自住商品房；购买非自用房地产，应当遵循商业存在的原则，按照外商投资房地产的有关规定，申请设立外商投资企业，并经有关部门批准并办理有关登记后，按照核准的经营范围从事相关业务。此外，为积极引导和发展与旅游业相适应的房地产业，在海南开展房地产投资信托基金试点。优先鼓励省内主体经营稳健、资产储备丰富、运营管理能力优良的企业参与发行 REITs 产品。海南将设立专门 REITs 交易场所，积极推动公募 REITs 产品落地。

个人资本交易方面：自贸区内放宽居民个人境外投资以及非居民个人境内投资。在区内就业并符合条件的个人可按规定开展包括证券投资在内的各类境外投资；在区内就业并符合条件的境外个人可按规定在区内金融机构开立非居民个人境内投资专户，按规定开展包括证券投资在内的各类境内投资。未来，海南自贸区还将进一步探索放宽个人跨境交易政策，研究进一步便利海南居民个人用汇。

（2）海南自贸区经验借鉴

海南作为全国面积最大的自由贸易试验区，唯一的中国特色自由贸易港，具有全域整体试点的优势，吸收了过去几年来各地自贸区建设的有益经验，发展尤为迅速。然而作为一个新设立的自贸区，在发展基础、条件等各个方面，与国内已设立的自贸区尚存在一定差距，从国际旅游岛到自由贸易区、再到自由贸易港，海南的建设仍将遵循循序渐进的原则，实现稳步推进。

按照《总体方案》的规划，海南自贸港的建设将分为两个阶段。2025年前，自贸港将围绕贸易投资自由化便利化，在有效监管基础上，有序推进开放进程，推动各类要素便捷高效流动，形成早期收获，适时启动全岛封关运作。2035 年前，将进一步优化完善开放政策和相关制度安排，全面实现贸易自由便利、投资自由便利、跨境资金流动自由便利、人员进出自由便利、运输来往自由便利和数据安全有序流动，推进建设高水平自由贸易港。

第一个阶段至今，海南复制了大量上海、广东等先行自贸区的可推广成果，并结合当地实际状况在此基础上作出更开放的安排。首先，加大对外商投资开放幅度。2020 年所出台的第一份海南自由贸易港外商投资准入负面清单中，保留了 27 项限制措施，和自贸试验区版的负面清单相比进一步减少了 3 条，放宽了蔬菜新品种选育和种子、增值电信业务、文艺表演、人身保险、船舶和飞机设计、石油天然气勘探开发、国际海上运输、建筑工程、新能源汽车制造等领域的外资准入和股比限制，并结合自身战略定位，对重点产业给予税收优惠，以支持文化旅游业、现代服务业和高新技术业等核心支柱产业发展。其次，简化外商直接投资登记程序，在海南特定区域，支持通过经济特区商事立法形式，探索对直接登记的外国（地区）企业实施行政许可豁免制度。全面推行“极简审批”制度，深化“证照分离”改革。建立健全以信用监管为基础、与负面清单管理方式相适应的过程监管体系。最后，在复制自贸区 FT 账户建设的基础上，强调构建加强版的多功能自由贸易账户体系，实现本外币一体化管理，利用自由贸易账户实现更大程度的金融账户开放与资本项目可兑换，并通过金融账户隔离，建立资金“电子围网”，为海南自由贸易港与境外实现跨境资金自由便利流动提供基础条件。

在第二个阶段，海南自贸区将作为全国改革创新先行先试的试验田，为对标世界最高水平开放形态提供方向上的指引。首先，实现完全的投资自由便利。除涉及国家安全、社会稳定、生态保护红线、重大公共利益等国家实行准入管理的领域外，全面放开投资准入。在具有强制性标准的领域，建立“标准制 + 承诺制”的投资制度，要求市场主体对符合相关要求做出承诺，即可开展投资经营活动。其次，实现跨境资金流动自由便利。允许符合一定条件的非金融企业，根据实际融资需要自主借用外债，最终实现海南自由贸易港非金融企业外债项下完全可兑换。最后，加快金融业对内对外开放进程，培育、提升海南金融机构服务对外开放能力，在未来几年内将大幅降低乃至取消外国投资者投资于银行、证券公司、基金管理公司、保险公司等各类金融机构的股比限制，同时，降低某些数量型市场准入的条件限制，如经营年限和总资产要求等。以金融支持产业发展，强化金融服务实体经济的能力，推动海南重点发展产业的产业聚集规模和产业竞争力的提升，创新发展贸易金融、消费金融、绿色金融、科技金融等特色领域。

4. 广东自贸区

（1）广东自贸区外汇管理概况

中国（广东）自由贸易试验区成立于 2014 年，包括广州南沙新区，深圳前海蛇口片区、珠海横琴新区三个片区。依托毗邻港澳的优势，广东自贸区立足于面向港澳深度融合，将自贸区建设成为全国新一轮改革开放先行地、21世纪海上丝绸之路重要枢纽和粤港澳深度合作示范区。在金融改革创新领域，广东自贸区致力于推进综合配套的金融改革创新实验，构建与自贸区投资自由化相适应、与国际对接的高标准规则体系，推进金融服务业对港澳地区和全球的扩大开放，构建统一开放、竞争有序的金融市场体系。

①经常项下。广东自贸区内外汇收支政策与全国大体一致，贸易外汇收支已实现基本可兑换，不予额度限制，在真实性审核方面仍有一定的要求。

自贸区内无形交易与经常性转移与全国的规定大致相同，基本实现可兑换，国家对服务贸易、收益和经常转移项下国际收支均不予限制。外汇收入已完全放开限制，境内机构仅凭申报信息便可直接办理入账或结汇。外汇支出仍需进行真实性审核。

②资本项下。跨境信贷方面：深圳前海片区实施特别政策鼓励区内企业进行跨境人民币贷款。由深圳人民银行根据香港人民币业务发展情况、前海建设发展需求和国内宏观调控的需要，对前海企业获得香港人民币贷款实行余额管理，在贷款用途、贷款期限与贷款利率方面的限制都有所放宽，只要其使用符合国家的相关政策，并用于前海的建设与发展，期限可由借贷双方按照贷款实际用途在合理范围内自主确定，利率也可由借贷双方自主确定，只需在贷款发放前向深圳人民银行进行备案。境外放款方面，珠海横琴新区率先提高区内企业境外放款额度，将境外放款金额上限从所有者权益的30%上调至其经审计上年度末所有者权益的50%，以进一步支持企业“走出去”，促进区内企业国际业务发展。自贸区内推动开展境内信贷资产对外转让试点，允许自贸区内试点机构对外转让银行不良贷款和银行贸易融资，率先打通境外资金投资于境内不良资产、保理资产、租赁资产的渠道。

股权投资方面：自贸区内逐步放开双向股权投资。首先，自贸区内的投资者可以通过两个渠道进行境外股权投资。一是通过QDIE计划试点，内外资境内投资者可在境内募集资金对境外企业进行股权投资，在投资主体和投资项目范围上的管制都有所放松，境内投资机构可投资于境外对冲基金、私募股权基金，甚至是实物资产，其限额为50亿美元。二是通过深港股票市场交易互联互通机制。2016年“深港通”正式启动。跨境投资在总额度上不设限制，但实行每日额度管理，并进行实时监控。其次，境外投资者可通过QFLP计划进行境内投资。同时对设立公司的注册资本规模有一定要求，外商投资股权投资管理企业注册资本应不低于200万美元等值货币，外商投资股权投资企业认缴出资应不低于1500万美元等值货币。

衍生工具方面：首先，境外机构可以在自贸区内从事人民币与外汇衍生品交易，由自贸区内的银行按照外汇管理相关规定予以办理。其次，自贸区内加快建设面向国际和港澳的新型要素交易平台，包括以下四大类：提供产权、股权、排放权、金融资产等权益交易及投融资服务的交易场所；提供互联网投融资服务为主的交易场所；提供电商类服务的交易场所和以商品类交易为主营业务的交易场所。以平台服务为市场参与者提供平等、透明的交易机会，加速物流、资金流、信息流、人才流的聚集。并在要素交易平台的建设中积极引入港澳投资者参股，逐步提高港澳投资者参与要素平台交易的便利化水平。

外商直接投资方面：外商直接投资已基本实现可兑换，负面清单以外企业在境内直接投资几乎不存在限制。首先，审批方面，进一步简化外商投资企业登记注册手续，全面实行准入前国民待遇加负面清单管理模式，推行“多证合一”改革。进一步简化港澳投资者在广东投资应提交的材料，开展简化版商事登记公证文书试点。其次，资金汇兑方面，企业在开立外汇资本金账户，与办理资本金、利润等跨境资金汇入汇出或结购汇业务时，均无须获取外汇局批准，可直接经由银行办理。最后，为鼓励外商投资企业进行境内股权投资，允许非投资性外商投资企业在真实、合规的前提下，按实际投资规模将资本项目外汇收入或结汇所得人民币资金依法用于境内股权投资。

房地产投资方面：符合条件的境外机构和境外个人可以按照实需的原则购买非自用、自住商品房；购买非自用房地产，应当遵循商业存在的原则，按照外商投资房地产的有关规定，申请设立外商投资企业，并经有关部门批准并办理有关登记后，按照核准的经营范围从事相关业务。区内个人可以从港澳地区借入人民币资金，在区内购买不动产。

个人资本交易方面：自贸区内放宽居民个人境外投资以及非居民个人境内投资。在区内就业并符合条件的个人可按规定开展包括证券投资在内的各类境外投资；在区内就业并符合条件的境外个人可按规定在区内金融机构开立非居民个人境内投资专户，按规定开展包括证券投资在内的各类境内投资。

（2）广东自贸区经验借鉴

广东自由贸易试验区作为全国第二批自贸区，拥有较为成熟的发展经验，在资本项目可兑换、跨境双向投融资、金融业对外开放等方面都位于国内领先行列，其政策成果也正在全国范围内被复制推广。

依托毗邻港澳的优势区位，广东自贸区在跨境人民币业务上发展较为迅速。首先是跨境人民币双向融资。一方面，允许区内企业进行跨境人民币贷款，并在贷款限额、贷款用途和贷款期限上进一步放开限制，取消额度管理和期限限制，并允许贷款用于境内，为企业融资提供更多途径，尤其是满足制造业企业的短期贸易融资需求，服务于实体经济发展。另一方面，鼓励境内外机构跨境双向发债，利用靠近中国香港的特殊区位优势，尝试推进境外机构境内发行熊猫债进程；支持境内企业境外发行人民币债权，促进前海企业在港融资，同时也能够增进内地与中国香港债券市场在政策法规、业务办理方面的联系，实现深港债券市场的互联互通。其次，试点跨境双向人民币资金池，促进跨国公司人民币资金在集团成员之间的流动，吸引跨国公司在粤建设地区总部，支持自贸区内总部经济发展。率先放宽了跨境双向人民币资金池参加企业的条件，在主办企业和成员企业条件上，取消“境内成员企业应不属于地方政府融资平台、房地产行业、两高一剩行业”的要求，降低境内、境外成员企业营业收入下限，在资金来源与资金额度上缩小限制，推动更多成员企业加入业务运营，便利跨境人民币资金在集团成员之间的调动和汇集。最后，试点跨境人民币不良资产转让，率先打通境外资金投资于境内不良资产、保理资产、租赁资产的渠道，并推动交易资产以人民币计价，使资金通过离岸人民币形式回流境内，以推动人民币国际化以及资本项目的逐步开放。另外在分散银行风险的同时，也通过引进境外资金，促进了融资租赁企业以及保理公司的发展。

在促进深港融合方面，广东自贸区也制定了多项政策。首先，在《内地与香港关于建立更紧密经贸关系的安排》《内地与澳门关于建立更紧密经贸关系的安排》的框架下，深化对港澳地区的金融开放，进一步放宽或取消对港澳投资者的资质要求。就内地与港澳地区保险市场深度合作加强研究，支持港澳的保险公司参与和分享内地保险市场的发展，探索与港澳地区保险产品互认、资金互通、市场互联的机制。设立了全国首家港澳资控股或独资的银行、证券、基金机构，首家港资大宗商品交易平台、港资相互保险社和港资独资船舶管理公司，创新开展粤港澳跨境支付结算、跨境车险和医疗保险、跨境住房按揭、跨境医保试点等业务。其次，完善区域金融监管协调机制，加强金融信息共享，健全与港澳金融管理部门的沟通联络机制，围绕信息交流、风险防范、民生金融、金融监管合作等主题，进一步加强三地金融监管交流与协调，积极推进粤港澳大湾区跨境金融监管协调合作与信息交流，提高金融监管的协同性，共同维护金融稳定。探索在自贸试验区建立粤港澳金融消费者权益保护协作机制以及和解、专业调解、仲裁等金融纠纷司法替代性解决机制，依法维护金融消费者合法权益。

5. 启示

经常项下，国内自贸区开放程度较高。经常项目对外支付和转移无限制，对服务贸易项下国际支付不予限制。其中，在居民账户管理方面，上海自贸区的开放程度最高，设立区内自由贸易账户（FT账户）体系，海南和广东自贸区先后参照上海自贸区建立了FT账户体系。而北京在账户管理方面开放程度较弱（见表4）。

表4　经常项下国内自贸区开放情况对比

项目	上海自贸区	北京自贸区	广东自贸区	海南自贸区
出口收汇	经常项目对外支付和转移无限制	经常项目对外支付和转移无限制	经常项目对外支付和转移无限制	经常项目对外支付和转移无限制
进口付汇	无开户条件限制，无开户事前登记手续，无外汇账户限额管理	无开户条件限制，无开户事前登记手续，无外汇账户限额管理	已实现基本可兑换，不予额度限制，在真实性审核方面仍有一定的要求	无开户条件限制，无开户事前登记手续，无外汇账户限额管理
无形交易和经常性转移支付管理	对服务贸易项下国际支付不予限制	对服务贸易项下国际支付不予限制	对服务贸易项下国际支付不予限制	对服务贸易项下国际支付不予限制
无形交易和经常性转移收入管理	境内机构及企业集团存放境外资金规模存在管理限制，不得高于其上年度服务贸易外汇收入总规模的50%	简化自贸区经常项目外汇收支手续。国家对服务贸易项下国际支付不予限制。	外汇收入已完全放开限制，境内机构仅凭申报信息可直接办理入账或结汇。外汇支出仍需进行真实性审核	境内机构及企业集团存放境外资金规模存在管理限制，不得高于其上年度服务贸易外汇收入总规模的50%
账户管理	FTA账户体系适用对象为其他金融机构的试验区分账核算单元和境外金融机构	国内资金主账户为多币种（含人民币）账户，账户币种和数量均无限制	为其他金融机构的试验区分账核算单元和境外金融机构开立FTA账户体系	在复制自贸区FT账户建设的基础上，强调构建加强版的多功能自由贸易账户体系，实现本外币一体化管理，利用自由贸易账户实现更大程度的金融账户开放与资本项目可兑换

资本项下：

在资本和货币市场监管方面，新加坡和迪拜均没有居民非居民、销售比例的限制与控制，而我国仍然只实现了有选择有限制的开放。其中，上海自贸区的开放程度最高，允许区内境外金融机构进入当地证券交易所进行交易，允许区内企业开展境外证券投资业务（见表5）。

表5　资本项下国内自贸区开放情况对比

项目	上海自贸区	北京自贸区	广东自贸区	海南自贸区
资本和货币市场	试点企业条件有所放宽，对业务主体仍有一定的条件限制。允许符合条件的区内企业按规定开展境外证券投资业务	扩大合格境内机构投资者主体资格范围，支持跨国公司开展跨境资金集中运营管理业务，进一步简化外债和境外放款登记管理	试点企业条件有所放宽，对业务主体仍有一定的条件限制。鼓励企业从事跨境人民币业务	试点企业条件进一步放宽，并进一步简化审核流程，但对业务主体仍有一定的条件限制
衍生工具及其他工具	对业务主体有一定条件限制，对投资方法及投资细则有限制规定。允许符合条件的区内企业开展境外证券投资和境外衍生品投资业务	支持符合条件的财务公司、证券公司等金融机构获得结售汇业务资格，开展外汇即期及衍生品交易。允许符合条件的区内企业开展境外证券投资和境外衍生品投资业务	对业务主体有一定条件限制，对投资方法及投资细则有限制规定。加快建设面向国际和港澳的新型要素交易平台，并积极引入港澳投资者参股	对业务主体有一定条件限制，对投资方法及投资细则有限制规定。积极探索设立跨境金融资产交易平台，建立与国际惯例接轨的规则和制度体系
外商直接投资和利润汇出	部分审批环节与资金限制取消，对结汇人民币使用途径仍有限制	支持符合条件的在京机构开展合格境内有限合伙人境外投资（QDLP）试点。支持符合条件的机构申请合格境内机构投资者（QDII）、人民币合格境内机构投资者（RQDII）业务资格，积极争取投资额度。对直接投资累计汇出额存在差额管控	部分审批环节与资金限制取消，对结汇人民币使用途径仍有限制	部分审批环节与资金限制取消，对结汇人民币使用途径仍有限制。计划在2025年前，全面推行“极简审批”投资制度；2035年前全面放开投资准入

续表

项目	上海自贸区	北京自贸区	广东自贸区	海南自贸区
房地产投资	外商投资房地产规定需遵循原则，投资房地产手续及审批较为严格，对投资方式有所限制	外商投资房地产规定需遵循原则，投资房地产手续及审批较为严格，对投资方式有所限制	外商投资房地产规定需遵循原则，投资房地产手续及审批较为严格，对投资方式有所限制。区内个人可以从港澳地区借入人民币资金，在区内购买不动产	外商投资房地产规定需遵循原则，投资房地产手续及审批较为严格，对投资方式有所限制。为积极引导和发展与旅游业相适应的房地产业，在海南开展房地产投资信托基金试点
个人资本交易	对投资主体有条件限制，对符合条件的投资主体限制较少。区内个体工商户可根据业务需要向其在境外经营主体提供跨境贷款	在区内就业并符合条件的个人可按规定开展包括证券投资在内的各类境外投资。区内个体工商户可根据业务需要向其在境外经营主体提供跨境贷款	对投资主体有条件限制，对符合条件的投资主体限制较少	对投资主体有条件限制，对符合条件的投资主体限制较少

在衍生品交易市场方面，新加坡和迪拜同样取消了居民非居民、销售比例、持有期限的限制，国内自贸区均实施有限制的开放。北京与上海开放程度较高，允许符合条件的企业开展境外衍生品投资等业务。

在外商直接投资方面，新加坡和迪拜对于外来直接投资和本国对外投资无限制，高度开放，而我国大部分自贸区的限制仍然较多，均实施准入前国民待遇加负面清单管理模式。在房地产投资方面，目前，国内投资房地产手续及审批较国外更为严格，对投资方式也有限制。在个人资本交易方面，北京、上海自贸区允许个体工商户根据需要发放跨境贷款，开放程度较高。

通过对比发现：（1）当前，中国整体的金融开放水平不高，与国际先进水平存在较大差距。但国内各自贸区作为金融开放的试验田，在很多方面达到较高水平。这一点从 Chinn - Ito 金融开放指数的计算中也可以看出。

(2) 各自贸区开放程度存在一定差距，其中，上海自贸区开放程度最高。因此，国内自贸区可以学习上海的先进经验。尤其是借鉴上海自贸区在建立自由贸易账户体系、分账核算单元、负面清单体系等方面的经验，以提高外汇管理效率，促进金融市场的开放与发展。(3) 与新加坡、迪拜相比，国内自贸区的开放仍然存在较多限制。如经常项下的账户管理方面存在较大差距；资本项下的资本和货币市场、衍生品市场、个人资本交易和外商直接投资的开放上，存在较大差距。下一步，应该进一步对标国际较高开放水平，在做好风险防范的基础上进一步取消制度上的限制。

四、CPTPP 的跨境金融开放标准

全球高水平自贸协定在当前格局下，总的演进方向是始终是以“三零”为主，即“零关税”“零壁垒”“零补贴”。出现“三零”的基本原因是：随着全球化不断发展、国际分工日益深化，商品贸易不再是简单的产业间贸易，而是产品内贸易，全球产业链发展造成了中间品贸易在国际贸易体系中迅速增长，国际贸易的重心从最终品贸易转移到中间品贸易。中间品贸易壁垒会产生累积效应，极大地提高贸易成本。中间品要多次跨境贸易，即使关税和非关税壁垒很低，其贸易保护程度也会被放大。为此，“零关税”“零非关税壁垒”“零补贴”的“三零”规则对促进全球贸易和开放发展的意义十分关键。其中，“零壁垒”和“零补贴”的实质是营商环境趋同，实现市场化、法治化和国际化，集中体现在贸易便利化、市场准入、政府采购、竞争政策、知识产权、劳工标准、环境保护、国有企业和指定垄断八个方面。

在新冠肺炎疫情暴发前，以“三零”为主要目标的全球一体化能够蓬勃发展，其根源在于互相联系的全球产业分工布局，以及串起来不同环节的全球价值链；但是，在后疫情时代，由于受到产业链中断威胁和在实质性影响，许多国家相继采取了产业链转移、产业链本地化等安排；对于中国来

说，面临美国的保护主义和科技封锁，不得不以本土产业链重构去应对这一外部负向冲击，在这一背景下，“三零”还具有现实基础吗？但反观全球在疫情防控期间产业链重构带来的种种梗塞，是否真的更加安全了呢？整体来看，尽管存在局部的产业链本地化、区域化的短期性波动，全球范围内产业链联系的基本逻辑依然无法改变，“三零”依然是大方向趋势。因为经济全球化呈螺旋式上升的趋势无法因为几个国家的阻挠就发生根本性的转变。尽管疫后产业链重构的基本方向是产业链在一个地域上形成集群，但仍依赖于资源要素在全球范围内更高层次的水平分工和优化配置。从这个层面来看，以《全面与进步跨太平洋伙伴关系协定》（CPTPP）为代表的高水平自贸协定正是适应“三零”要求的新贸易体系构建的重要基础，思考如何融入CPTPP这样高水平自贸协定体系已经成为新阶段各国重点研究的政策标的，也是中国进一步深化高水平对外开放的重要抓手。

同时，从全球经济发展形态来看，金融开放已经成为贸易开放基础上更高水平开放的关键领域。金融开放正逐渐成为各国开放质量和开放深度的重要参照系，如何推进金融开放也成为CPTPP的高水平开放标准的核心内容。从贸易开放发展形态来看，服务贸易的重要性和覆盖面正成为传统货物贸易的升级形态，与之伴随的金融服务也成为服务贸易开放和服务贸易在全球更高水平发展的关键支撑；从金融引领规则开放来看，金融领域在各国风险监管中属于重要领域，因监管而产生的跨境金融藩篱始终难以消解，这造成了跨境金融业务发展和金融创新面临诸多不确定性。在这两重背景下，加快金融开放、对标高水平金融开放无疑可以为新兴市场国家在全球开放竞争中赢得有利战略机遇、为减少规则体系壁垒以及推动国内金融改革和高质量发展提供有效外部支持。

1. CPTPP关于跨境金融开放特点

CPTPP框架下金融开放有以下四个特点：

一是开放标准更高。包括准入前国民待遇、负面清单等规则的适用。二是涉及的义务更明了。除了市场准入、国民待遇、最惠国待遇、高管和董事会的义务以外，对跨境金融服务提供做了更明确的规定。世界贸易组织框架下服务贸易四种方式中除了商业存在以外的所有方式都归到这一类。三是适用范围更广。主要是对公共实体的定义。CPTPP 将公共实体定义为一缔约方的中央银行或货币管理机构，或由一缔约方拥有或控制的任何金融机构，而其他协议对公共实体的标准还包括“为政府目的执行政府职能或非商业性”。四是可操作性更强。除了设立金融服务委员会外，还对新金融业务、例外、磋商、争端解决、金融服务的投资争端等进行了更加明确的规定。

具体来看，CPTPP 中关于跨境金融开放的内容主要体现在跨境服务贸易、跨境投资和跨境金融等方面。

第一，以“负面清单”形式，约束跨境服务贸易。CPTPP 中关于跨境服务贸易的相关内容主要体现在协定第三章。该章标题为“跨境服务贸易（CBTS）”，指服务的生产、分销、营销、销售和交付，以及服务的购买和使用。该章要求缔约国提高对服务提供者的保护、可预测性和透明度，采取“负面清单”方式，即除以“不符合措施”形式明确排除的服务部门外，其他服务部门均被自动视为自由化的服务部门。换言之，除明确规定关闭的部门外，其他服务部门和子部门均应向 CPTPP 缔约国的企业开放。各缔约国的减让表中，负面清单包括两种“不符合措施”不适用该章中规定的最惠国待遇、国民待遇、市场准入和/或本国商业存在承诺：一种是受“锁定和棘轮”条款限制，未来不得提高限制水平或降低自由化程度；另一种是缔约国全面保留对既有和未来政策的自由裁量权。金融服务部分规定了缔约国在透明度方面的义务和承诺，缔约国应允许另一缔约国的金融机构提供该缔约国允许本国金融机构提供的新型金融服务。此外，协定根据金融服务的特殊性质，专门制定了特殊的争端解决机制。

CPTPP 实施后，企业跨国提供服务将更加便利。CPTPP 还是一个重要的催化剂，有助于推动中小型企业（SMES）获取云端数字工具、电子商务零售和分销服务等重要工具。

第二，确定相应关键条款，重构跨境投资、跨境金融服务标准。CPTPP对投资的规定包括：反对歧视性待遇；在投资被征收的特定情况下要求支付补偿；要求与投资相关的资本可以自由、及时流动；确保按照适用的国际习惯法标准，给予投资者和投资最低标准待遇，包括有义务在庭审中提供正当法律程序。

关键条款：CPTPP明确规定，缔约国应向其他缔约国的投资者给予公平和非歧视投资待遇，同时，协定也保护缔约国实现合法的公共政策目标的能力。CPTPP包含了其他贸易协定覆盖的基本投资保护，包括：反歧视（国民待遇和最惠国待遇承诺）；禁止非出于公共目的、缺乏正当流程和补偿的征收；反对不公平待遇，司法不公以及其他低于国际习惯法标准（“最低待遇标准”）的待遇；禁止使用扭曲贸易的“业绩要求”，例如强制技术转移或要求购买本国产品。此外，CPTPP确保投资者可以将投资相关资金转移进入或离开东道国，高级管理人员的国籍不受限制。投资者可以通过中立、透明的争端解决机制执行这些承诺。

表6　投资章节相关术语

覆盖面	投资章适用于CPTPP缔约国采取的与CPTPP投资者及其在CPTPP市场上的投资有关的措施
国民待遇	贸易伙伴不得歧视对方的投资者和偏袒本国投资者
最惠国待遇（MFN）	贸易伙伴不得歧视对方的投资者和偏袒其他任何国家的投资者
最低待遇标准	缔约国应按照国际习惯法的规定提供投资待遇，包括公平和同等待遇、正当程序、全面的保护和安全等
征收和补偿	保护相关投资免于征收或国有化，除非已就此提供充分补偿
业绩要求	防止缔约国对覆盖面下的投资施加有利于本国行业的条件，例如要求投资者购买本国货物，将投资产生的货物的一定比例用于出口，或转移技术给东道国
转移	允许投资者将投资有关的资本和利润自由地转入或转出东道国，特殊情况除外（如发生金融危机）

而在跨境金融服务方面，关键条款有以下几条。“最低待遇”条款。主要体现在第9章“最低待遇”、第11章11.2“范围”第2条以及附件11－E中对文莱、智利、墨西哥和秘鲁四国面临的违反最低待遇标准的过渡性安排，使最低待遇标准不再存在特殊情况。与《跨太平洋伙伴关系协定》（TPP）相比，CPTPP冻结了金融服务中公平与公正待遇的相关规定，即外国投资者在东道国投资金融服务，则不能因为该国违反公平与公正待遇而通过争端解决机制提起仲裁，有效地避免了投资者之前过度援引该条款而导致滥用的情况，同时也增加不必要的司法仲裁案件甚至挤兑仲裁资源。根据国际投资争端解决中心的数据统计，在所有经济部门的案件中，涉及金融服务部门的案件高达8%，因此在CPTPP文本协定的附件中将金融业的最低待遇标准运用在文莱、智利和秘鲁将推迟5年执行、在墨西哥推迟7年执行，这一标准的搁置使CPTPP协定中的国民待遇限制承诺减少，谈判难度降低，但同时也在一定程度上增加了金融投资在东道国的风险，降低了东道国被投资者过度起诉的可能性。

“不符措施”与“审慎”抗辩条款。在文本中按国别列出了各个成员国保留的监管限制和例外措施，同时强调了在其他行业和国有企业的“不符措施”清单中，涉及所有部门的措施也将是用于金融服务领域，在“国民待遇”“最惠国待遇”“高管和董事会成员”等核心条款制定方面，“不符”措施还包括“例外”这一条款的脚注中，强调了“审慎理由”的出发点，既包括维持个别金融机构、跨境金融服务供应商、支付和清算系统等金融体系的安全性、完整性、稳定性和财务责任，也包括保护投资者、存款人、保单持有人、金融机构或负有信托义务的跨境金融服务供应商。同时仲裁庭不得因为缔约方出于“审慎理由”采取的措施而对其裁定任何损害赔偿。从这里可看出，“不符措施”不仅包括微观审慎理由也包括宏观审慎例外，既有传统模式下的审慎例外，也有新情况下的审慎例外。CPTPP继承了体现高标准文本中的负面清单机制，通过条款展示出“法无禁止皆可为”的法理特点以及服务贸易规则的张力。

附带条件的金融服务投资争端解决双机制。主要是考虑到之前的 ISDS 机制存在一定的局限性，即原来条款允许外国投资者可以以东道国政府违反与其签订的“投资协议”或“投资授权”为由，向东道国政府提出损害赔偿，而这一局限在 CPTPP 中已经被冻结，从而保留了东道国政府应有的监管权等，通过条款“透明度和特定措施管理”“金融服务委员会”“磋商”“争端解决”“金融服务投资争端”等条款以及第 9 章中“投资”中的“ISDS”条款可看出，CPTPP 采取可视化投资者—国家间争端解决机制（ISDS）和国家—国家争端机制双重措施，并通过金融服务具体规则对这两类争端机制作出特殊调整，以强化争诉方国家政府在仲裁中参与权、决定权以及金融服务投资争端解决机制的灵活性。同时从“争端解决”和“金融服务投资争端”可看出，这些关于金融投资贸易的争端解决机制是对 CPTPP 文本中第 28 章“争端解决”的进一步细化，旨在提高解决跨境金融服务贸易和投资争端的有效性，这主要是考虑到近年来世界贸易组织仲裁庭人员资格受到质疑以及 CPTPP 参加国相对较少的困境。

关于“数据本地化”方面的条款。结合条款第 11 章中的 11.2“范围”、第 9 章“投资”、第 10 章“跨境服务贸易”、第 14 章“电子商务”的“信息自由条款”，对跨境金融信息转移并无相关规定，这与 CPTPP 文本对电子支付卡和金融信息传输进行明确规定具有不同之处，意味着缔约方可能在该协议生效后出于保护自身金融安全和金融监管的独立性而存在开放倒退。而在附件 11 – B“特别承诺”中的 B 部分“信息转移”中提出了“禁止本地化要求”，CPTPP 缔约方有权对金融服务的相关数据施加本地存储或本地处理的要求，这是有历史依据的。美国次贷危机爆发时，雷曼兄弟破产所遭遇到的金融数据分散存储弊端和跨境获取金融数据的协调困难，使财政部、联邦证券交易所等金融监管机构不得不保留金融数据存储和处理本地化要求的政策空间，延续金融数据本地化存储，CPTPP 缔约方也保留了这一政策权力。相比之下，《美加墨协定》（USCMA）金融服务规则中在“禁止本地化要求”方面则比CPTPP进步，采用了“计算设备所在地”条款来代替“禁止本地化要求”条款，使协定更加灵活。数据本地化虽然在一定程度上增加境外金融服务供应商的成本，但却保护了发展中国家的金融安全，使该条款因兼顾现实而具有更大的包容性。

2. 中国加入CPTPP在金融开放领域的挑战

CPTPP被认为是21世纪目前阶段最高标准的自由贸易协定，也是最直接涉及跨境金融服务贸易的细节性规定。CPTPP本身并未规定跨境金融服务贸易的市场准入，只是允许缔约方境内的居民及国民购买跨境金融服务，而缔约方可要求跨境金融服务获得授权或注册登记。这就给予东道国在跨境金融服务贸易方面较大的自主权。另外，对于通过跨境交付模式进行的新金融服务，CPTPP也没有涉及，根据CPTPP第11.7条的规定，缔约方应当允许另一缔约方的金融机构提供该缔约方在相似条件下不需要制定法律或修改现有法律就允许本国金融机构提供的新金融服务。但CPTPP却采用了正面清单的模式对跨境集合投资组合服务以及跨境电子支付服务进行了承诺，间接地设定了市场准入的要求。采用CPTPP类型的跨境金融服务贸易市场准入条款的自贸协定通常存在于发达国家之间，如《土耳其与新加坡自由贸易协定》《美国与哥伦比亚自由贸易协定》《韩国与美国自由贸易协定》等。这些FTA通常没有涉及跨境金融信息的自由转移，对如何规制跨境金融信息持有保留的态度，仅《土耳其与新加坡自由贸易协定》规定了“金融信息的转移和处理自由”。

总体而言，已经生效的自贸协定中CPTPP类型的跨境金融服务贸易市场准入条款表现为无专门针对跨境金融服务贸易的市场准入规定，仅采取正面清单的模式就少数特定领域的金融服务进行了规定，间接性地要求给予市场准入的规定，但并不否定缔约方的许可要求。对于跨境金融数据的规定，此类型的自贸协定显然存在较大的不足。USMCA 文本内容在 CPTPP 的基础之上更进一步，专门规定了跨境金融服务贸易的市场准入条款，虽然仍是借鉴《服务贸易总协定》（GATS）中有关市场准入的规定形式，但也促进了跨境金融服务贸易自由化的发展。

（1）中国加入 CPTPP 所面临的挑战

就金融领域而言，对标 CPTPP，中国开放水平仍然存在较大提升空间，如果以当前内外标准对比，我国加入 CPTPP 的难点是非常突出的。

首先，公共实体问题难以解决。在金融领域公共实体标准泛化后，即便是商业化、市场化运作的国有金融机构也会被覆盖到。由于国有金融机构还肩负很多国家政策落实任务，有些东西可能就会被纳入补贴、纳入被限制范畴。

其次，CPTPP 确立的高标准的经贸规则，对中国经贸规则的制定和完善提出了挑战。如对中国行业标准、资格认证的国际化带来压力。在 CPTPP 中有一项互认条款，可以通过成员方之间签署协定或安排的方式互相承认服务提供者的教育和工作经验、许可证或职业认证。而目前中国的职业资格和标准体系与 CPTPP 缔约方存在很大差距，加入 CPTPP 意味着中国必须全面接受一个全新的执业标准，在此过程中要付出较大的转换成本。

最后，CPTPP 对中国国内规则的配套和改革将提出较高的要求。由“边境措施”向“边境后规则”的转换是其明显特征。即缔约方之间的协调不仅体现在贸易和投资的政策层面，而且更多地向缔约方国内政策的配合和协调延伸，要求缔约方国内政策更多地关注竞争政策、知识产权保护、劳工政策、国有企业、中小企业政策等方面。

（2）接受具体条款的面临的挑战

CPTPP 的达成意味着中国需要用更多的精力去改善国内相关规章制度，迎接 CPTPP 在规则层面对中国的挑战。总结 CPTPP 相关条款，可以分成以下三个种类。

第一，基本能接受但实施仍有体制障碍的条款。对于 CPTPP 中的相关争端解决机制、管理和机制条款，CPTPP 的争端解决内容和程序没有全新的规则，基本上是世界贸易组织和其他区域协定贸易争端解决条款的组合或重现，而且 WTO 的争端解决机制更加具体和细致，因此接受起来没有难度；总体上，目前国内高水平自贸区也是朝着这个方向在努力，特别是对于如何打造符合吸引外资需求和国际监管规则的监管体系，跨国公司在东道国进行投资决策过程中对于东道国监管制度与国际通行规则的对接十分重视。但在实施过程中，CPTPP 争端解决机制更加注重第三方监管以及监管效率的提升，通过“冻结条款”和换文等方式进一步限制可以提交投资仲裁的争端范围，这可能会增加其他国家发起的针对中国的与跨境金融相关的争端频率；并且，这种争端解决方案目前来看与中国实际上建设的金融风险管理体系存在目标不一致之处，如何协调效率与安全之间的关系是中国对标 CPTPP 的高水平金融开放过程中亟须解决的监管难题。

第二，接受难度较小的条款。中国加入 CPTPP，意味着可能需要接受其框架下的部分与中国现状存在差异的条款。(1) 技术性贸易壁垒：主要是对技术标准、合格评定程序与透明度三个方面进行了详细规定，其标准并没有比近几年签订的双边自贸协定的标准高出太多。但基于技术性贸易壁垒对经济产生的冲击力，接受起来有一定难度。(2) 投资：投资条款与其他自贸协定相比，更为全面和详细。主要条款标准与美韩 FTA 和美国双边投资协定（BIT）范本基本一致，但在争端解决等方面要求更为严格。中国目前已经接受了准入前国民待遇、负面清单以及投资者和国家争端解决机制（ISDS），因此接受难度较小。(3) 金融服务：仔细对照中国金融开放高水平代表的中韩 FTA 与 CPTPP 金融服务的相关条款，可以发现无论在深度还是广度上中韩 FTA 都与 CPTPP 有一定差距，主要表现在未采用准入前国民待遇原则和负面清单管理制度。但是，以上条款虽与我国现状存在一定差异，但其总体差异不大，并且自 2018 年以来，中国金融业开放步伐加快，特别是博鳌亚洲论坛提出的一系列开放举措，极大地增强了人们的信心。因此，我国仍应该继续加快金融开放步伐，适应 CPTPP 框架下的该类相关条款，逐步接受相关条款。

第三，接受难度较大的条款。参照我国社会经济发展背景，CPTPP 框架下的部分条款要求与我国金融开放现状相去甚远，在接受与实施方面存在较大难度。（1）跨境服务贸易：中国跨境服务贸易的开放度与 CPTPP 缔约方差距较大，受限制的服务部门数量较多且市场准入限制水平较高。此外，CPTPP 中的互认条款对中国行业标准、资格认证的国际化带来不小压力。（2）商务人员临时入境：该条款属于服务贸易项下自然人流动的范畴。中国对自然人流动态度十分谨慎，开放程度普遍低于其他发展中国家。比如在 GATS 项下的自然人流动中国有 45% 的部门未作出承诺，其他发展中国家的平均开放水平高达 80%。虽然近些年中国在自贸区和双边 FTA 谈判中进一步放松了自然人流动限制，特别是中韩 FTA 中的自然人流动承诺水平达到了与 CPTPP 相当的水平，但将基于双边的开放水平扩展到区域/多边还是很有难度的。（3）电子商务：近些年中国电子商务蓬勃发展，在国际上处于领先地位，但电子商务规则却持续落后于现实，并与 CPTPP 中的相关条款有较大差距，特别是在开放网络、网络访问和使用、源代码、个人信息保护、非应邀商业电子信息、计算设施本地化等方面接受难度较大。（4）竞争政策：CPTPP 竞争政策主要是反垄断法律与措施方面的规定，涉及范围很广，水平较高。中国国内的竞争法包含对市场公平环境规定的基本条款，但《反垄断法》还处于起步阶段，与国外差距较大。（5）知识产权：CPTPP 中的知识产权由于删减了部分争议条款所以接受起来难度有所降低，但是 CPTPP 保留了 TPP 中知识产权的绝大部分条款，涉及范围之广、保护力度之大、惩罚力度之强是目前已达成的 FTA 中非常突出的，仅次于 TPP。中国知识产权规则虽然一直在完善，但是将中韩 FTA、中澳 FTA 与 CPTPP 中的条款进行仔细对比，仍存在显著差距。（6）监管的一致性：全球价值链生产对国内监管提出了挑战，监管的一致性可以有效地推动管制的协调性和标准的一致性，促进区内贸易与投资，提升区内价值链的整合。这是国际贸易新规则横向新议题之一，中国目前签订的 FTA 还未涉及此类条款，因此是一个全新的考验。综上所述，考虑到我国现阶段的金融开放发展进程，大范围的接受并实施上述条款存在较大难度。但我国或应未雨绸缪，以自贸区为试点，给予自贸区更大的开放空间，如允许自然人的自由流动、放开自贸区内相关企业的网络访问和使用限制、在自贸区内实施与 CPTPP 框架一致的监管措施，探索此类条款在我国社会背景下的发展方向与实施可能性（见表 7）。

表 7　CPTPP 框架下相关条款的接受难易程度

CPTPP 项下条款	接受难易程度
争端解决机制	基本能够接受但事实仍有体制障碍
技术性贸易壁垒、投资、金融服务	接受难度较小
跨境服务贸易、商务人员临时入境、电子商务、竞争政策、知识产权、监管的一致性	接受难度较大

五、推动临港新片区高水平金融开放的建议

从上文分析可知，对标高水平金融开放以及 CPTPP 的要求，临港新片区的金融开放需要在以下四个方面进行进一步的探索。

一是要全面深化金融改革开放，用好两个市场、两种资源。资本账户的限制需进一步放开，形成更加高效的投融资管理体系。FT 账户作为准离岸账户，在结算、清算及其流动性安排上类似在岸账户，而在账户物权属性、监管规则、准备金要求、利率汇率决定、税收优惠上又类似于离岸账户。此外 FT 账户需缴纳存款准备金并预提利息所得税，其使用率不高，因此在金融账户开放和资本项目可兑换方面未达到先行先试预期目标。在 FT 账户上，自贸区可以学习和效仿的例子有很多，如通过政府、学界、企业等各方研究

探讨，形成更加高效的跨境融资管理方法，以此帮助服务自贸区进出口贸易与跨境投融资便利性，逐渐形成完善安全的外汇管理措施，推动自贸区支持离岸贸易投资便捷性。

二是要主动对标开放程度较高的国际标准，推动形成更高水平的金融开放。临港新片区目前的金融开放试点仍然体现在金融业务方面，如何推动规则衔接依然是关键障碍。一方面，中国目前跨境金融的开放度与CPTPP缔约方差距较大，受限制的服务部门数量较多且市场准入限制水平较高。目前，金融开放的重点仍然是缩小与CPTPP缔约方之间的业务开放范围差距，但在每一项业务开放深度上仍然是下一步金融开放的“深水区”，事实开放并不意味着同水平开放。另一方面，规则差距是下一步提升金融开放水平必须克服的障碍，如果无法实现规则衔接，那么金融业务领域的高水平开放并不能带来跨境金融的高质量发展、国际金融中心的建设水平依然无法达到预设目标。针对规则衔接的障碍，首当其冲的是一些跨境金融要素和标准的衔接，如CPTPP中的互认条款对中国行业标准、资格认证的国际化带来了新的挑战，CPTPP中关于协定区域内商务人员临时入境限制放松与国内目前出入境管理实际现状仍存在较大差距。

三是要加强离岸金融市场的建设，形成更好的营商环境。在离岸金融市场的开放上，我国准入管制过严，市场开放程度不高；政策优惠不到位，外部环境不宽松；离岸金融市场流通机制并不畅通；监管也并未统一。在离岸金融市场的开放上，虽然人民币加入特别提款权（SDR），但目前我国利率市场化还未完全达成，金融基础设施不健全，发展人民币离岸市场的外部条件不够完善；离岸金融市场循环机制不顺畅，虽然遍地开花，其深度和广度却远远达不到理想的程度；人民币交易业务规模较小，交易动力不足；离岸金融监管机制尚未完善，监管机构分工不明确等。因此，解决这些问题成为我国发展健康跨境金融市场、打通内外循环的重中之重。与国际最高水平的金融开放相比，在外资金融机构进入上海时仍然面临税负过高，制度不完善等问题，因此上海在承接海外金融机构时仍然有很多方面需要继续改善。

四是要进一步完善风险管控全流程体系。与国际最高水平的金融开放相比，相比新加坡、中国香港等国际金融中心，上海市政策竞争力不强；金融开放试点的局部性和示范性与金融监管的系统性尚没有建成完整体系。我国试点金融业务开放基本上处于各点分散状态，尚没有以点连线、以线连面的网络架构，可能存在监管断层、衔接不畅的问题；此外，随着境外资金大量流入，我国金融市场受到外资冲击的风险逐步增大，因此建立更加完善的风险防范安全网对我国跨境金融健康发展至关重要。

临港新片区是上海“五个中心”建设的关键布局，临港新片区的金融开放对上海建设国际性金融中心具有重要引导作用，临港新片区正在开展的金融领域的改革也对上海市国际经济中心、贸易中心和航运中心有重要意义。本着“以我为主，为我所用”的原则，对标最高水平金融开放条款，寻找推进跨境金融高水平开放的有效政策集合，为临港金融开放提供制度保障。

1. 进一步放开资本账户限制，打造2.0版的分账核算账户体系

为满足实体经济所需的贸易结算和跨境投融资汇兑便利，在建立独立于传统账户体系规则的基础上，进一步与境内一般业务进行风险隔离成为自贸区外汇管理的一大关键要务。以上海自贸区为例，先后搭建了自由贸易账户体系以及分账核算单元体（FTU－Free Trade Accounting Unit），并出台了《中国（上海）自由贸易试验区分账核算业务风险审慎管理细则》《中国（上海）自由贸易试验区分账核算业务境外融资与跨境资金流动宏观审慎管理实施细则》等实施办法。本节旨在为提升分账核算账户体系风险隔离效果及跨境融资便利性提供建议。核心是要通过政府、学界、企业等各方研究探讨，形成更加高效的跨境融资管理方法，以此帮助服务自贸区进出口贸易与跨境投融资便利性，逐渐形成完善安全的外汇管理措施，推动自贸区支持离岸贸易投资便捷性。

一是要真正做大一线放开，逐渐取消FT账户预提税限制及准备金限制，可以集合OSA/NRA账户部分功能，搭建一个更加开放、便捷、更具有包容性的多功能账户体系，力争打造一个全功能的满足各类机构及个人需求的自贸区账户体系，节省多类账户管理成本，推动构建本外币一体化资金池，打造更加便利的FT账户体系。

首先，应该加强FT账户体系与人民币账户体系的互通性，通过适当放宽两种账户相互结算所受到的限制，以及建立完善的支付体系及流程，增强FT账户体系与在岸账户体系的适配性，提高账户结算便利性。其次，建议完善账户管理法律法规，可以参照OSA账户适用法规，打造一套区别于在岸账户适用的，准离岸账户法律法规。作为准离岸账户，FT账户体系需要构建一套与之匹配的区别于在岸账户管理的法律法规体系，使其可以对标国际市场其他账户管理体系，享受国际通行离岸账户的优势，真正做到一线完全放开。最后，适当放宽甚至取消存款准备金要求和预提利息税，使账户资金可以全部拿来投资与发放贷款，做到接近或完全离岸性质账户；考虑与境内结算时允许使用外币，使企业结算更加便捷，有利于节省贸易结算成本。

二是提高分账核算体系风险抵御机制，构建更加完善的风险计算体系，摒弃风险计算机制中主观因素，使风险因素覆盖面更广，细化计算规则，避免因笼统计算造成的“过度防御”成本，使分账核算机制更好地服务自贸区账户体系。在分账核算境外融资管理规则方面：第一，风险因子笼统的分为期限风险转换因子、币种风险转换因子和类别风险转换因子，可能无法完全覆盖所有可能风险，应考虑适当细化风险类别；第二，在三类风险因子计算下，一般都将风险因子分为二档，主观性太强，诸多风险可能会面临高估或低估的问题，大大提高了资金成本，如在币种风险转换因子项目下，本币风险因子为1，以外币计价结算的，币种风险转换因子设定为1.5，然而不同主权国家的币种风险可能差别甚远，统一按照风险因子

1.5计算有失偏颇。在此建议在风险因子项下应该更加细分风险层级，更加多元客观地衡量风险。在分账核算境外融资计算规则方面：在对分账核算境外融资杠杆率按不同业务主体进行分类时，按区内法人企业（分支机构不适用）、已建立分账核算单元的区内非银行法人金融机构、已建立分账核算单元的区内新设法人银行机构、未建立分账核算单元但在其他金融机构分账核算单元开立自由贸易账户的区内法人非银行金融机构，将融资杠杆率分别分为资本的2倍、3倍、5倍。然而同一分类项下不同企业资质差别可能较大，且参照有无已建议分账核算单元分类可能无法将不同风险程度企业合理区分。因此，在分账核算体系的制度规则方面可能需要进行改善，创立一个风险敏感、识别准确，高效完善的制度体系，更有利于实现FTU体系打造初衷及目标。

三是要简化FT账户体系开设条件及程序，力争做到在自贸区内广泛覆盖，操作便捷，最大限度地为企业及居民提供便捷服务。

一方面，应简化FT账户交易的相关申报过程，提升企业开立账户积极性；另一方面，应完善资金划转规则，完善监控体系，增加账户使用路径，打造账户体系在结算便利性，交易简单化等其他方面的优势。同时，在保证风险可控的前提下开发更多应用场景，鼓励企业进行金融创新，鼓励以区块链技术支持的金融创新，通过FT账户为自贸区资金结算提供创新实验平台，发掘更加便利先进的结算体系。并逐步将实验成果推广至非自由贸易账户，以实现更先进和高效的账户管理模式，促进更宽领域的资本项目开放，并在更大范围内推进跨境资金全面监管。

2. 对标CPTPP，构建高标准经贸规则

对标国际金融开放前沿是加快推动金融开放向高水平方向提升的有效举措。CPTPP是国际金融高水平发展的重要国际标杆，其制定规则已经是国际主流自贸协定的参考标准。临港新片区作为全国高水平对外开放的“试验

田”，对标国际最先进水平的 CPTPP 自然也是高水平对外开放的题中之义。对于上海来说，临港新片区是上海“五个中心”建设的关键布局，临港新片区的金融开放对于上海建设国际性金融中心具有重要引导作用。

CPTPP 在若干新领域有更高的开放承诺：允许跨境提供投资组合管理的服务；允许跨境提供支付卡的电子支付服务；不得对高管或者董事会非少数成员有国籍的要求；要求各方需在新金融服务方面给予国民待遇。最关键的是，在开放模式上，CPTPP 彻底采用了负面清单模式，与以往的贸易协定截然不同。目前临港新片区与 CPTPP 在跨境贸易领域仍存在一定差距，需进一步学习 CPTPP 的先进经验。

（1）加快内外金融要素流动，实现金融体系人、资金和环境的对标和流动

CPTPP 要求为服务供应商提供一个公平的竞争环境，而且合作伙伴不施加数量限制，也不要求特定类型的法人实体或合资企业作为提供服务的主体，缔约方在“负面清单基础上”接受这些义务，这意味着它们的市场对来自 CPTPP 缔约方的服务供应商完全开放，且确保影响服务贸易的国内法规以客观和公正的方式对其进行管理；CPTPP 还鼓励指定的监管机构与其对应机构合作，承认教育、经验和要求，通过协调或相互承认协议/安排获得在另一方管辖区内的许可证或证书。

临港新片区以打造高端服务为核心，提升新型国际贸易服务、高端金融服务、高端航运服务以及科技服务能力，推行若干相关政策，如加快做大离岸贸易、数字贸易和高端服务贸易，提高对国际航线、货物资源的集聚和配置能力等。在资格认证方面，虽然临港新片区采取了一些措施，如中德在沪启动智能制造标准对话、印发《中国（上海）自由贸易试验区临港新片区境外人士参加专业技术类职业资格考试试行管理办法》等，但是在对接国际化产业标准和实行直接的资格认证方面所涉及的行业都较为局限，与 CPTPP 的规则仍有较大差距。因此要对标 CPTPP，新片区就要进一步减少受限制的

服务部门数量并降低市场准入限制门槛，在已有管理办法的基础上扩大所涉及的行业，增加资格认证的程序，进一步推动行业标准和资格认证的国际化。

（2）探索建立与 CPTPP 无缝衔接的争端解决机制和过渡方案

对于其中的争端解决机制，临港新片区可以尝试引入专业服务机构作为仲裁机构的替代。在 CPTPP 规则体系下，包含更多元素的争端解决机制是其核心，这种争端解决机制目前来看与国内法律体系和实践之间存在较大出入。为了能够吸引高端金融产业和建设国际性金融中心，那么就必须在两个机制衔接上首先作出尝试和安排。在制度探索上，首先，应当借助于现有一些国际上具有公信力的仲裁组织，争取吸引国际大的联盟组织入驻，包括营利性和非营利性，使大型跨国金融机构安心入驻临港新片区；其次，加快推进配套试点、推动金融服务要素开放改革，实现各种制度配套对标 CPTPP，包括法律、仲裁服务等；最后，在初期探索经验的基础上，可以考虑建立符合 CPTPP 规则的本地化金融仲裁机制。可以推进建立区内金融委员会，结合中国国情，推进人民银行、外汇管理局、银保监会、行业联盟共同构成委员会，作为咨询组织或者决策组织，由该组织来代表并引进国外机构进入新片区，通过这样一个有一定独立性的机制，来实现对境外企业起到高水平金融保护环境和规范环境承诺等效果。

（3）探索建立动态运行金融体系中的风险监测体系

目前临港新片区试点金融业务开放基本上处于各点分散状态，尚没有以点连线、以线连面的网络架构。在这个背景下，新片区的相关金融监管的、特别是风险监管仍然展现为业务条线形态。对标 CPTPP 来看，高水平金融开放下的监管框架主要表现为体系化形态，并且是在动态金融系统运行中高效率匹配运转。那么，对于临港新片区来说，如果我们分门别类试点，尽管各个业务都可以实现监管有效化，但在整合成整个系统时，可能还会面临整个监管系统内部节点衔接不顺畅的情况。因此，下一步对标 CPTPP 就需要在监管系统上、特别是风险监测体系建构上，对标最先进的监测系统集成效果，试点一体化动态监测网络，做好压力测试，加强金融管理部门与海关新片区管委会以及其他监管部门的信息鸿沟，建立跨境资金进出和业务流动的整合型监测体系。

3. 发展离岸金融市场，打通内外循环机制

随着中国经济快速发展，目前中国已经成为世界第二大经济体、第一大对外贸易国。中国未来的发展战略之一即通过逐步放松短期资本项目管制，推动人民币国际化，以融入金融全球化进程中。在人民币国际化的进程中，越来越多的非居民将持有人民币，虽然我国仍为实行资本项目管制的国家，但离岸金融市场的建设已经成为不可回避的问题。因为从离岸市场发展的历史来看，本币金融市场的管制是设立该本币离岸金融市场的前提条件。为推动离岸人民币市场和在岸市场的良性互动，我国不断加快金融市场双向开放进程，银行间债券市场投资、人民币合格境外机构投资者（RQFII）、人民币合格境内机构投资者（RQDII）、“沪港通”“深港通”“债券通”“沪伦通”、黄金国际板等投资渠道陆续放开，逐步取消 QFII/RQFII 投资额度及 RQFII 试点国家和地区限制，进一步便利境外合格投资者入市投资。境外发行人民币债券的境内主体类型越来越多元。但我国离岸市场的发展仍然存在一些困难，比如，虽然人民币已经顺利加入 SDR，但我国利率市场化还未完全达成，金融基础设施不健全，发展人民币离岸市场的外部条件不够完善；离岸金融市场循环机制不顺畅，其深度和广度却远远达不到理想的程度；人民币交易业务规模较小，交易动力不足；离岸金融监管机制尚未完善，监管机构分工不明确等。因此，解决这些问题成为我国发展健康跨境金融市场、打通内外循环的重中之重。

（1）采用递进式的发展模式打造更高水平的人民币离岸金融中心

一是借鉴新加坡的经验前期采取“严格的内外分离型”发展模式，严格

控制风险转移。将离岸业务与在岸业务分离开来，隔离离岸业务风险，防止对国内金融市场产生强大的外部风险冲击，在条件成熟后逐步向境内外有限渗透模式转型。考虑到我国目前金融市场发展的不完善，监管体系不够成熟，政策法律的制定经验不足，我国第一步应该结合当下国情，借鉴新加坡相关经验，将离岸业务与在岸业务分离开来，隔离离岸业务风险，防止对国内金融市场产生强大的外部风险冲击，在条件成熟后逐步向境内外有限渗透模式转型。早期，新加坡由于金融体系不是很发达，选择了内外分离的发展模式，将境外金融市场与境内金融市场严格区分，不允许本地居民在 ACU 开立外币账户。20 世纪 70 年代后，新加坡对离岸金融业务在税收、金融管制和外资持股等方面逐步放宽限制，过渡到有限渗透模式，允许本地居民在 ACU 设立外币账户，并逐步提高存贷款额度。

二是逐步完善人民币离岸中心枢纽，打造国际性离岸金融中心。随着我国金融体系不断发展，第二步应将我国人民币离岸中心逐步发展完善，过渡到市场化更高、自由度更强的“渗透型”发展模式上来，推动其发展成为国际型离岸金融中心。搭建多元化、多渠道、网络化投融资平台，同时架起以离岸保险、离岸银行、离岸证券、离岸资产管理等为运营内容的业务平台，建成离岸和在岸相互渗透型的金融市场。

三是将人民币离岸中心构建成全球最大的内外一体型金融市场，完善配套设施。我国将致力于将人民币离岸中心构建成全球最大的内外一体型金融市场，配套搭建数字化、智能化投融资平台和以离岸保险、银行、证券、信托、租赁、保理、金融衍生品业务等为经营范畴的业务平台。创建离岸和在岸金融市场联动（结算体系联动、规则标准联动、法律条款联动、监管联动），形成信息和资源的共享，构建离岸和在岸业务对接路径（信息交换对接、部分业务对接、全部业务对接）。

（2）进一步放松离岸市场金融管制

一是进一步放松离岸市场金融管制。如离岸银行业务取消存款准备金要求，免征存款保险，放松信用额度管理要求。从离岸账户转入境内一般账户的资金，按要求缴纳存款保险金。

二是放松金融机构的准入，对境外金融机构实行国民待遇或超国民待遇，允许境内外金融机构或分支机构经批准可在临港新片区经营离岸金融业务，并建立离岸金融税收制度，采取一些税收优惠政策吸引国外资金流入。例如，不征收利息预提税、资本利得税、股息预提税，对开户主体通过离岸账户体系获取的收入（如存款利息、理财收入等）免缴所得税，对开户主体和非居民之间的交易免缴增值税等。

（3）加强离岸金融市场基础设施建设

一是增加离岸市场上清算平台等相关基础设施的建设，着力打造离岸人民币计价结算中心、离岸人民币融资中心、离岸人民币产品中心，推动企业在对外贸易和投资中使用人民币计价结算，拓宽人民币计价功能。

二是在国内进一步推行利率市场化改革，与离岸市场市场化主导利率相适应，打通内外市场利率循环机制，使投资更加流畅。构建市场定价机制，实行市场化定价机制，离岸市场存贷款利率按市场需求随行就市、自行定价。离岸金融市场主体可参照境外市场或境内市场自由选择汇率。

三是积极发展综合性离岸业务，增强跨境投资和自由贸易账户系统中的金融创新，为自由贸易区的企业和金融机构提供离岸人民币产品和服务；培育和提升国际化的专业和第三方认证服务，开发适合公司资金中心和跨境资金池需求的人民币流动性管理产品。

（4）实施更与国际接轨的监管规则

一是率先在离岸金融市场建立多元化商事纠纷解决机制。可以选择临港新片区内法院和仲裁机构，也允许适用中国香港地区或其他地区的判决或仲裁决定。离岸金融业务纠纷可以直接适用中国香港地区等境外金融中心法院判决或仲裁决定，并简化转换程序。提高效率。

二是构建风险监控平台。创建单独的离岸金融账户、离岸与在岸分离的国际结算、资金划拨、存贷款、保险及跨境金融服务等分层次的风险监控体系，由中国人民银行上海分行和上海银保监局构成。

三是构建新的监管模式。整合分散在中国人民银行、银保监会、证监会、外汇管理局等的离岸金融监管职能，适时组建单一的离岸金融监管局。基于临港新片区金融账户基础构建离岸金融宏观审慎管理体系，与现行宏观审慎管理政策有机衔接，防范境外金融风险的传染与扩散。

（5）建立起全套的境外离岸金融市场资质制度

一是实施市场主体的资质准入制度。由于我国离岸金融市场的风险外溢防范的经验缺乏，准许哪些金融机构开展离岸金融业务和开展哪些离岸金融业务品种，都是亟待厘清的问题。建议离岸金融市场建设的头三年内，应只允许符合条件的中资银行、外资银行进入临港新片区的离岸金融市场开展业务，业务品种根据银行的资本、风险防控能力情况予以开办，可以先实行“极简审批制”进入；三年后，积累了一定的离岸金融市场准入的风险防控经验后，可以通过“极简审批制”准许其他非银行和内、外资金融机构包括证券公司、保险公司等进入港区内开展离岸证券、保险业务；当离岸金融市场准入风险防控经验相当成熟后，所有符合条件的各类金融机构，以备案登记制形式准许进入新片区设立开办业务，并可以经营与之能力相匹配的业务品种。

二是建立存款保证金制度。借鉴日本经验，在起步阶段的 3 ~ 5 年内，实行存款保证金制度。在离岸账户和在岸账户资金往来需缴纳存款总额一定比例的存款保证金，以防止离岸账户溢出风险冲击在岸账户。待 3 ~ 5 年后，可顺应离岸金融市场发展趋势取消存款保证金制度。

三是完善退出机制。可以借鉴其他国家和地区的先进经验，在离岸银行经营管理能力不足，严重违反监管规定，风险防控能力和资本金不足等情形下应强制其退出离岸金融市场。

4. 建立风险防范安全网，更好承接国外资金

上海是中国金融领域最发达的地区之一，吸引了众多外资资管头部机构，外资财富管理机构，外资银行，外资券商等。上海拥有健全的金融体系、完善的配套设施、优质的人才储备、巨大的市场需求，是外资金融中国的首选地。然而，相比于其他国家和地区，在外资金融机构进入上海时仍然面临税负过高，制度不完善等问题，因此上海在承接海外金融机构时仍然有很多方面需要继续改善。此外，随着境外资金大量流入，我国金融市场受到外资冲击的风险逐步增大，因此建立更加完善的风险防范安全网对我国跨境金融健康发展至关重要。

（1）发挥信息技术在跨境金融监管中的作用，防控金融开放风险

一是进一步强化数据信息共享在风险管理方面的作用，建立健全跨境资金流动的监测、分析与预警体系，探索借助大数据、云计算提高跨境资金监管的针对性和有效性，有效识别跨境资金流动的异常变化与风险因素，提高跨境资金流动风险的防控能力。如可以利用大数据、人工智能等技术对离岸市场的利率、汇率以及资金流动情况进行实时监控，同时，在监控的基础上建立完善风险预警机制，及时反馈可能出现的风险。一旦出现相关指标和参数异常波动及时采取措施，将高风险和可能造成的冲击降到最低。

二是探索运用区块链技术，实现商业银行、海关、外管局等部门之间相关系统对接和数据共享。加大反洗钱、反恐怖融资、反逃税监管力度，完善“三反”领域风险评估和监测分析体系，便利政府、金融管理部门对跨境资金流动相关的风险能够适时监测与管控，建立重大风险事件的应急处理机制，增强金融监管合力，有效防控洗钱、恐怖融资和逃税风险。针对离岸金融领域可能的反洗钱风险和流动性风险，加强相关监管部门和金融机构的信息共享和互联互通，建立全面、高效、反应迅速的监测预警机制，严防违法犯罪风险。

三是加大金融消费权益保护力度，建立金融纠纷调解合作机制，协同开展社会公众金融素养教育，保护消费者的合法权益。

（2）加大国际金融机构引进力度

持续加大财富管理类金融企业或项目的引进力度。支持外国银行在临港新片区同时设立分行和子行；支持境外金融机构投资入股商业银行理财子公司；支持境外资产管理机构和境内的商业银行、保险资产管理公司共同发起设立由外方控股的合资理财公司。要积极打造临港国际财富中心，吸引国内外知名的资产管理、基金、信托、投资等财富管理类机构集聚。鼓励发展外资家族办公室、保险规划、信托、投资咨询等商业业态。积极吸引国际领先财富管理机构开展财富管理教育业务。鼓励国际领先的大型金融机构和财富管理机构开展财富管理教育培训。支持境外金融机构设立全球交易室或投资交易中心，按规定参与境内金融市场的交易，并豁免境外交易产生的税收。

（3）推动股票市场国际板的建立

推动股票市场国际板的建立，吸引外国公司进入中国金融市场进行融资。建立国际板交易平台，专门负责营销和管理国际板会员以及资金进出与交易。鼓励国际企业、在临港开设的境外独资或者中外合资的金融机构在国际板上市，允许在沪深交易所、中小板、创业板、科创板上市的企业转板至国际板。政府可设立上市津贴，资助拟上市公司上市费用的20%，对于新型科技领域的公司以及财富管理企业可提供高达70%的上市津贴。针对国际版的投资者，可以先仅允许国内外机构投资者和高净值客户，然后再放宽至个人投资者。对于国内投资者，需要设置最大投资限额和专门账户，且该账户的资金需要与国内投资活动的资金相互分离。对于国外投资者，可以不设置资金限额。

（4）建立健全的金融法律体系

建立金融委员会，委员会成员由政府金融办人员和社会各界的专家学者如律师、会计师和经济学教授等组成，统筹金融开放与监管，协调金融政策与相关财政政策和产业政策。为加大对外资金融机构的吸引力度，金融委员会可以出台各项财税支持政策，如对金融服务企业之间、金融服务企业与服务对象之间提供的各项服务，免征增值税；将财务管理企业纳入技术现金型服务业务认定范围，按照技术先进服务企业的15%的税率征收企业所得税。此外，金融委员会可以提供国际金融争议纠纷解决机制，设立适用境内外法律的国际金融审判机构，加大具有国际化视野的法官配置，聘请中外籍陪审员、调解员与专家顾问，提升涉外金融案件审判调解的国际认可度，引进境外仲裁机构设立的法人机构或与境外合作设立金融纠纷仲裁院，提高金融仲裁的专业性和国际认可度。在会计制度上，可以允许企业自主选择使用国际会计准则和中国会计准则，但使用国际会计准则需要附加与中国会计准则差异说明，并递交金融委员会审核。积极吸引信用评级、会计审计、法律服务等国际知名金融关联服务机构在临港新片区设立法人机构或分支机构，并给予相应办公租赁补贴。加强对获得中国国籍的国际人士的财产保护，对高净值人士、境外企业家在中国以外的收入减免所得税，鼓励全球富豪将财富转移至临港新片区，鼓励全球富豪在临港新片区建立家族信托或者家族理财子公司，并对家族信托和家族理财子公司减免所得税。

上海发展离岸人民币市场和资本项目开放研究报告

习近平总书记在庆祝浦东开发开放30周年大会上指出，将“支持浦东发展人民币离岸交易、跨境贸易结算和海外融资服务”，上海发展离岸金融业务迎来新契机。本文认为，离岸人民币债券和离岸人民币信贷是上海浦东发展人民币离岸市场的核心。近年来，中国香港、新加坡、中国台湾和马来西亚等地，以及欧洲的伦敦和法兰克福也都在加紧进行人民币离岸中心的建设。但反观国内，最应发挥作用的上海自贸试验区在此方面却刚刚起步。由于所有金融要素和基础设施都与债券市场的基准利率相关，因而应将人民币离岸债券市场作为发展离岸金融的主要突破口。当今货币国际化的三要素（规模性、流动性和可信度）确立了离岸业务作为其推进的主要载体之一地位。规模性和流动性直接与离岸货币融资成本相关联。在扩大人民币离岸业务中，既要避免内循环离岸模式中的“再贷款游戏”，也要避免外循环离岸模式中的融资“美元化”倾向。国际金融中心要匹配本币离岸业务才能发挥其批发为主的银行间市场效应。在推进离岸人民币业务过程中，决策层不仅要继续关注巴塞尔协议和“环形篱笆”问题，还要处理好对离岸人民币账户的监管“单一窗口”和操作程序简化的问题。企业也要通过技术处理来应对离岸融资“美元化”的问题。

本文认为，资本项目加速开放会增加负债美元化和资本外逃风险，且在其他配套措施不足的情况下，对人民币国际化无显著地提升，监管部门的谨慎态度有一定道理；临港新片区如果想在资本项目可兑换方面取得突破，需要有中央层面的政策支持和各部门配合。在此基础上，首先可以进一步完善FT账户，以FT账户为蓝本，统一复杂的跨境账户体系，形成与之相关匹配的统一的监管信息报送平台；其次借助数字人民币跨境支付便利化契机，打造离岸综合数字化人民币账户，在“统一账户+大数据实时动态监管”的基础上推进资本项目开放。具体来看，临港新片区可以通过落实“双层次”的数字信息平台（全信息风险管理系统平台+全方位“了解你的客户”数字平台）来盘活跨境人民币“四个源头”。临港新片区不仅可以探索创新“动态真实交易背景”，而且可以在预警中国实际的对外负债的同时，让实体经济真正充分享受跨境人民币资金池的规模效应。此外，本研究还对临港新片区“金改50条”中有关金融创新、资本账户开放、跨境支付等条款进行调研评估，并对临港新片区进一步进行资本账户开放提出政策建议。

一、全球其他离岸货币交易体系比较

随着离岸金融市场的产生与扩大，世界范围的离岸货币交易体系也经历了由浅至深，由局部至全面的发展历程。所谓离岸货币交易体系，根据连平（2002）的论述，是对有关国家管理当局和相关国际性机构对离岸市场业务进行管理和调节所形成的模式、政策、法规、协议的总称。20世纪50年代前后，离岸金融市场自伦敦初步形成后，逐渐向欧洲、亚洲、美洲的主要发达国家扩张，这些发达国家根据自身国情与金融市场特点形成了各自不同的管理办法，其中以美国、日本、新加坡三国为代表，其离岸金融体系建设既借鉴了欧洲市场的运作经验，同时经过国内多方管理部门的慎重考虑，在全球范围具有一定普适性与权威性。因此，本节我们对以上三个国家的离岸金融体系进行系统比较分析，这将对我国建立具有中国特色的离岸人民币交易体系具有重要参考价值。

（一）发达经济国家离岸金融业务的比较

我们主要分析三国离岸金融账户（美国国际银行业设施IBFs、日本离岸金融市场JOM、新加坡亚洲货币单位ACU、迪拜国际金融中心DIFC）的异同，重点关注离岸—在岸业务关系、市场准入、税收制度三个方面。从处理离岸—在岸业务关系的角度来看，三类离岸金融市场账户均属于“内外分离”的管理模型，其中美国与日本对离岸账户与在岸账户实施严格的隔离措施，即禁止资金在两类账户间流动，IBFs与JOM账户仅针对外国居民与其他离岸账户开展业务，而新加坡在隔离措施上则略有放松，ACU 成立初期，离岸账户便允许非居民账户所吸收的非居民存款向在岸账户贷放，但禁止资金从在岸账户流入离岸账户，随后新加坡不断放宽居民参与离岸金融市场的限制，如今 ACU 已允许离岸账户与在岸账户之间的资金双向流通。

在离岸金融市场的准入制度上，日本 JOM 的要求最为严格，管理当局规定获准参与离岸市场业务的机构仅包括大藏省批准的银行，包括外国银行在日本的分行及其他金融机构，以及在日本注册银行的外国银行。美国与新加坡则采用相对宽松的准入标准，可以建立 IBF 的存款机构包括美国商业银行、“埃奇法案”（Edge Act）类公司、在美国设有机构的外国商业银行、储蓄和贷款协会以及共同储蓄银行，新加坡金管局则规定外汇指定银行的商业银行与证券机构均可进入离岸市场。

税收制度也是管理当局规范本国离岸金融体系的重要环节之一，由于离岸金融市场极大地促进了本国的经济发展，管理当局通常对促进离岸市场发展持积极态度，因此，相比于在岸市场，税收方面往往存在不同程度的优惠待遇。其中，新加坡离岸市场对于资本所得税、利息、股息预扣税的征收基本为零，仅征收个人与公司所得税；日本的税收优惠则相对较低，管理当局仅免除 20% 的资本利得税和免除利息和股息预提所得税；美国的离岸金融税收制度和多数国家不同，由于联邦税法也没有对离岸账户的收入制定专门的税收条例，因此开展离岸业务的金融机构在申报联邦所得税时并不区分离岸与在岸账户，税收优惠主要体现在各个州提供的不同程度的州所得税豁免。

（二）新兴市场经济地区离岸金融业务比较

进入 21 世纪以来，一些新兴市场国家与发展中国家也在离岸金融中心建设方面进行了各自的实践，其中，迪拜国际金融中心 DIFC 是其中的佼佼者。DIFC 成立于 2004 年，主要涵盖银行服务（投资银行、合作银行业、私人银行业）、资本市场（证券化、债务工具）资产管理、基金管理、保险和再保险、伊斯兰金融等各类专业金融服务。相比于发达国家成熟的离岸金融制度，DIFC在效仿的同时也发展出自己的独特优势，主要体现在税收与外汇管制方面，中心内部企业为100%外资企业，实施零所得税与利润税的税收政策并取消外汇管制，对企业资本及利润采取100%可自由汇回的举措，由此吸引了大量外资前来。而在离岸—在岸关系、市场准入、金融监管方面，DIFC则与国际准则保持一致，具体表现为对于经营不同业务的金融公司，由迪拜金融服务管理局（DFSA）作为独立监管机构，在颁发不同营业牌照后，进行不同等级的监管，同时对离岸—在岸账户实施严格的隔离措施，从离岸金融市场筹集的资金与在岸市场严格区别，二者不能自由流通。

我国也在离岸金融市场建设上不断探索。2010年1月，国务院颁布的《国务院关于推进海南国际旅游岛建设发展的若干意见》中首次明确提出了“海南省可探索开展离岸金融业务试点”，2020年6月，推出了《海南自由贸易港建设总体方案》，一步一步向着离岸金融中心建设的方向前进。目前，海南自贸区依然通过区内自由贸易账户（FT账户）的形式进行离岸市场业务操作，自贸区账户主要服务区内企业，相较于一般外币账户，FT账户为多币种一体化账户，不同币种在FT账户下均可按离岸汇率自由兑换，对于境内企业而言，海南FT账户基本类似于一个可以与境外资金自由兑换的账户，对于境外企业，则意味其可以享受在中国开办企业的各项便利。目前，海南自贸区共有中行、浦发、工行、光大、兴业、建行、农行、交行、中信和招商10家银行可以办理FT账户业务。参考国际经验，在离岸—在岸隔离措施方面，自贸区规定同一企业FT账户与同名常规账户之间可以因经常项下业务、偿还自身名下贷款、实业投资以及其他符合规定的实际跨境交易需要办理资金划转；而FT账户与非同名境内区外企业账户之间产生的资金流动，视同跨境业务管理。

（三）全球典型离岸金融中心和地区业务和政策比较

表 1　全球典型离岸金融市场措施矩阵

类别	成立时间	交易币种	形成方式	主要目的
美国 IBFs	1981 年	不限币种（美元为主）	人为设置	应对欧洲美元市场的快速发展
日本 JOM	1986 年	不限币种（日元为主）	政府推动	吸引欧洲日元回流国内，推动日元国际化
新加坡 ACU	1968 年	美元为主	政府推动	吸引东南亚美元支持金融业发展
迪拜 DIFC	2004 年	美元为主	政府推动	吸引外部资本，弥补西方与东方之间的时区差距，支持金融业发展
海南 FT	2019 年	不限币种	政府推动	便利自贸区内与境外资金自由流动

类别	准入许可
美国 IBFs	可以建立 IBF 的存款机构包括美国商业银行、Edge Act 公司、在美国设有机构的外国商业银行、储蓄和贷款协会以及共同储蓄银行
日本 JOM	只限于大藏省批准的银行及其他金融机构，以及在日本注册银行的外国银行
新加坡 ACU	作为外汇指定银行的商业银行和证券机构均被允许进入离岸金融市场
迪拜 DIFC	持有迪拜金融服务管理局（DFSA）颁发许可证与运营牌照的机构
海南 FT	中行、浦发、工行、光大、兴业、建行、农行、交行、中信和招商 10 家银行可以办理 FT 账户业务

类别	业务范围
美国 IBFs	限制 IBFs 账户只能吸收两天以上的存款，并且不允许发行大额可转让存单（CDs）等可交换金融工具
日本 JOM	只限于从境外非居民、其他离岸账户吸收的存款，不允许发行大额存单等。
新加坡 ACU	ACU 完全以外币计价交易，用于吸纳新元以外的外汇存款，后期有所放松
迪拜 DIFC	根据不同经营许可要求，可以从事包括资产管理，银行和信贷服务，证券，集体投资基金，托管和信托服务等各类业务
海南 FT	采用境外价格结售汇，根据自身经营需要，进行相应币种转换。在存款及融资方面，企业可以通过 FT 账户办理存款和融资

续表

类别	金融管制
美国 IBFs	不受国内银行的相关法规的限制，免除存款准备金限制、利率限制以及存款保险限制和审查制度
日本 JOM	利率自由浮动、不适用法定准备金，不参加存款保险等
新加坡 ACU	利率自由浮动、不适用法定准备金，不参加存款保险等
迪拜 DIFC	利率自由浮动、不适用法定准备金，不参加存款保险等
海南 FT	—
类别	内外隔离措施
美国 IBFs	IBFs 的存贷款客户仅限于非居民、其他 IBF，禁止 IBF 向美国居民提供存贷款业务
日本 JOM	从离岸金融市场筹集的资金不能随意流入国内市场，限制离岸资金的筹集和使用
新加坡 ACU	早期严格内外分离，1981 年之后逐渐允许单向渗透，离岸资金可以通过特定渠道进入在岸
迪拜 DIFC	从离岸金融市场筹集的资金不能随意流入国内市场，限制离岸资金的筹集和使用
海南 FT	同一企业 FT 账户与同名常规账户之间可以因经常项下业务、偿还自身名下贷款、实业投资以及其他符合规定的实际跨境交易需要办理资金划转；而 FT 账户与非同名境内区外企业账户之间产生的资金流动，视同跨境业务管理
类别	税收优惠
美国 IBFs	IBFs 免征利息预提税，联邦所得税不能豁免，各州在地方税方面也给予 IBF 不同程度的税收优惠
日本 JOM	免除 20% 的资本利得税，免除利息和股息预提所得税
新加坡 ACU	免征 ACU 账户中非居民存款人的利息收入所得税，部分收入和活动享有优惠利率
迪拜 DIFC	零所得税与利润税
海南 FT	封关前：通过“一负三正”的清单管理的货物实施“零关税”，15% 个人所得税，企业所得税减按 15%。封关后：实行简化税制，进口环节免征相关税种，个税按 3%、10%、15% 征收
类别	监管措施
美国 IBFs	IBFs 账户与其设立机构相关联账户隔离，定期提交相关报告
日本 JOM	对市场交易主体范围、在离岸资金流动条件，以及离岸市场的资金筹集和使用等方面设置了一系列限制性条件
新加坡 ACU	对每家银行的 ACU 业务总资产设定上限，银行若要调高上限，需要监管当局批准
迪拜 DIFC	—
海南 FT	—

二、发展离岸人民币债券市场

要以上海自贸试验区人民币离岸债券市场建设作为突破口，针对现阶段存在的问题，通过制度性安排建设“在岸的离岸”人民币债券市场，推动金融高水平开放先行先试。

（一）乘势而为，推进上海发展人民币离岸债券市场

据市场机构统计，截至2022年5月境内外人民币离岸债券市场累计发行债券68只，金额约1700亿元人民币，包括境外发行的“点心债”和上海自贸试验区率先试点支持各类境内外主体在自贸区面向区内及境外投资人发行“在岸的离岸”债券（以下简称“自贸债”）。在国际经济环境复杂变化下，特别是疫情以来人民币债券离岸市场在香港、新加坡、东京分化转移，依托上海国际经济、金融、贸易、航运中心集聚优势，发展“在岸的离岸”债券市场尤为重要。

发展人民币离岸债券市场是开展人民币离岸交易的重要制度性开放“抓手”，是人民币实现国际化的重要一环。当前，上海发展人民币离岸债券正处于有利时机。主要存在几个有利方面：一是落实中央《意见》精神，发挥浦东的战略链接作用，将国内债券市场与境外债券市场的“双循环”通道打开。如推进上海证券所与香港债券市场建立连接，推动中央结算公司上海总部与全球主要国际托管行互联合作，完善中资外币债券及离岸人民币债券价格体系。二是当前人民币债券市场回报率处于最佳时机，境外投资者配置人民币资产热情高。以十年期国债回报率为例，美国国债回报率是1.6%，英国为0.89%、德国为-0.24%、法国为0.16%、日本为0.09%，而中国达到3.19%。对非居民来说，购买一个基本上没有风险的十年期国债产品，投资中国十年期国债回报率比投资美国十年期国债回报率要高出240个基点左

右，从而带动其他债券种类的投资。三是离岸债券市场风险较为可控，成为发展离岸金融首选市场。债券市场是现代金融市场的基础市场、核心市场，全球大类资产配置结构中约70%集中于债券市场。特别是国债市场容量大、波动小，是整个金融市场的稳定器和压舱石，可有效应对大量资金进出，防范开放中面临的国际资本冲击风险。尤其是当前金融市场波动较大，需要进一步加强市场风险防范。国际经验表明，所有离岸金融衍生品都基于债券市场。如亚洲金融危机，由于当时东南亚国家缺乏有深度的债券市场，而股市汇市又难以独立应对境外热钱大进大出，导致危机爆发。苏联为了应对美国制裁，将其资金调往欧洲市场；石油输出国组织将其“石油美元回流”资金调往欧洲离岸市场。伦敦由此成为全球最大的离岸债券市场。如果上海离岸人民币债券市场坚持“本币优先”作为特征，不仅有利于推进人民币国际化，而且能增强抵御外部金融风险的压力。四是当前人民币离岸债券拥有较大的市场潜力和投资需求。随着中国债券纳入全球三大主要债券指数，境外投资者配置人民币资产的热情更趋高涨。目前，中国债券市场规模已稳居全球第二位，达103.5万亿元。截至2020年末，境外投资者累计增持人民币债券超1万亿元，年末持有的境内人民币债券余额超3万亿元。其中，国债是境外投资者投资的最主要券种，占比高达61.8%。因此，上海加快发展人民币离岸债券市场势在必行。

（二）现阶段人民币离岸债券市场发展面临的“瓶颈”

1. 选择美元等币种发债多于“自贸债”

在全球负利率大环境下，加上信用评级的缺失，美元等币种的发债成本远远低于人民币，导致离岸人民币债券吸引力不足，这造成“自贸债”发行规模逐渐递减并有从本币转向美元倾向。目前，上海自贸试验区内仅已进行三只自贸试验区债券发行创新。分别是2016年支持上海市财政局发行的30亿元自贸区地方政府债券，2019年和2021年相继支持南京东南国资集团、上海地产发行的10亿元、30亿元自贸区企业离岸债券。非居民在中国债券市场发行（为在岸人民币CNY）的债券（“熊猫债券”）规模和只数也很少。统计数据表明，非居民发行的人民币债券是SDR币种里面最低的，至今未到期的非居民（匈牙利、菲律宾和葡萄牙）持有的人民币国债仅三只，况且都没有被评级。与之相比，由于美元等币种发债负利率成本低，加之发行审核注册制、证券评级及会计审计互认、募得资金可直接用于境外投资、提升发行人国际影响力等因素，使更多中资企业选择在境外发美元债。截至2020年6月末，中资企业境外发行债券余额近1.1万亿美元（90%为美元债）。当年发债规模达到2000亿美元。“自贸债”发行不足，不利于跨境贸易和投资产生的大量离岸人民币回流，进而影响人民币国际化进程。

2. 缺乏人民币离岸债券市场基准利率

目前，在自贸区和保税区进行跨境资金池、跨境转手买卖、跨境贸易融资资产转让等货币市场业务，虽然可获得“真实交易背景”事后监管的好处，但都不是真正意义上的“离岸”概念。“离岸”的基石是适用离岸人民币利率。凡是非居民持有的人民币都应享受离岸利率。“自贸债”除了包含“点心债”之外，还涉及“外币债”，其概念外延更宽。上海建设离岸人民币债券市场，即所谓人民币“在岸的离岸”债券市场，必然包含了“点心债”的全部，还旨在将分散的人民币离岸债券的一级市场和二级市场集聚到上海，逐步形成既具有中国特色又对接国际的人民币债券离岸市场。然而，目前离岸人民币债券的发行频率和规模都不尽人意，其作为基准利率的功能尚未显现。只有以离岸债券利率及收益率为基准，才能“盘活”自贸区各类跨境人民币信贷及其他资产业务，让非居民不仅获得便利而且还获得收益。

3. 人民币离岸债券市场监管有待完善

主要涉及以下两个方面：一是人民币跨境流动监管方面，在自贸区内FT账户的离岸人民币存量受到一定额度限制，离岸人民币从自贸区到境内受到外管属地监管，对发行人存在政策不确定性的问题。二是“多头监管”

等制度性问题突出。体制机制不健全是造成国内债券市场开放度较低和离岸债券止步不前的根本原因。目前，债券市场监管涉及中国人民银行、财政部、证监会及银保监会。同时，我国债市后台设施主要包括“中债登”“上清所”及“中证登”，离散的设施架构导致境外投资者须在三家机构开立账户后方能全面进入我国债市，增加了程序性交易成本；监管机构之间各自为政，导致本质无异的债券被赋予不同称谓及规则，这无疑人为地增加了发债成本和交易难度，不利于境外主体对信用类债券的积极投资。此外，国际债券，特别是外国债券和离岸债券，还涉及跨境监管的协调，需要明确的机构代表“行权”，而目前各部门监管权限杂乱交织，监管边界不清晰，责任划分含混模糊，很难为债券纠纷的化解提供清晰的责任主体。除此之外，证券评级及会计审计的规范性和国际互认进展缓慢，增加了外资投资国内债券市场以及在上海发行离岸债券的发行成本。长期以来，能同时满足会计和审计“域外准则境内适用”的只有中国香港地区，境外主体境内发债一般会绕道中国香港地区。而美国、欧盟、英国等国家和地区的规则互认，已经覆盖几十个国家和地区。

（三）加快人民币离岸债券市场建设的几点建议

对标国际通行规则，与中央及上海市相关部门研究，形成上海自贸试验区开展“在岸的离岸”债券市场整体制度性安排，破解“规模小、发行难、监管散、成本高”的问题。

1. 试点发行国债扩大上海人民币离岸债券市场的规模

没有“初始”规模就没有债券市场的“深度”，香港的“点心债”市场深度，是靠财政部发行国债发展起来的。自2011年起，在港发行人民币国债已成为一项长期的制度安排。建议财政部未来的国债发行首选在上海自贸试验区人民币债券离岸市场，并形成一个制度安排。在目前境内超20万亿元的国债市场中拨出部分存量国债（1万亿元左右）进行试点，由工行、农行、中行、建行、交行等境内主要大型银行在自贸试验区面向全球投资者报价，开展离岸交易，并通过灵活的离岸市场双边报价机制，吸引境外投资者参与，在盘活存量国债的同时，让全球投资者更关注到上海离岸人民币市场。

同时，采用“本币优先”原则，就是便利离岸人民币回流到“在岸的离岸”债券市场。因为这部分离岸人民币的进出不影响境内的通胀和通缩。通过提高需求量或扩大 FT 账户存量（人民币资金池），变相支持离岸人民币债发行；通过各种担保和背书，降低“自贸债”发行门槛。此外，要将减少发行美元债提升到国家安全的高度，因为亚洲金融危机和拉美金融危机都是源自对发行美元债的无监管控制。

2. 支持境内外主体发行“自贸债”

吸引全球，尤其是国内企业在上海浦东发行离岸人民币债券。香港是全球最大的离岸人民币债券市场，其发展除政府推动外，市场机制发挥着重要作用。受人民币升值预期的影响，众多国内企业纷纷赴港发债，且利率相对较低。新冠肺炎疫情之后，中国经济恢复较快，足以支撑人民币币值的稳定，上海浦东可以借此机会以人民币升值为契机吸引企业以较低的利率发债。

面对全球货币负利率对“自贸债”发行带来的挑战，采取“本币优先”原则，需要以下三点配套措施。一是取消对回流到上海自贸试验区债券市场的离岸人民币限制，放大 FT 账户人民币资金池存量额度，离岸人民币流入境内由外管登记改为事中、事后监管，通过担保和背书降低发债门槛，支持“自贸债”发行。二是协调国家发展改革委，引导中资企业和金融机构在外债管理框架下，鼓励政策性金融债、企业债券、金融机构债券等各主要券种，以及上海、长三角、全国的优质发行主体，在上海自贸试验区发行“自贸债”。三是将减少发行美元债的认识提升到国家安全的高度，因为亚洲金融危机和拉美金融危机都是起源于对发行美元债的无监管控制，一旦美联储加息，将会引爆危机。

3. 率先尝试债券登记统一、监管部门协调统一

坚持“主场原则”，在开放中掌握主动权，将人民币离岸债券的资产和资金托管账户、登记结算等核心业务环节和相关服务留在上海。可在浦东率先尝试实现监管协调部门和债券登记部门的统一，通过金融基础设施提供的证券“账本”有效防范离岸市场的相关风险。根据场外市场为主的规律，由“中债登”实行“中央登记、穿透监管”等符合国际推荐标准的基础制度安排，按照“交易前台多元化、托管后台一体化”的国际经验构建人民币债券离岸市场，允许债券在多元化的前台进行交易，并由统一的登记结算托管机构进行托管结算。具体执行是由“中债登”利用全信息风险管理系统（Full Information Risk Management System，FIRMS），直接与中国人民银行、财政部、发展改革委、证监会以及银保监会保持沟通，既保留原有平台专业化，又保留监管“会诊”优势。随着时间和技术成熟后，逐步实现“统一后台 + 统一监管”。

4. 积极培育与国际接轨的市场发展环境

一是对接国际债券市场法律前沿，提供国际水准的法律供给和政策供给，明确相关法律适用及法律管辖安排，引导和鼓励发行人采用国际通行的144A、Reg S 等发行规则，以规范交易规模、目标投资者、信息披露和会计报告等要求，并将司法或仲裁机构约定为上海金融法院、上海国际仲裁中心，在发生纠纷和索偿等情况时，为投资者和企业提供相关的争端解决机制和配套服务，如民事法庭程序和调解及仲裁程序；二是简化发行审核程序，推动债券评级、会计审计与中国香港、欧美等地互认，培育能与惠誉、穆迪和标普竞争的本土债券信用评级机构；三是缩小与其他离岸债券市场的利息税或资本利得税差距，虽然不能做到如中国香港、迪拜、英属维尔京群岛和开曼群岛似的免税，但希望降到与新加坡 8% ~15% 相当的水平。所有对接国际规则和措施的落实需要予以浦东地区立法权。

三、发展离岸人民币信贷及其他便利

（一）完善对经营离岸人民币业务商业银行账户的问题

目前OSA（交行、浦发、招行、平安）、NRA（国际资金主账户）或HNRA的离岸人民币存款免交存款保证金，设立离岸系统上线（建行、交行、兴业）；上海则打通FT账户与其资金划转作为创新，也就是将自贸区内居民主体与境外非居民主体等同看待；海南更向前走了一步，即将FT账户定位为离岸账户。由于账户多层次造成没有统一的总体离岸信贷数据，估计2019年非居民在外汇存款和贷款中的占比约为29%和61%，而它们的人民币存款和贷款比重很低。

海南在一些地区开展本外币合一的银行结算账户体系的试点。外汇管理局批复同意在海南自由贸易港开展合格境内有限合伙人（QDLP）对外投资试点，并给予50亿美元试点投资额度。目前，外汇管理局海南省分局已经制定了QDLP试点的管理办法，正在组织推进具体的试点工作。中国人民银行、银保监会、证监会、外汇管理局发布《关于金融支持海南全面深化改革开放的意见》，明确在风险可控前提下，允许海南自由贸易港内合格境外有限合伙人（QFLP）按照余额管理模式自由汇出、汇入资金，简化外汇登记手续。将海南自由贸易港纳入QDLP试点，给予海南自由贸易港QDLP试点基础额度，每年可按一定规则向其增发QDLP额度。这些都给上海的离岸人民币账户进一步开拓带来很大启示。

（二）目前商业银行经营的离岸人民币业务品种分析

根据各家商业银行的介绍，目前商业银行经营的离岸人民币业务主要有：银团贷款（投融资）、贸易融资（结算）、资产业务（信托、证券、租赁、保险……）以及平安银行“管家式”离岸金融服务，针对中国“走出去”企业跨境全运营周期，提供全过程跟随式离岸金融服务。

上海可否在海南的基础上有所参考和创新？国务院是否支持符合条件的外资机构在海南获取支付业务许可证？是否放宽在海南就业的境外个人开展包括证券投资在内的各类境内投资？是否支持境外投资者投资海南自贸港内金融机构发行的理财产品和资管产品？是否扩大境外人民币投资海南金融产品的范围？是否试点扩大可跨境转出的信贷资产范围和参与机构范围？这些对于上海浦东建立离岸人民币市场具有重要启示。

（三）离岸业务将成为货币国际化的主要“载体”之一

传统衡量货币国际化的“交易媒介”“价值储藏”和“计价货币”正逐步被当今更为现实可行的“规模性”“流动性”和“可信度”所覆盖。通过“可信度”，即便那些负利率或零利率货币仍旧可以成为国际货币或“避险货币”；国际货币体系（无论是布雷顿森林体系还是牙买加体系）的一些规则被各国“架空”，取而代之被更为现实中的货币“网络外部性”所替代；而“规模性”和“流动性”则与“网络外部性”互动，作为那些国际货币的国家更愿意通过离岸业务维持其原有的特权，同时又让离岸金融对本国国内货币政策的冲击降到最低。

“离岸”两字本身就意味着境内外政策有别（也可视为资本账户部分管制）。IMF 定义离岸金融为银行和其他中介机构向非居民提供金融服务，包括从非居民吸收存款和向非居民贷款的银行中介作用，以及基金管理、保险、信托业务、资产保护、公司规划和税务规划等其他服务。在资本账户尚未完全开放的约束下，推进人民币离岸业务的需求就应运而生。

发展货币的离岸市场有助于扩展其网络外部性。Murau 等（2020）认为，在金融全球化世界中，国际货币体系是一个有阶层的结构，该体系的一个关键特征是离岸美元的创建，这一特征在 20 世纪 50 年代和 20 世纪 60 年代与布雷顿森林体系共同发展，并在20世纪70年代取代它。自2008年美国次贷金融危机以来，这种“离岸美元体系”一直受到美联储向其他主要央行延伸的“央行互换额度”网络的支持。似乎作为SDR篮子货币（美元、欧元、英镑和日元）都存在各种离岸市场业务。其共同特点是：①在岸利率与离岸利率存在差异，但两地汇率则无差别。通过“特设”账户（都存在变相的资本账户管制）不仅将那些“流失”境外的原本土的银行业务“重新拉回”到境内，而且不会对本国的基础货币和货币政策产生很大影响。②在本币债务高企的同时，其利率趋势线在不断下滑以降低本国债务成本。低利率货币恰恰是“避险货币”特征之一，因为低成本也容易被发展中国家企业作为“融资货币”。然而一旦出现危机预警，美联储就会拉升利率来促使资金回流，与此同时，这些（非居民）企业累积的债务危机就爆发了。③巨大的离岸货币市场为货币发行国家的（境外）非居民提供了充足的流动性。当然，由于流动性与融资成本是负相关关系，较强的流动性也是货币国际化竞争的“利剑”。

（四）离岸人民币业务的“两类循环”模式中要关注问题

虽然离岸市场业务与货币国际化之间的相关关系不可否认，但自从2008年中国开始提出人民币国际化以来，学者中还是存在两种路径的争议，即“贸易结算+离岸市场”还是“资本输出+跨国企业”。易纲（2018）认为，离岸市场发展是人民币国际化的四大支柱之一，应借鉴美元国际化的经验，使离岸市场和在岸市场良性互动且有所整合。为此，离岸人民币业务在以上两方面都要予以跟踪研究。

本文在此借鉴日元国际化的案例来解读。可将“内资”非居民从事的离岸业务称为“内循环”模式离岸业务。似乎日本资本账户基本可兑换，日本银行业可以将离岸筹集的资金“绕弯”先贷给诸如中国香港地区、英国伦敦等境外分行，境外分行再将这些资金以“离岸”日元的形式借给日本国内企业，离岸资金得以绕过离岸金融监管回流日本国内，实际上并没有实现真正的内外分离，却上演了一场日本人“自己人玩自己人钱”的“再贷款游戏”。在国内存在金融管制的情况下，离岸的廉价流动性通过“再贷款”流向股市和房地产市场，直接导致了20世纪90年代初的泡沫经济。离岸市场玩家以日本跨国企业为主。此外日元汇率的频繁波动也不利于大企业选择日元作为国际结算货币。这些因素导致了离岸日元的境外交易需求缺乏市场深度与广度。

“内循环”模式的离岸业务能在多大程度推进人民币国际化？陆简（2018）发现，目前离岸人民币货币创造中存在基础货币顺周期变化、存款派生不足、存款灭失过度等特殊性问题。具体原因有：第一，由于境内人民币资金收益率高于离岸市场，造成离岸人民币资金回流境内，这就出现“存款漏损”高现象；第二，离岸利率波动剧烈、人民币成本较高造成贷款业务不活跃，从而影响离岸存款派生；第三，离岸市场存在较高的实质存款准备金率，影响存款派生规模（伍戈、杨凝，2013）。其中，如果以境外企业为对手方业务，无论货物贸易出口业务还是FDI业务都会有减少离岸基础货币的倾向，若是货物贸易还会减少离岸人民币的存款。如果境外银行通过开展资产业务（贷款、购汇、购债）派生存款的过程则会增加离岸人民币存款，但对离岸基础货币却没有影响。总之，离岸市场人民币“回流”境内不会有助于扩大离岸人民币市场的深度与广度。

“外资”非居民从事的离岸人民币业务称为“外循环”模式离岸业务（属于“体外循环”）。在离岸市场上，人民币只是众多离岸货币中可选项之一。境外主体大多只是以人民币与中国（内地和香港）进行跨境结算，这并非真正意义上的国际结算。通过跨境结算得到的人民币也并未被长期持有，而是在离岸市场上兑换成美元等外币，造成离岸人民币大幅“灭失”（陆简，2018）。这些离岸人民币的增减与美元指数（与人民币汇率负相关，图1）和两地利差（正相关，图2）存在一定“对冲”或“套利”关系。虽然在离岸市场将外币兑换人民币进入境内会减少离岸人民币存量（“灭失”），但其对中国境内货币政策效应的冲击则是最小的。可以这样来推测离岸人民币市场深度：离岸人民币存款由跨境人民币净支出和离岸人民币存款净派生共同决定，离岸基础货币由跨境人民币净支出和跨境同业净支出共同决定（陆简，2015）。由于网络外部性及流动性偏好，“外资”非居民在其离岸业务中更倾向使用美元，就如日本东京离岸市场从初始的日元主导到目前转向美元主导一样。“外循环”模式的离岸人民币的市场深度还值得我们继续探索和挖掘。当前更应关注其货币派生需求不足（通过信贷、购汇和购债等形式派生的流动性）。就目前的离岸人民币市场规模分析，还远远没有达到担心“特里芬两难”现象出现的地步。

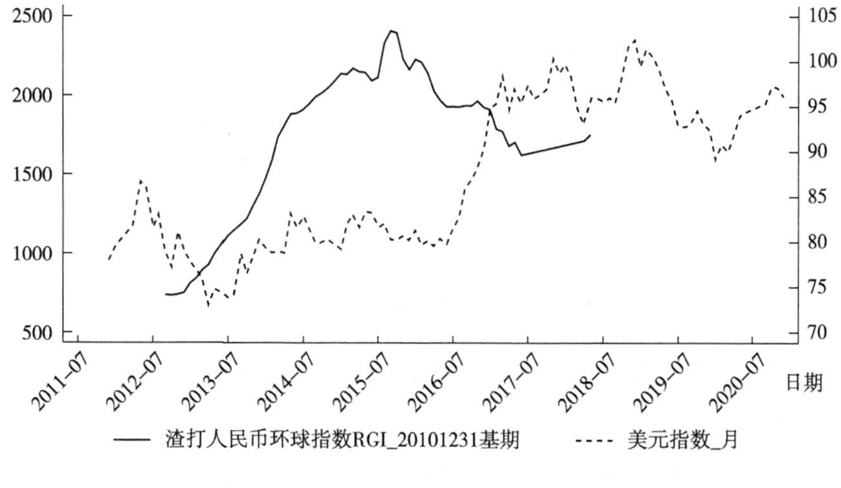

图 1　人民币环球指数与美元指数的关系

（资料来源：人民币环球指数源于 Wind；美元指数源于 CME 和美联储）

无论是“内循环”还是“外循环”，人民币离岸业务的当务之急是扩大该市场的深度和广度。同时尽可能减少“内循环”中政策套利现象的出现。目前的离岸人民币资金池规模还远远不能与其他 SDR 篮子货币相比。在利率下调受限条件下，规模和流动性偏好直接影响其成本（筹资、管理、税负、

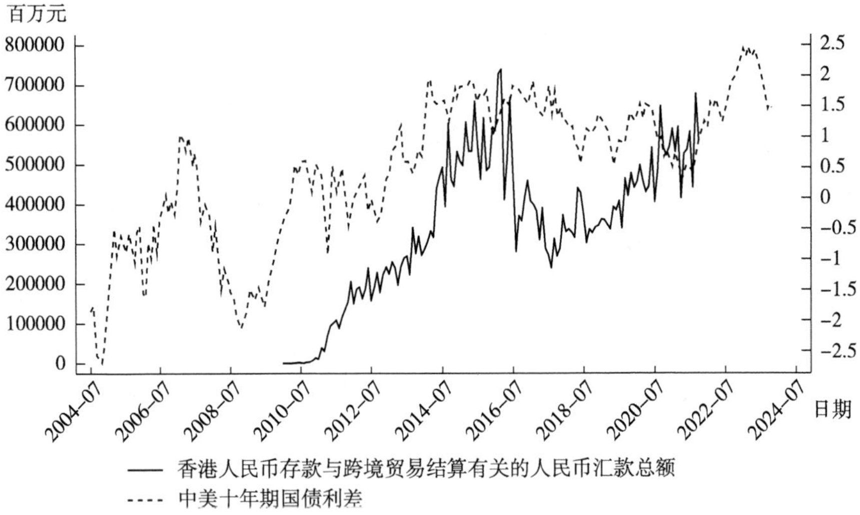

图 2　香港人民币存款汇款与中美国债利差的关系

（资料来源：香港人民币存款汇款源于 Wind；中美国债利差源于中债登和美联储）

贷款利率和担保成本等），为此通过提高规模和流动性才是推进离岸人民币业务的重中之重。

（五）离岸市场对在岸市场可能造成的冲击评估

是否会出现在岸与离岸银行抢生意现象？美元、欧元等货币离岸市场的发展表明，离岸银行最终将对在岸金融及非金融机构持有大量敞口，这类敞口的增长或者变动都会对在岸市场的政策构成挑战。据估计，20 世纪 90 年代初期，世界货币存量的 50% 通过离岸市场周转，世界私人财富约有五分之一集中于离岸市场，五分之一的银行资产投资于离岸金融市场。BIS 认为，中国也将面临类似的问题。离岸市场的贷款利率可以设在规定的最低贷款利率之下。这将给离岸市场上的外资银行提供增加信贷市场占有率的机会，但对于监管层来说，外资银行信贷市场占有率提高，将使其窗口指导的效用大打折扣。

随着离岸市场的发展，离岸人民币交易量超过在岸，引发监管部门关注。离岸金融业务是属于批发性银行业务，存贷款金额大，交易对象通常是银行及跨国公司，而与个人无关，其业务通常为引进外来资金，再将资金贷给外国。如具有弹性的多元化的利率结构，能够调和不同货币、不同期限的资金供需。在此段期间，无论是短期（一年以内）资金交易的欧洲货币市场，还是长期资金交易（一年以上）欧洲债券市场都取得了迅速的发展。当前，伦敦之所以成为全球最大的外汇交易中心，在于伦敦拥有全球最为活跃的美元离岸交易市场（日均约4620亿美元），伦敦的美元交易量比美国本土还要高（日均约2360亿美元）。随着中国经济的高速发展，人民币的境外流通量日益扩大，据粗略估计，仅在香港一地流通的人民币就达到500亿元之巨，但经由银行流动的不到五分之一，开展人民币境外交易的呼声越来越高，已引起中国人民银行有关官员的高度关注。

离岸金融业务的无（低）准备金优势提升了商业银行货币创造能力，转而对境内货币政策效果造成冲击。人民币国际化发展之初，政府鼓励香港的银行开展人民币存款业务，然后多余资金会流回到其内地的分支机构。由于开办离岸金融市场业务的银行不需要向中央银行缴存准备金，不受法定存款准备金比率的约束，离岸银行的准备金略有增加就能创造大量的贷款，其货币创造乘数比内地银行高。因而有能力为客户提供利率更加便宜的贷款，因此不能排除内地银行想方设法在香港购买人民币贷款，还有可能产生大量国际性人民币流动资产，造成中国人民银行信贷管理的困难，引发一些难以预料的后果。

离岸银行的扩展减少了各国金融市场的分离，独立的国家货币通过离岸金融活动可逃避国内货币紧缩，造成货币流动的无管制，货币政策控制的效应因而降低，从而影响整个宏观经济。在美国，隔夜欧洲美元被列入货币供应量的 M_2、长期欧洲美元列入 M_3 之内，是对离岸金融影响货币政策的显著注解，因此中国人民银行的担忧不难理解。

（六）目前离岸账户体系对离岸信贷的不利影响

目前中国离岸账户体系比较复杂，主要包含境外机构境内外汇账户（NRA 账户）、离岸账户（OSA 账户）和上海自贸区的自由贸易账户体系（FTN）。实际上，NRA 账户体系的离岸账户特征较弱，在岸特征较强。NRA 账户包括外币 NRA 和人民币 NRA 两部分，都对照相应币种在岸账户进行管理。由于不能用 CNH 牌价在境外结售汇，NRA 里面的人民币不是离岸人民币。NRA 外币账户跨境交易受外管局管理，NRA 人民币账户跨境交易受人民银行跨境部（宏观审慎司）管理，都受到严格约束，经常项下需要审单，资本项下需要办理外债等登记，有些还需要商务部门或发展改革委批准。另外，NRA 账户本身有严格收付要求。2020 年 12 月 11 日，金融机构跨境融资宏观审慎参数由 1.25 下调为 1。更为严重的是豁免项目也做了调整，外币 NRA 存款，外币境外拆借需要占用额度。

OSA 是一个特殊产物和历史遗留，历经放开收紧再限定四家银行办理后，没有进一步推广。从当前情况看，由于非居民反洗钱风险和司法管辖和监管等原因，市场规模和账户数量有所萎缩，未来也不太可能再增加可办理的银行。OSA 从账户规则设计上不允许打通到境内在岸外汇市场进行结售汇。

对于我们最为关心的 FT 账户，也存在诸多问题导致其便利性不足，流动性较差。第一，自贸区账户的资金出境便利性差，“叶公好龙”现象突出，本来自贸区账户上的资金就应该自由进出，但由于人民币汇率贬值和外汇储备下滑压力等诸多因素，账户上资金还是要通过再审核。第二，FT 账户不如香港的 OSA 享受税收优惠多，可以开立自贸区账户的企业都基本有资格在香港开账户，享受零税收优惠，没有必要来上海开立自贸区账户。第三，FT 账户办理和使用手续较为复杂。

（七）未来"国际金融中心＋离岸本币业务"的模式

世界各个国际金融中心几乎都要匹配本币的离岸业务（批发＋资管），其存在不断提供着市场导向和业务创新信号。从离岸市场的特征来看，除了传统的三特征（①存贷利差小，浮动为主；②无法定准备金；③免税）之外，离岸中心是以大宗批发交易为主的银行间市场，并以银团贷款（"集团军作战"）为特征。

上海浦东和临港新片区可以作为开拓人民币离岸业务"先行先试"地区。根据2019年分地区人民币跨境收付统计，上海占据50.1%，这最符合"批发"特征的"集团军作战"。非居民持有境内人民币金融资产的排序（从高到低）分别是：债券→股票→存款→贷款，如果再将存贷款相加则高于股票。为此，浦东和临港新片区金融改革开放的重点首先还是离岸债券市场，其次则是离岸银行信贷市场业务。企业根据其成本和匹配的时间跨度来选择离岸债券和离岸银行信贷，哪个成本低就用哪个。一般来说，离岸银行信贷手续和流程较境外发债更短，效率更高，交易成本较低；而作为直接融资，离岸债券发行可满足企业中长期用款需求，而且境外发债往往可以树立企业良好的市场形象，但一般流程较长，交易成本较高。此外，因为离岸债券在偿还时需要占用外汇储备，面对的监管相对较严。

要尊重金融中心发展的内生性。上海长期的历史积累和金融文化的底蕴是不可替代的。上海自贸区离岸人民币市场产品体系也相对成熟，离岸场外交易市场（OTC）的人民币外汇产品包括即期、远期、互换、货币互换、无本金交割远期（NDFs）、期权等。离岸场内交易市场有多种人民币计价的投资产品，如人民币货币期货、人民币交易型开放式指数基金（ETF）、人民币房地产投资信托（REITs）。人民币合格境外机构投资者（RQFII）、人民币合格境内机构投资者（RQDII）、"沪深港通""基金互认""债券通""沪伦通"、黄金国际板等投资渠道陆续放开，取消 QFII/RQFII 投资额度及

RQFII 试点国家和地区限制，进一步便利境外合格投资者入市投资。

对于商业银行来说不仅要经营离岸存贷款业务，还要组织和参与国际银团贷款，要深入探索在离岸授信、离岸同业合作、离岸投资管理和风险担保等业务领域的创新。

总之，“国际金融中心 + 离岸本币业务模式”要达到“规模经济 + 百货商店”的效应，让非居民享受人民币资产管理效应最大化。

（八）进一步完善离岸人民币业务的建议

第一，要处理好坚持巴塞尔协议与开拓离岸人民币业务的对立统一关系。尤其是对离岸金融机构的资本充足率、存款准备金、与国际接轨的税收制度和法律制度。离岸金融业务处于在货币发行国的国内金融体系之外（或“境内关外”），非居民之间以该国货币进行的金融交易或资金融通。离岸金融市场以信贷市场为主体。由于离岸金融市场具有显著的国际性，任何单一监管主体均无法对其实施完全监控。本质上，离岸金融市场的运作是对离岸在岸市场监管体制的“套利”。

离岸金融中心开始受到来自在岸国家和国际组织的压力。美国以及经济合作与发展组织（OECD）采取的措施，包括反洗钱金融行动特别工作组（FATF）识别反洗钱不合作国家和地区，经济合作与发展组织公布有害税制国家或地区的名单等。面对压力，离岸中心需要在透明度和有效信息沟通方面做出更多努力。此外，一些国际团体还将离岸中心套上“环形篱笆”帽子加以围攻。“环形篱笆”政策是指该税收优惠政策仅允许非居民享受，在适用范围上排除国内居民或者国内经济活动，构成了一种“超国民待遇”。OECD 在 1998 年发布的报告中提出，实施“环形篱笆”政策应构成相关国家从事有害税收竞争的证据之一。为此要事先做好离岸活动的税收信息交换，无论是对金融账户涉税信息的自动交换，还是对《双边税收协定》《税收情报交换协议》之下的专项税收情报交换，以及对《多边税收征管互助公约》的多边税收情报交换，离岸中心都有义务履行在这些国际条约中所作出的承诺，及时透明地交换离岸金融活动的税收信息，避免国际投机资本试图利用税收信息交换不对称而逃避监管和洗钱犯罪。因此，在设计自贸区相关配套税收政策时，也必须确保税收优惠措施所针对的金融业务都符合经济实质要求。

第二，进一步简化离岸账户操作程序或“一个窗口”监管才能让非居民最大限度地享受账户上人民币的流动性。因为OSA账户不能办理人民币业务，所以将其排除在本研究之外。而NRA由于人民币兑换不能按照CNH汇率，也不能视为真正意义上的离岸账户。唯独FTN可以视为名副其实的离岸人民币账户。对于NRA来说，也要朝着外汇管理局、人民银行跨境部、商务部和发展改革委一个窗口“统一监管”的方向努力，减少资金划转和兑换的限制，尤其是在人民币信贷业务规模限制方面。对于FTN来说，由于利用的是离岸人民币流动性，不占用境内外汇，分账核算业务操作流程还可以进一步简化。至于其用于股权投资的限制还需进一步（门限参数）研究。虽然人民币利率高于美元和其他可自由兑换货币，造成企业融资“美元化”；但还是可借助离岸市场外币资金利率较低的优势，通过“外币资金+换汇+锁汇”的操作将低成本外币资金转换为人民币资金，成本有时较在岸市场人民币资金更有优势。未来进一步政策层面的推进：让所有离岸账户的“成本”与其他离岸市场成本相协调，相应减免存款准备金和利息预提税也可作为选项之一。

第三，要关注“离岸业务+央行货币互换”来支持货币国际化的“流动性”。2013年10月31日，美联储、欧洲央行、瑞士央行、英国央行、加拿大央行和日本央行，把彼此之间临时性双边流动性互换协议转换成了长期协议，而且，任何当事央行都可在自己司法辖区内以另外五种货币中的任何一种提供流动性。这六大央行的货币联盟被称为是“C6”。这意味着，在主要发达经济体之间，一个长期、多边、多币、无限的超级储备货币网络已编织成型。发达经济体央行之间在货币互换平台上的协同一致，这变相地替代以国际货币基金组织为代表的原有治理机制。2020 年 3 月 19 日新冠肺炎疫情期间，美联储宣布与另外 9 家中央银行建立临时美元流动性互换安排，其中，美联储与澳大利亚、巴西、韩国、墨西哥、新加坡和瑞典各自达成不超过 600 亿美元的互换安排，与丹麦、挪威和新西兰各自达成 300 亿美元的安排。此举其实就是美联储将其货币网络在原有 C6 的基础上向 C9 扩展。经过两次危机的冲击，以美联储为中心的“C6 + C9”货币网络开始形成，美元体系实际上实现了危机之下的“再扩张”，原先以 IMF 为中心的全球金融治理体系出现了分裂的迹象。截至 2020 年 6 月 19 日，中国央行已经与 39 个国家的银行签署了货币互换协议。至此，人民币已经成为世界第一大货币互换圈，总规模达到了 3.47 万亿元人民币。自 2021 年以来，泰国、印度尼西亚和许多其他国家都与中国续签了这一协议，人民币货币互换网络逐渐形成。

第四，上海可以探索他国离岸银行业务部的做法。离岸银行业务部（OBU）是一家位于另一个国际金融中心的银行空壳分行。例如，一家总部位于伦敦的银行在德里设有分行。离岸银行部门接受外国银行和其他 OBU 的存款时，会在欧洲货币市场发放贷款。地方货币当局和政府不限制 OBUs 的活动；但是，不允许它们接受国内存款或向它们所在国家的居民提供贷款。总的来说，OBUs 可以在国家法规方面享有更大的灵活性。由于税务原因，必须向持有人的母国申报离岸银行账户；然而，一些国家允许外国人免税获得资本利得。在某些情况下，离岸银行部门可能是居民银行和/或非居民银行的分行；而在其他情况下，OBU 可以是一个独立的机构。在第一种情况下，OBU 由母公司直接控制；在第二种情况下，尽管 OBU 可能采用母公司的名称，但实体的管理和账户是分开的。一些投资者有时可能会考虑将资金转移到 OBUs，以避免征税和/或保留隐私。更具体地说，代扣所得税的免税和离岸借款等活动的其他“一揽子”减免措施偶尔也有。在某些情况下，可以从 OBUs 获得更好的利率，离岸银行部门通常也没有货币限制。这使他们能够以多种货币发放贷款和支付款项，往往能提供更灵活的国际贸易选择。

第五，继续改善、推广、盘活 FT 账户。FT 账户不仅是上海进行人民币跨境业务的窗口，也是进行资金跨境监管的抓手。FT 账户是上海自贸区金融改革的重要成果，作为本外币一体化账户，可以提供包括跨境融资、跨境并购、跨境理财、跨境发债等在内的经常项目和资本项下的本外币一体化金融服务，是打破国内复杂账户体系的重要尝试。为进一步改善、推广、盘活 FT 账户，首先，可采取类似“白名单”的措施，允许真正因实体经济活动而产生资金跨境需求的企业通过 FT 账户适度进行外币跨二线，建立通过实体经济而产生的境外人民币资金回流机制。其次，更加丰富 FT 账户的使用场景，进一步健全 FT 账户功能，提升非居民用户使用自由贸易账户的积极性。最后，以 FT 账户为试验田，推广全新的本外币一体化账户体系，终结复杂账户体系格局。在中央的领导下，上海市委市政府、人民银行、外汇管理局等协调一致，相互配合，出台有利于 FT 账户推广的全新举措，并进行明确的政策解读，减少政策误读，切实降低银行及企业成本。

四、资本账户可兑换新路径

目前来看，要想切实推进临港新片区资本项目可兑换进程，需要的是政策。落实非金融企业资本项目可兑换政策，启动个人资本项目可兑换试点；在政策支持下，进一步完善 FT 账户，以 FT 账户为蓝本形成统一的离岸综合数字化人民币账户体系，统一监管信息报送平台，才能够真正地推动新片区资本项目可兑换。

（一）机制设计不利于 FT 账户功能发挥

中国的资本账户可兑换和资本账户开放问题根本上还是监管层面是否“放心”放开这一问题。当然资本账户可兑换和资本账户开放的推进需要满足一系列前提条件，在这些前提条件没有达到之前，渐进开放资本账户是合理的选择。然而对监管体制的改革往往存在惯性，导致资本账户可兑换改革十分缓慢。上海自贸区以及自由贸易账户的出现初衷之一就是要尝试推进金融开放和资本账户可兑换，形成可复制可推广的经验，进而在全国其他地区进行推广。然而，由于监管限制，FT 账户天生“四不像”，FT 账户设计推动资本账户开放的一系列改革没有得以发挥。这不是 FT 账户功能上“做不到”，而是政策上“不让做”。

离岸账户存在的原因是在岸账户及其业务受到相对比较严格的限制或监督管理，这些限制可表现在账户开立条件、开户币种及可兑换程度、利率和汇率决定、存款准备金是否缴纳、交易和所得是否缴税，以及结算、清算和平盘安排等诸多方面。相对于在岸账户，离岸账户通常在上述领域享受更宽松、优惠的政策条件，对开户主体而言具有相对较强的吸引力。

目前中国商业银行核心业务系统主要有三类：一是本外币业务系统，二是海外（离岸）业务系统，三是上海自贸区 FT 账户业务系统。FT 账户业务系统则独立于本外币业务系统，须按“标识分设、分账核算、独立出表、专项报告、自求平衡”的原则进行独立、分账核算。境外（离岸）业务系统一般由建立了境外（离岸）业务及其系统的商业银行总行建设、管理，并可广泛延伸覆盖其境外分支机构。本外币系统、FT 系统均属于在岸系统，接受中国法律法规和监督管理。从法律角度看，要清晰规则管辖，而境外系统除了系统集成和最终并表由中国司法管辖外，其境外部分主要遵从所在国（或司法管辖区）法律法规和监督管理规则。在跨境资金流动监测管理方面，相应地形成了三套信息管理系统，即针对人民币账户的 RCPMIS、依托于外币账户的 BOP 系统以及针对 FT 账户的 FTZMIS，这三套系统之间也是完全独立的。这些大大增加了商业银行业务系统的复杂性，提高了合规管理、操作管理、系统建设和营运维护的成本和难度。人民币账户和外币账户下，针对各类不同业务、特别是诸多还存在较多管制的资本项目业务，还需要开立各种独立运行和管理的专户，最多有数十种。可分为针对境内市场主体的人民币银行账户、外币银行账户和针对非居民的人民币 NRA 账户、外币 NRA 账户。在上海，符合条件的个人、企业和机构还可开立 FT 账户。此外，非居民还可以开立离岸账户。因此，FT 账户本质上是一个基于现有账户系统的在岸特殊账户体系。

从 FT 账户功能看，上述制度安排必然导致 FT 账户存在功能缺陷。一方面，作为在岸账户体系，FT 在结算、清算及其流动性安排上按离岸跨境管理，与在岸本外币账户体系，特别是人民币账户体系产生了割裂，使之无法完整享受在岸账户体系及现代化支付系统在流动性以及相关交易、结算、清算等基础设施方面的保障。特别是 FT 账户开展业务所产生的本外、币资金敞口，只能在区内或离岸自求平衡进行平盘清算，这意味着即使是人民币资金，FT 账户业务也没有明确的清算机制安排，得不到在岸总行或中央银行货币的流动性支持。

另一方面，作为准离岸账户，FT 账户受制于在岸法律法规以及 FT 账户和业务管理制度，在账户物权属性、监管规则、准备金要求、利率汇率决定、税收优惠等方面并不能享受国际上通行离岸账户的好处，即使是在结算、汇兑等常规业务方面，也不能像真正的离岸账户那样，在账户交易和资金期限、流动性、币种汇兑管理上直接纳入银行境外核心业务系统，并比较自由地参与离岸国际市场，相关业务很大程度上受限于上海 FT 账户试验区范围内，交易参与者数量较少，交易同质性较强，交易活跃度较差。因此，FT 账户无论是作为在岸账户还是作为准离岸账户，在功能上都是不完整的，在结算效率和清算安排上先天不足，很难提供高效率、低成本、真正有国际竞争力的账户服务。

自由贸易账户是上海自贸区探索资本账户开放的重要尝试，虽然自由贸易账户原则上实现了本外币一体化、自由兑换和汇率市场化，但从实际使用来看资本跨境依旧存在阻碍。部门利益冲突和实需原则的存在和不可动摇在很大程度上影响了资本账户可兑换政策的实际效果。另外，临港新片区推出的相关金融改革政策，如“金改50条”等，涵盖的范围太广，涉及部门较多，而联合发布部门较少，这使政策落实存在诸多困难，比如政策中涉及的税收优惠政策，由于目前财政吃紧而得不到落实。FT账户早期准备试验的很多涉及金融账户开放和资本项目可兑换的业务并没有真正得以开展，相当数量和比例的FT业务实际上还是局限于现有本外币账户都能开展的跨境结算和兑换业务，可以说在金融账户开放和资本项目可兑换方面，FT账户至今并没有形成太多可复制、可推广的经验。应该承认，这些领域不是FT账户在功能上“做不到”，而是政策上“不让做”。根源在于“多头”监管。

（二）数字统一账户体系为实现资本账户可兑换提供可能

出于监管限制，实际上自贸区和新片区资本账户可兑换改革不可能在短期内实质性推进。目前能够做的是让临港新片区已经推出的金融改革措施真正落到实处，取消监管“玻璃门”。比如负面清单制度的实施虽然明确了外资机构的业务开展范围，但各项业务开展都需要展业资质审核，在这方面外资往往因“水土不服”或无法得到公平待遇而面临“玻璃门”。临港新片区资本账户可兑换改革过程中往往面临这样的问题，以至于FT账户的优势功能不能得到发挥。除此之外，FT账户本身不具有离岸账户的诸多优点，如存款准备金是否缴纳、交易和所得是否缴税等，在目前监管所限范围内，降低存款准备金、降低甚至取消所得税（参考新加坡和中国香港）有助于吸引外资和增强FT账户的活力。

统一人民币账户和监管信息有助于资本账户可兑换。首先要统一人民币账户。建立一套全面数字化账户体系可能是更好的选择。从长远看，建立一个全国统一、规则清晰、本外币合一、账户内可自由兑换的账户体系，应是我国账户体系发展的最终目标。目前我国商业银行核心业务系统主要有三类：一是本外币业务系统，二是境外（离岸）业务系统，三是上海自贸区FT账户业务系统。三类账户及其监管相互独立，复杂的账户体系不利于资本可兑换和资本流动。其次要统一监管信息系统。在跨境资金流动监测管理方面，相应地形成了三套信息管理系统，即针对人民币账户的RCPMIS、依托于外币账户的BOP系统以及针对FT账户的FTZMIS，这三套系统之间也是完全独立的。因此，应该在全面数字化技术上打通监管壁垒，实现信息互通，清晰规则管辖，便利账户统一。

目前我国境内有两套离岸账户体系：一是限于交通银行、上海浦发银行、招商银行和平安银行以及外资银行的外币离岸账户体系，该体系仅针对非居民法人开展外币（可自由兑换货币）业务。二是新疆霍尔果斯国际边境合作中心创新业务账户体系，该账户体系除了针对符合条件的非居民（企业机构法人和个人），还允许合作中心内注册的中方企业开立账户，但该账户仅限于开办跨境和离岸人民币业务，不得从事外币业务。总体看，与国际上常见的一般离岸账户相比，我国现有离岸账户受限较多，允许开展的业务范围、结算便利性和服务竞争力都十分有限，很难有长足发展。要认识到实际上NRA账户与FT账户类似，也具有过渡性、折中性，在性质上属于在岸账户，在功能上具备一定离岸账户功能但与FT账户一样存在诸多缺陷，在开户准入、资金管理、结算清算效率上很难具备国际竞争力，无法发展成为真正意义上的离岸账户。

未来离岸账户的设置需要考虑以下问题：账户存款是否征收准备金？交易和所得是否有税收优惠？账户交易和结算规则如何？利率和汇率采用什么基准、如何确定？头寸平盘和清算安排如何？流动性如何保障？根据这些问题，我们提出统一的数字人民币账户设想。

第一，账户性质上，建立一套本外币一体化、离岸人民币优先的银行账户体系，业务上与国内现有本外币账户系统形成跨境关系。

第二，系统平台上，建立在大型银行现有境外核心业务系统之上，不需要另行开发核心业务系统，类似于大型商业银行在境外新设分支机构，技术成熟，可在较短时间内完成系统搭建并投产。对没有海外核心业务系统的商业银行，则需要另行开发系统。

第三，在核算上，纳入商业银行的境外系统，进行境外并表核算。不遵从我国在岸账户的准备金、税收管理等政策，主要遵从当地（未来离岸的海南自由港）的相关政策，与国际自由港建设目标和相关制度能较好吻合，对标国际，使这个账户体系在服务上真正具有国际竞争力。

第四，在平盘和清算安排上，面向全球的离岸平盘和人民币清算机制相结合。一方面，较之于 FT，该账户体系及其业务依托于商业银行境外核心业务系统，因此无论是政策上还是技术上，都允许它们作为离岸金融业务直接参与全球金融市场，可较好地解决交易深度、广度和流动性问题。另一方面，还可建立类似于香港目前的人民币清算安排，加大对海南国际自由港的支持力度，即通过指定中资银行当地分行作为清算机构接入内地 CNAPS 或 CIPS 的方式，解决人民币清算及其流动性保障问题，为自由港提供高效率的清算安排，确保其国际竞争力。

（三）未来方向必然是推进央行数字货币跨境便利国际支付

数字货币的跨境推广会大幅降低资金跨境成本，便利进出口商和货币国际化。传统代理行模式的跨境支付成本高、耗时长，而使用分布式技术的数字货币跨境成本低，速度快。美国的商业银行通过代理行网络进行跨境支付的平均成本在 25 美元至 35 美元之间，是其国内支付平均成本的 10 倍多。一笔跨境支付交易通常需要 3 ~5 天。原则上数字货币点对点交易特征可以绕过中间环节，绕开 SWIFT，时间上达到天内，甚至秒达。

数字货币领域的竞争将是未来国际货币竞争的主要阵地。由于比特币等一系列算法数字货币币值不稳定，锚定某一资产（货币、债券或者数字货币）的数字稳定币发展迅速。自 Facebook 推出数字稳定币 Libra 以来，各国央行对央行数字货币（CBDC）的重视程度进一步提升。目前国内禁止一切私人机构发行数字稳定币，即便是完全锚定人民币资产也不可以。从国际上来看，无论是欧洲还是美国都认为，在没有相应的法律标准和监管标准之前，应该禁止所有数字稳定币项目。目前，央行数字货币具有一切数字稳定币所能实现的全部功能。因此，将数字货币和统一的人民币账户结合起来，实现数字人民币的跨境支付对于便利资金跨境，保证人民币国际化水平具有重要意义。

由于央行数字货币的跨境使用会导致资本跨境流动波幅增大，影响国内货币政策传导；同时还会导致外国的货币替代，造成不利的国际影响。因此，目前 DCEP 设计主要是 M_0 的替代，在国内运行。事实上，未来随着各国在数字货币方面的竞争，数字货币跨境是必然。本文认为，随着 DCEP 的全国推行，应该允许数字货币通过商业银行体系逐渐替代 M_2，为之后跨境做准备。

不过在推进数字人民币跨境过程中会遇到诸多问题，货币国际化不仅仅是经济问题，更涉及国际政治利益冲突；且数字货币的推行需要有统一的数字化平台，需要参与各国有先进的通信和金融基础设施。因此，央行数字货币的跨境需要国际政策协调，一种可行的思路是中国央行与各国央行签订数字货币跨境协议，允许数字人民币参与国际贸易和金融活动。在央行协议之下，各主要国有银行可以在临港新片区率先推进数字人民币的跨境工作。另一种思路则是构建区域数字货币，便利区域间数字货币的贸易和金融活动。日本一直在推动亚洲共同数字货币的建立。利用 RCEP 协议签署契机，各国共同组建亚洲共同数字货币，按比例锚定各国货币资产或亚洲货币单位，进一步便利区域间贸易和金融活动。

（四）资本项目加速开放的可能风险提示

虽然本文的主旨是如何推进临港新片区资本项目可兑换，但必须提示资本项目可兑换带来的风险。对新兴市场经济体而言，负债美元化和资本抽逃是两大最主要的风险。负债美元化是指在资本账户开放后，国内企业可以在国外市场以较低利率借入大量美元负债，这会导致借款企业面临汇率和利率双重风险。一旦本国货币大幅贬值，或者美联储加息引发企业还债利率上升，将会大幅度地增加借款企业的债务风险。大量新兴市场国家包括中国民营企业都存在大量美元债务，美国利率及汇率周期性波动对这些国家借款企业的影响很大。日本模仿纽约，在东京设立“离岸银行便利”（International Banking Facility）后，起初日元交易比例较高，但是比不上美元的流动性，市场最后还是变成美元“一统天下”了。亚洲金融危机之前，亚洲各国都先后开放了资本账户，但由于这些国家的境内利率都高于美元利率和日元利率，企业融资“美元化”（外币化），1997 年亚洲金融危机爆发，对外负债所欠的外债突然逆转，加重了亚洲金融危机。以上案例足以说明资本账户开放和设立离岸市场并不一定能推进一国的货币国际化，若处理失当，反而会减缓货币国际化。

资本抽逃主要发生在本国债务违约、全球金融危机、货币大幅贬值等极端情况。当由于国内外综合因素导致本国货币出现大幅贬值，且货币贬值预期不能缓解时，会出现大规模的资本抽逃，造成本国外汇储备丧失，进一步导致“货币贬值—资本抽逃”的恶性循环，对本国经济和国际信誉影响极大。

另外，虽然说资本账户开放是货币国际化的前提，但人民币国际化事实证明货币国际化并非必须依赖资本账户开放。世界上资本项目几乎完全开放的国家有很多，但国际货币仅有有限几种。对于一个经济发展不平衡的大国来说。中国的外汇储备总量虽然在世界排位上去了，但人均外汇储备还远远排在许多离岸市场和经济体后面（见图 3）。所以这就决定了中国居民年度境外购物限额为 2600 美元，购汇额度为 50000 美元。相比较来说，那些早期资本账户开放和采取浮动汇率的国家（美国、德国、法国等）人均收入高

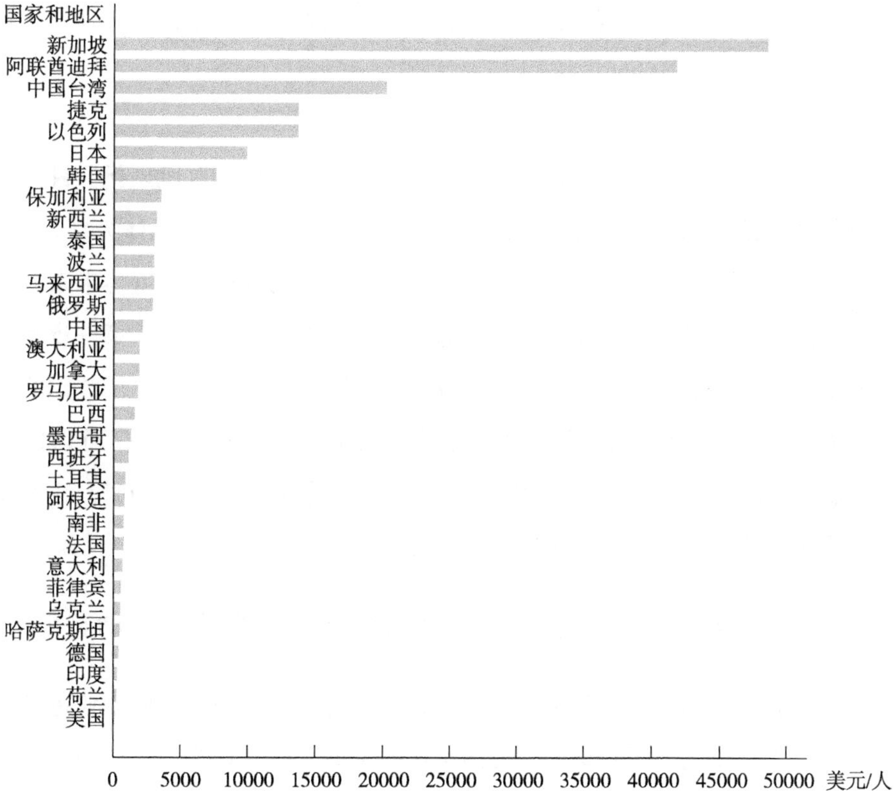

图 3　2019 年部分国家和地区人均外汇储备比较

而人均外汇储备可以稍低一些；比资本账户放开更往前走一步（创建离岸市场）的国家和地区（新加坡、阿联酋迪拜）都是人均外汇储备最高的；并且新加坡元和阿联酋迪拜的迪拉姆都是可自由兑换货币的，但它们货币的国际化程度却比美元、欧元和日元差几个等级。对人民币而言，在汇率市场化没有完成、国内金融市场深度和广度没有建立、市场规则没有与国际接轨、经济基本面不能保证的基础上，加速开放资本项目对人民币国际化的推动作用有限。

五、在临港新片区落实优化“了解你的客户”和“两个平台”

习近平总书记要求上海临港新片区在资本账户开放上有所创新。目前可能的创新就是从源头上将跨境人民币的“源头”分为四类，具体为（1）非居民负债（2）非居民资产（3）居民负债（4）居民资产。这就为未来统一跨境人民币账户提供了定性追踪。临港新片区资本账户扩大开放第一步是建立双层次的数字平台，包括全信息风险管理系统平台和全方位“了解你的客户”数字平台，以此来盘活跨境人民币“四个源头”。临港不仅可以创新“动态真实交易背景”，而且可以在预警中国实际的对外负债的同时，让实体经济真正充分享受跨境人民币资金池的规模效应。

（一）在临港新片区优化“备案制”让“实需原则”动态化

临港新片区调研结果显示，过去静态的实需原则不利于跨境企业进行国际竞争，不利于上海国际金融中心离岸业务发展。研究认为，可以适当放开实需原则期限，允许企业在资金往来半月或一月内提供真实交易证明。将实需原则动态化可以在现有机制基础上拓展资本账户开放新路径，有利于企业与其他离岸市场进行竞争。“动态实需原则”的实施确实会在一定程度上放大资金跨境套利套汇带来的风险，因此在动态“了解你的客户”基础上，优化对企业的“备案制”，用“数字化”架起链接银行、企业、海关、税务等监管等多部门的联合信息监管平台，在大数据监测的基础上对跨境企业贸易流和资金流进行实时监管。同时，可以设置额度限制和“熔断机制”，保证该政策风险可控。

1. 静态的“实需原则”让跨境企业失去国际竞争机会

来自临港新片区企业诉求案例一：某企业不仅提供产品设备，也提供生命周期服务，即后续设备维修与相应技术服务。2020年初受新冠肺炎疫情影响，调研企业技术人员无法去境外为客户实施现场技术服务，便将相关服务委托给境外企业，由此产生一笔仅5000美元的境外支付。由于服务贸易不存在报关单，贸易真实性审核存在困难，且受托人所在地为敏感地区，最终造成跨境支付长时间时滞，丧失竞争力。在境外客户出现一些较小技术问题时，该企业也需要委托就近服务方提供技术服务需求。由此，该企业面临的离岸服务贸易委托服务方跨境支付是一个长期问题。

来自临港新片区企业诉求案例二：该企业参与跨境电商业务。国外企业看好中国市场，愿意在没有交易之前将货物放置在本公司的保税区仓库，当本国购买支付后，货款打入外国公司开立的FTN账户。但对于大品牌以及目前热销的产品，比如奢侈品等，他们不会在没有交易时提前将产品放在本公司仓库，并支付放置费用。由于该公司经营B2C业务，以消费者为主体进行报关，在交易还没有发生时，在没有真实交易背景下，该公司钱出不去；如果钱要出去，需要走一般贸易模式。由于境外融资，无论是美元还是人民币都便宜，如果该公司对外融资购买这些产品则需要在境外（离岸）进行融资，但是该公司没有离岸金融牌照，不能进行离岸人民币融资和支付交易。

以上两个案例是临港新片区调研的真实案例，反映出静态实需原则对人民币跨境支付和融资带来的困扰。目前，实需原则是人民币跨境结算所必须坚持的原则，但这一原则与资本账户进一步开放这一目标“貌合神离”。临港新片区要实现人民币资本项目可兑换，必须在现有法律基础上，实现对实需原则的活学活用。研究认为，过去的真实贸易背景是静态化的，只有企业出具了相关证明材料，外汇管理局授权下的商业银行才会放款。为何不能将实需原则动态化，让银行先行放款，企业在一定期限内将证明材料补齐呢？这可以称为“动态实需原则”。这一政策的实施能够在继续坚持实需原则不动摇的基础上，有力地缓解目前静态真实交易背景带来的不利局面。

2. “动态实需原则”可能带来的潜在风险和其利弊比较

在/离岸套利套汇现象是一直以来中国跨境贸易结算面临的问题。所谓的套利和套汇现象是指进出口商借助一定通道在两个市场之间选择交易币种或其他方式，以赚取利差和汇差的现象。由于中国利率市场化改革和汇率市场化改革还不够完善，在离岸市场形成两种利率和两种汇率，又由于中外经济周期不同步和央行的干预力度差异，在/离岸利差和汇差一直存在，在/离岸套利套汇现象会随着利差和汇差的变化而同向变化。在这种情况下，虽然贸易商的人民币结算具备真实交易背景，但由于这种交易的初衷是为找寻汇价差，因此其实质是为满足投机性需求而进行的结算交易。

在离岸套汇现象主要表现在以下三个方面：一是通过选择跨境交易币种进行套汇；二是通过基于人民币信用证的内保外贷进行套利套汇；三是通过离岸市场发行债券进行套利套汇。第一，如果离岸市场人民币汇率较在岸市场贵，则进口企业会将人民币汇出在离岸市场换得美元对外支付，由此形成一笔人民币跨境支付订单；出口商则收美元并在在岸市场换成人民币，由此国家外汇储备得以增加。反之亦然。第二，在岸市场利率高于离岸市场时，在岸企业会将一笔钱存入在岸银行取得中长期信用证，并用此证支付离岸关联企业的进口，离岸企业会将其信用证作为抵押在离岸市场以较低的利率进行借款，进而进行套利。第三，在岸市场利率高于离岸市场时，在岸企业会通过在离岸市场发行人民币债券的形式进行套利。总而言之，该类套利套汇行为都属于披着真实贸易背景的跨境投机行为。

在/离岸套利套汇现象会产生如下问题。第一，套利和套汇交易会随着利差和汇率预期而变化，导致中国外汇储备的大幅波动，不利于货币政策独立性的发挥。第二，汇率预期反转和利差收窄会导致套利交易反转，进而导致大幅资本流动，对国内汇率和整个金融系统造成冲击。第三，套利和套汇交易会导致跨境贸易和人民币国际化水平虚高和大幅波动，导致国家宏观调控力的下降。

将静态“实需原则”动态化，虽然会对套利套汇造成的问题产生放大效应，但不利影响有限。一方面，在离岸套利套汇问题本质上由两个市场存在价差导致，在以前的静态“实需原则”下始终存在，“实需原则”动态化仅会在一定程度上放大这些影响。另一方面，随着中国利率市场化和汇率市场化改革的有序进行，在离岸套利套汇现象将会大幅下降并趋于消失。

3. 优化“备案制”让“实需原则”动态化

“动态实需原则”有利于缓解目前静态实需原则带来的人民币跨境不利局面，但它确实会放大跨境套利套汇带来的问题。因此，在具体实施过程中需要注意对风险的防控，保证企业得实惠的同时尽量降低金融风险。在“了解你的客户”的基础上，创建监管信息综合平台，优化企业信息备案，有利于临港新片区进一步推进人民币资金跨境业务。

事实上只有动态和透彻的“了解你的客户”下的精准分析，才能最大限度地放开人民币资本账户的可兑换。实践中人民币国际化实际上的“功夫”都在账户上。是账户上居民和非居民资产跨境流动的便利无障碍。通过对临港新片区企业的调研，发现有些业务“静态”可能似乎没有“真实交易背景”，但若从动态视角去看，未来确实是会变成有“真实交易背景”的业务。通过全方位信息来“了解你的客户”护航，是可以实现“类似”资本账户完全开放的效果的。

临港新片区可以创新“动态实需原则”概念操作。上海自贸区和新片区虽然提出“优质客户”，但实际上从银行内控上来看，这些“优质客户”的抽查监管比其他企业更严格、出现的违规惩罚更严厉。这就造成商业银行和金融机构“畏缩不前”（不做不错）。为此临港新片区可以优化审核制，甚至实行“备案制”，可以将银行企业信息、账户信息、海关信息、税收等监管信息等汇总到一个平台中，通过大数据监测，实时掌控企业的贸易及资金流动信息，在动态的“了解你的客户”基础上实现“动态实需原则”，做到更大限度的资本账户开放。研究建议，临港新片区“监管沙盒”下的政策开展初期可以将“动态”时间调整为半月或者一个月，即要求相关企业在支付（接受）款项半月或一个月内提供反映真实交易的相关凭证和单据。

该政策的实施还需要注意以下几个方面：第一，需要保证企业信息的准确性，这就要求商业银行做到“了解你的客户”，要求企业真实填报相关信息，要求各平台联动，要求有严格的监督检查措施，要求对问题企业有严厉的惩罚措施。通过大数据汇总各维度信息。可以参考他国的代理身份扩展以及鉴别模式。如客户历史上有无被关闭/关闭等公证（菲律宾、泰国）、经合资格人士认证（新加坡）、产品/支票/存款账户（加拿大）、纳税/收入证明（哥伦比亚）、CIP 规定文件/驾驶执照（美国）、法院/其他公共登记簿文件（克罗地亚）、邮政雇员/警察/律师等证明（挪威、瑞士）、开户银行/公共当局/邮局、铁路站签发（瑞士）、民事身份数据库/工商商会证明（约旦）、水电账单/税单/企业电话簿/工资明细单（肯尼亚）。主管部门可采取抽查、根据举报进行检查、根据有关部门或司法机关的建议和反映的情况进行检查，以及依职权启动检查等方式，对相关资金跨境的真实背景进行查证；对于不能在规定时间内提供证明材料的企业予以重罚。第二，为了保证该政策对资金跨境套利和套汇活动造成重大影响，在政策实施初期，应该有额度限制。可以按照备案公司的跨境收支将其分为两至三等，依照该等级的平均跨境收支确定该等企业的每月资金跨境额度，并将额度及额度使用信息实时上传至综合管理平台，对即将达到额度的企业进行风险预警。第三，设置“熔断机制”，根据中国宏观经济环境和汇率预期情况对该政策是否继续进行评估，在中国经济运行良好，汇率预期稳定时，该政策可以继续实施，当出现汇率大幅贬值预期事件时，应该暂停该项政策。

（二）在临港新片区首先要盘活跨境人民币的“四个源头”

资本账户开放是上海自贸区临港新片区金融改革的重点内容。在当前的时代背景下，中国资本账户扩大开放对象首先应是本币自身，但目前高度宏观审慎的监管模式造成了跨境人民币的资金周转效率低下，并且无法有效吸引跨境人民币向上海自贸区集聚。临港新片区可通过先行先试来改善此局面，其中一种可能的创新就是将跨境人民币从“源头”上分为四类：（1）非居民负债；（2）非居民资产；（3）居民负债；（4）居民资产。这就为未来统一跨境人民币账户提供了定性追踪的基础。同时通过设立“双层”数字监管平台，包括全信息风险管理系统平台和全方位“了解你的客户”数字平台，以此来盘活跨境人民币“四个源头”。

1. 当前中国资本账户扩大开放对象应首先是本币自身

目前我国与其他世界发达经济体存在较为明显的利差，以各国十年期利率为例，2020 年美国的利率是 0.91%，欧洲各国的利率大多为负，如德国在 -0.6% 左右，法国是 -0.3% 左右，日本也通常都是零左右的水平。与此相比，中国的十年期国债回报率高达 3.3%，2021 年第一季度，人民币可能会出现趋势性升值，不排除即期汇率和中间价升至 6.4 的可能性。在这样的背景下，境外游资极易通过套利套汇等“剪羊毛”行情加速进入中国，这为我国进一步推动资本账户开放带来了新的挑战。

已有研究指出，最安全的资本账户开放是“本币驱动（本币优先）”，具体来说，就是让境外市场主体带着人民币进入中国市场，这意味着他们必须先在境外离岸市场完成兑换，并开展相应的流动性管理和汇率风险对冲交易。对于我国而言，这意味着必须先让本币流出去，然后让流出去的本币再通过贸易或者投资流回来，或者让流出去的本币在境外（或者是离岸中心）实现自由兑换。由于所有这些过程及其影响都发生在离岸市场，因此这种资本账户开放既不会冲击我国国内市场的货币政策有效性，也不会冲击中国的外汇储备。然而这种观点依旧不够全面，最重要的一点是没有进一步细分“本币驱动”背后的所有者。

2. 澄清跨境四个“源头”能让统一监管更到位

目前，上海自贸区的跨境人民币业务可根据其涉及账户不同划分为四个“源头”，具体如表2所示。

由于目前大量跨境人民币业务仍需通过NRA或OSA账户的划拨来实现，因此为了避免金融风险，对于跨境人民币的监管只能对这四个“源头”一并进行监管。从目前上海自贸区的改革实践情况来看，尽管这种监管方式符合宏观审慎要求，但在一定程度上也造成了四类“源头”间的割裂状态，致使跨境人民币的资金周转效率降低；同时这样的监管模式也难以进一步推动资本项目改革与人民币国际化进程，无法有效吸引跨境人民币向上海自贸区集聚。

表2　跨境人民币资金池的四个“源头”

中国	负债	资产	涉及账户
非居民	对华出口获得的人民币	对华投资利润汇出或再投资人民币	NRA、FTN、OSA
居民	从离岸市场上融到的人民币	对外出口的外汇收入兑换成人民币	FTE

迄今为止的人民币国际化更多的是通过贸易结算推动人民币“走出去”。由于境外居民和机构持有人民币资产，因而对中国来说是一种“负债型”的人民币国际化。在未来国内金融市场体系建设加快、对外开放程度不断加深的背景下，将人民币国际化从“负债型”向“负债和资产型并重”转变，以资本项下的人民币输出与回流推进人民币国际化，既是满足市场需求的顺势之举，同时有助于将风险控制在一定程度之内，显然是一个合理选择。从这个意义上讲，资本账户开放能够对人民币国际化向更高级阶段发展起到重要推动作用，为此，要对境外（离岸）市场上的人民币形成的“源头”要予以归类定性，通过调整跨境人民币的监管方式，在加速资本账户开放同时推进人民币国际化。

目前人民币离岸市场建设已经取得一定进展，目前境外市场的交易量已经大于本土市场，这也是货币国际化的一个重要特征。目前大概2840亿美元的全球人民币日均外汇交易中，仅有1200多亿美元发生在中国境内，其他的1600多亿美元都发生在境外离岸市场，并且在岸与离岸市场的交易量之差还在逐渐扩大。在这种情况下，如果一国为维持汇率稳定而单独干预本土外汇市场，则会极易引发对冲基金的跨国套利套汇行为，从而破坏本国金融稳定及货币国际化进程（历史上英格兰银行与日本银行在单独干预汇率时均遭受过对冲基金冲击）。以往我国应对离岸市场的冲击时，一种有效的做法是让境外的中资机构控制放出离岸市场的人民币头寸，让境外的对冲基金难以获得人民币头寸，以抑制他们对人民币汇率的冲击。实际上，这种头寸控制是“源头”风险控制的一种模式，通过对境外（离岸）市场上的人民币形成“源头”进行归类定性，便能够进一步调整并丰富跨境人民币的监管方式，从而在加速资本账户开放同时推进人民币国际化。

从原则上来说，目前跨境人民币四类“源头”中的资产业务都不构成发行人民币的基础，也就是说，它们并不影响中国的货币供应量。对非居民来说，是其“在华”账户上对人民币所有权的变化；对居民来说是其账户上对央行的要求权的增减。在这种情况下，如果上海自贸区能够在保持严格监管负债业务的同时，适度放松对跨境人民币资产业务的监管，逐步放开境外人民币资金投资境内金融市场的各类渠道，既不会对当前的国内金融稳定造成冲击，也能够有效扩大人民币回流的规模，提升人民币国际化水平与上海的国际金融中心地位。

3. 制定适应本外币一体化账户体系的“双层”数字监管模式

从货币国际化原理上看，人民币国际化理应是本外币一体化账户，也就是今后要逐步扩大将“部分”人民币也当作外汇来看，这也是推进中国资本账户开放与人民币国际化的第一步。事实上，无论是“离岸美元”还是“离岸人民币”，实际上只是所有者能够享受相对在岸更加优惠的利率和税率，而并不是同样货币“兑换率”的差别。因此，尽管离岸市场上的货币规模远大于在岸市场，但它们都只是货币在账户上所有权的变化，真实的人民币实际上并没有流出中国。既然真实人民币没有流出中国，那么本外币一体账户（上海自贸区账户 FTE 或 FTN 的观念）则应是未来发展方向，而不是继续割裂的 NRA 或 OSA。

上海自贸区临港新片区在完成本外币账户一体化后，可适度放松对于跨境人民币业务中资产业务的监管要求，并通过设立“双层”数字监管平台，从“源头”分析中国的实际对外负债情况，继续保持对实际负债的有效预警。

第一层体系：监管机构对商业银行等金融机构

已有研究从监管角度提出了建立全信息风险管理系统（Full Information Risk Management System，FIRMS），这要求上海自贸区的离岸人民币金融中心建立一个覆盖在岸和离岸市场、机构和个人的金融信息的全信息风险管理系统，建成后该系统将在分析框架、量化测度、评估模型、压力测试等方面成为全球最先进的金融风险（尤其是系统性风险）风控体系。另外，整个系统涉及数据量化、评估、测试、预警、管控等各个方面，能够通过 API 开放数据接口对所有金融机构的仓位数据进行压力测试，从而对于金融机构的风险水平进行监控，并对因不确定因素导致金融机构可能出现的潜在损失进行评估，来预防风险发生。通过这一层次的监管体系，可以从源头上预警中国的实际对外负债。

第二层体系：商业银行等金融机构对其客户

除了对金融机构进行监管外，临港地区还需要基于金融机构对于客户的了解情况提供更多的“公共产品”，这需要建立“统一（id）跨境人民币客户或账户平台”，一方面能够提升非居民使用人民币账户“认同感”，另一方面也能帮助监管机构应对瞬息万变的国际游资冲击。考虑到获得多维信息来源有利于精准监管，建立数字化身份（id）账户平台已经刻不容缓。除了中国现行的居民身份证明之外，可以参考他国的代理身份扩展以及鉴别模式。如客户历史上有无被关闭等公证（菲律宾、泰国）、经合资格人士认证（新加坡）、产品/支票/存款账户（加拿大）、纳税/收入证明（哥伦比亚）、CIP规定文件/驾驶执照（美国）、法院/其他公共登记簿文件（克罗地亚）、邮政雇员/警察/律师等证明（挪威、瑞士）、开户银行/公共当局/邮局、铁路站签发（瑞士）、民事身份数据库/工商商会证明（约旦）、水电账单/税单/企业电话簿/工资明细单（肯尼亚）。

通过设立“双层”数字监管平台，可以在保持对跨境人民币负债业务重点监管的同时，通过适度放松对资产业务的监管。在加速资本账户开放进程的同时，防止游资“割韭菜”或“突然逆转”，在当前资金外流压力较大的情况下，为临港新片区探索资本账户开放提供良好支撑。

六、对临港新片区“金改50条”部分政策的评估

为深入贯彻落实习近平总书记关于临港新片区的“五个重要”指示精神，2020年5月8日，中国人民银行上海总部、临港新片区管理委员会、上海银保监局、上海证监局、上海监管局、上海市金融工作局联合发布《全面推进中国（上海）自由贸易试验区临港新片区金融开放与创新发展的若干措施》的通知（以下简称“金改50条”）。该文件旨在服务国家大局、对标国际一流、聚焦先行先试，全面落实全方位、深层次、高水平的金融业对外开放。该文发布已有半年多时间，根据市政府委托，本文首先对“金改50条”与金融开放、资本账户开放、投融资便利化相关的第6条、第7条、第12～21条、第32～34条和第43条共计16条政策落实情况进行评估。

为做到客观公正，本文主要采用问卷调研和实地调研两种方式进行，辅以网络新闻信息收集验证。首先，课题组设计了包含11个问题的调查问卷，并于2020年12月9日至12月16日通过网络方式发放问卷，调研对象为外

汇交易员、海关、人民银行、企业和大学教师，收集有效问卷79份；其次，课题组对交通银行上海总部跨境部进行调研，就资本账户开放和临港新片区新金融开放政策进行调研；最后，在市委委托和新片区管委会安排下，对新片区一家从事跨境交易的制造业公司克朗斯流体技术（上海）有限公司和一家从事跨境电商B2C业务的公司上海马珂博逻电子商务有限公司进行调研，两家公司都非常具有代表性，调研期间反映出很多问题。通过两种形式的调研可以客观公正的对“金改50条”相关内容进行评估，对出现的问题提出政策建议。

（一）对第6~7条“加强与国际接轨的制度建设”的评估

1. 对第6条措施的评估

（1）措施：为加强临港新片区与国际接轨的制度建设，“金改50条”推出第6~8三条措施，本文对其中第6条和第7条措施进行评估。其中第6条措施为“健全金融法治环境，推动临港新片区国际商事审判组织建设，加快国际仲裁机构的业务机构集聚，打造调解、仲裁与诉讼相互衔接的多元化纠纷解决机制。支持资本市场法律服务中心等专业机构的发展”。

（2）实施情况：早在2019年12月30日，上海市高级人民法院（以下简称上海高院）就对外发布了《上海法院服务保障中国（上海）自由贸易试验区临港新片区建设的实施意见》（以下简称《实施意见》）和《上海法院涉外商事纠纷诉讼、调解、仲裁多元化解决一站式工作机制的指引（试行）》（以下简称《指引》），旨在临港新片区对接国际通行规则。

（3）问题：临港新片区要想对标国际一流自贸区，助力上海国际金融中心建设，最为重要的就是对接国际规则，其中法律规则是最为重要的规则。调研过程中发现，上海自贸区以及临港新片区推出的重要金融开放和创新政策，如跨境资产转让等，较少有真正的境外银行参与，政策和法律体系的差异是国外金融机构较少参与的重要原因。其他国家的主要自贸区，如迪拜甚至一些中亚国家，无论本国语言体系如何、法律体系如何，均在自贸区实行英美法系，即案例法和英语，按照国际通行规则办事。上海自贸区临港新片区虽然在研究如何对接国际通行规则，但目前在自贸区和新片区中实行大陆法系，虽然上海金融法院做了很多创新案例，但这些案例并不具有法律效力，如果未来政策更改或者换到其他自贸区，这些案例的审判结果可能会改判，这大幅度增加了国外金融机构，尤其是在中国业务较少的外国金融机构对自贸区和新片区创新政策的顾虑，增加其业务成本，因此较少的参与自贸区和新片区的金融创新实验。

（4）建议：尝试在临港新片区参照国际惯例，适用英美法系。世界几个主要的国际金融中心，直接融资占比较高的适用英美法系，间接融资占比较高的适用大陆法系。许小年曾经指出上海建设国际金融中心需要有一片区域参照国际惯例。世界上的确存在一些国家在国际金融中心单独适用英美法系，比如迪拜国际金融中心暂停实施阿联酋法律，适用英美法系；哈萨克斯坦首都阿斯塔纳国际金融中心暂停实施哈国法律，适用英美法系。

英美法系以判例作为判案依据，可以为商业银行业务推进提供好的经验。参照国际惯例可以使案例审判结果具有法律效应，从而有助于商业银行相关业务的推进与市场主体信心的提升，相关业务的开展受政策变化的影响也会相应减弱。

2. 对第7条措施的评估

（1）措施：第7条措施为“实施具有国际竞争力的跨境金融税收政策，扩大临港新片区服务出口增值税政策适用范围，研究适应境外投资和离岸业务发展的临港新片区税收政策。探索试点自由贸易账户的境外投资收益递延纳税等税收政策安排”。

（2）实施情况：2020年7月13日财政部和税务总局联合发布《关于中国（上海）自贸试验区临港新片区重点产业企业所得税政策的通知》，对新片区内从事集成电路、人工智能、生物医药、民用航空等关键领域核心环节相关产品（技术）业务，并开展实质性生产或研发活动的符合条件的法人企业，自设立之日起5年内减按15%的税率征收企业所得税。另外，新片区企业享受出口退税优惠政策。

保税（港）区税收优惠措施主要包括：贸易货物保税、免税和延迟纳税，向部分企业/行业/个人提供所得税、增值税、消费税等国内税减免。自贸试验区内的保税（港）区，还可以提供其他自贸试验区优惠政策，主要针对国际融资租赁、高科技、原油期货保税交割等行业/企业；而非保税（港）区不能提供保税（港）区税收优惠。

（3）问题：总体来说，无论是上海自贸区，还是洋山港特殊综合保税区，其都是“境内关外”概念，适用国内所有的税收制度，这就给自贸区带来“税制复杂、税种多、税率高、优惠少、政策不透明、可预见性差”等问题。主要表现在：①仅对国际支持的四类高新技术企业减按15%征收企业所得税，其他企业所得税依旧为25%；②由于适用国内法律法规，税费繁杂，而国际主要自贸区（如新加坡、阿联酋迪拜等）豁免关税及各种贸易附加税费，并且豁免大部分国内税；③对于离岸业务没有税收优惠，而国际主要自贸区免税。

（4）建议：①学习国际主要自贸区的税收经验，扩大15%企业所得税减免的企业范围，初期可将自贸区及新片区所有企业减按20%征收，高科技企业减按15%征收，之后可以再次降低所得税；②区内企业只要不涉及国内销售，全面豁免关税，扩大出口退税企业范围；③离岸业务降低税率。

（二）对第12~15条“资金便利收付的跨境金融管理制度”的评估

1. 对第12~13条措施的评估

（1）措施：第12条措施为“探索建立本外币一体化账户体系，实施更加便利的跨境资金管理制度”；第13条措施为“拓展自由贸易账户功能，推进临港新片区内资本自由流入流出和自由兑换”。

（2）实施情况和问题：该两条措施并未提及FT账户，但上海自贸区临港新片区具有本外币一体化、账户内自由流动和自由兑换功能的账户只有FT账户，且新片区并没有设立旨在完成此功能的账户。因此，课题组认为该措施就是在讨论拓展FT账户的相关职能，推进资本项目可兑换和资本项目开放。从FT账户的推行结果来看，在FT账户政策发布之初，人们对其期望较高，境内、境外企业一度出现开户热潮，但实际使用过程中发现FT账户并没有想象的（承诺的）那样便利，因此虽然数量多，但实际使用量少，账户流量少，目前，中国银行已经着手清理一部分“僵尸账户”；从推进资本账户开放来看，FT账户跨境部分类似于离岸账户，但FT账户本质上是一个基于现有账户系统的在岸特殊账户体系，它不具有离岸账户所具有的优惠政策和自由兑换与自由流动政策。账户内资金确实可以在不同币种之间转换，但按照外汇管理局对外汇的管理规定，资金流进流出需要符合经常项下“实需原则”，资本项下也仅仅开放了对外投资，还有额度、实际发生等限制。课题组在调研过程中了解到一家企业，其不仅为国际客户提供产品设备，也提供设备的生命周期服务，即后续设备维修与相应技术服务。2020年初受新冠肺炎疫情影响，该企业技术人员无法去境外为客户实施现场技术服务，便将相关服务委托给境外企业，由此产生一笔5000美元的境外支付。由于服务贸易不存在报关单，贸易真实性审核存在困难，且受托人所在地为敏感地区，最终造成跨境支付产生较长时滞（三周）。可以说，在金融账户开放和资本项目可兑换方面，FT账户至今并没有形成太多可复制、可推广的经验。应该承认，这些领域不是FT账户在功能上“做不到”，而是政策上“不让做”。

（3）建议：①实行一定的税收优惠，如对外资金融机构取消10%预提税；②自贸区和新片区应特事特办，外汇管理局等应为自贸区新片区进一步放宽外管政策，对于具有实际交易背景，但交易延后发生的可适当的放开实需原则，采用事后核对方法进行。

2. 对第 14 条措施的评估

（1）措施：探索取消外商直接投资人民币资本金专用账户，探索开展本外币合一跨境资金池试点。支持符合条件的跨国企业集团在境内外成员之间集中开展本外币资金余缺调剂和归集业务，资金按实需兑换。

（2）实施情况：一方面，探索取消外商直接投资人民币资本金专用账户政策央行总行已经批准实施；另一方面，本外币合一跨境资金池试点工作也已经启动，比如，政策推出几天后，2020 年 5 月 12 日，通过浦发银行搭建的全功能型资金池，上海密尔克卫化工物流有限公司成功完成了境外集团成员单位的资金入账，实现了集团内、境内外资金的高效归集以及按实需兑换。全功能型资金池具有自由贸易账户本外币合一、账户内资金可兑换、跨境资金收付便利的优势，跨国企业集团搭建一个资金池即可满足本外币资金统一调度的跨境调拨需求，并可灵活选择币种，大幅提高资金使用自由度，便利化程度与国际一流的现金池（Cash Pool）服务一致。全功能型资金池还可以在宏观审慎管理框架下，支持企业集团在境内的人民币资金归集，实现集团内现金流的有效配置。

全功能型资金池的主办企业并不局限于境内企业，境外企业也可以通过开立境外机构自由贸易账户（FTN）成为主办企业，使跨国企业集团有更多的选择余地，有效地推动自由贸易账户在全球财资管理中心的应用，吸引更多国际财资管理中心功能引入上海自贸区新片区，助力上海国际金融中心建设。

3. 对第 15 条措施的评估

（1）措施：探索外汇管理转型升级，推动低成本、高效率、有标准的经常项目可兑换，率先实现非金融部门资本项目可兑换，建设跨境投融资便利设施和跨境资金流动监测分析中心，形成国际收支及汇兑全新管理体系。

（2）实施情况：从调研结果来看，外汇管理的转型升级以及率先实现非金融部门资本项目可兑换探索之中，调研对象对其具体落实时间表表示担忧，超过一半的受访者认为2022年之前该项政策难以落实。

（三）对第16～19条“高水平贸易投资自由化便利化措施”的评估

1. 对第16条措施的评估

（1）措施：支持和推荐更多临港新片区企业纳入优质企业名单，享受跨境人民币结算便利化等政策先行先试。

（2）实施情况：新片区管委会2020年3月5日出台《临港新片区优质企业跨境人民币结算便利化方案（试行）》，根据该方案，银行可以凭企业收付款指令，在“展业三原则”基础上，直接为企业办理货物贸易及服务贸易跨境贸易人民币结算，以及人民币资本金、跨境融资（含全口径跨境融资及外商投资企业投注差模式下的外债）及境外上市募集资金调回等项下人民币收入在境内的依法合规使用，企业无须事前、逐笔提交真实性证明材料。同时，为突出金融支持临港新片区建设，在优质企业的认定上，向集成电路、人工智能、生物医药、航空航天、新能源和智能网联汽车、智能制造、高端装备等临港新片区重点发展产业领域的企业倾斜。

（3）问题：一方面，监管层面容错容忍度低，往往会事后重罚；另一方面，企业也可能存在“钻空子”现象，通过简单申请实现资金外逃。这导致优质企业便利化业务由事前审核机制改为事后抽查机制，银行对优质企业的审核反而更紧。银行创新代价较大，“多做”可能会“多错”。因此，银行对优质企业客户的门槛设定会比较高，优中选优，相关业务的开展也较为谨慎。

（4）建议：在加强事后审核的基础上，监管层面给予银行一定的容错，降低对银行的处罚，加大对涉事企业的惩罚力度。

2. 对第17～19条措施的评估

（1）措施：第17条措施是“支持临港新片区内企业参照国际通行规则依法合规开展跨境金融活动，支持金融机构在依法合规、风险可控、商业可持续的前提下为临港新片区内企业和非居民提供跨境发债、跨境投资并购和跨境资金集中运营等跨境金融服务”；第18条措施是“支持金融机构按照国际惯例为临港新片区内企业开展离岸转手买卖、跨境电商等新型国际贸易提供高效便利的跨境金融服务，完善新型国际贸易与国际市场投融资服务的系统性制度支撑体系，打造供应链金融管理中心”；第19条措施是“临港新片区内企业从境外募集的资金、符合条件的金融机构从境外募集的资金及其提供跨境服务取得的收入，可自主用于临港新片区内及境外的经营投资活动”。

（2）实施情况：①2019年9月20日，临港新片区管委会发布《中国（上海）自由贸易试验区临港新片区支持金融业创新发展的若干措施》，支持区内金融机构进行金融创新，支持金融机构在依法合规、风险可控的前提下，参照国际通行规则，为区内企业和非居民提供跨境发债、跨境投资并购和跨境资金集中运营等跨境金融服务；支持区内企业开展真实合法的离岸转手买卖业务，金融机构可按照国际惯例，为新片区企业提供高效便利的跨境金融服务；支持区内企业和机构开展航运融资结算、航运指数衍生品和绿色金融等业务。在此基础上，区内B2B企业经常项下具有真实贸易背景的企业跨境融资已经全面放开。2020年8月6日，上海临港经济发展（集团）有限公司通过工商银行上海新片区分行、平安银行上海自贸区分行两家合作银行成功引入境外融资资金1亿美元。凭借这单业务，配以“套期保值”锁定汇率，临港集团得以大幅降低综合融资成本。而这也宣告临港集团此前获批的自贸区临港新片区首单跨境资金池业务正式“通车”，打通了境内外联通的桥梁，让诸多区内外、境内外企业为之一振。②2020年5月26日，国家外汇管理局上海市分局发布了《关于中国（上海）自由贸易试验区高新技术企业外债便利化额度试点业务的通知》，在上海自贸区开展高新技术企业外债便利化额度试点，允许符合一定条件的中小微高新技术企业在一定额度内自主借用外债。具体是指对注册地在试点区域内，具有自主知识产权、技术和工艺先进、市场前景好、净资产规模较小、全口径跨境融资风险加权余额低于等值500万美元的创新型企业，可在所在地外管局核定规模内借入外债，核定额度最高不超过等值500万美元。

（3）问题：①企业外债便利化额度试点所涉及企业范围较窄，额度较低；②对于区内企业融资需要满足经常项下真实贸易背景，且是企业对企业业务才可以。

课题组调研了一家经营B2C业务的跨境电商公司，其业务一方面进行货物贸易对接，外国公司将要出售给国内的货物放在该公司位于洋山港的库房仓库内，该货物物权属于外国公司（保税区为关内境外属性），当产品放在网络平台并且经中国消费者下单后，网络上的信息通过与该公司打造综合服务平台进行数据对接，平台后台跟海关直连实时向海关进行申报，申报完之后平台代消费者向海关进行交税，海关进行核定税种和商品的报关数据是否合法，如果全部合法合规，则回执放行，平台拣货打包发给消费者；另一方面进行金融服务对接，打造数字化人民币跨境支付平台，解决资金流对接问题，该平台解决的是个人报关和人民币跨境支付问题，公司用个人身份证号向境外进行申报，关税的交税主体和进口商主体是个人，公司平台支持个人碎片化数据的海关申报，并同中国银联合作打造了一个离岸人民币支付体系，境外公司在自贸区和临港新片区开立FTN账户，接受人民币，在真实交易背景下开展人民币跨境支付。

对于该公司而言，其盈利前提为国外企业看好中国市场，愿意在没有交易之前将货物放置在本公司的保税区仓库，当国内消费者购买支付后，货款打入外国公司开立的FTN账户。但对于一些国际大品牌以及紧俏热销的产品，它们不会在没有交易时提前将产品存放至境内平台公司的仓库，并支付放置费用。由于平台公司经营B2C业务，以消费者为主体进行报关，在交易还没有发生时，在没有真实交易背景下，平台公司垫付给境外企业，如果钱要出去，需要走一般贸易模式。如果境内公司要在境外购买这些产品则需要在境外（离岸）进行融资，但是目前离岸金融牌照，不能进行离岸人民币融资和支付交易。

（4）建议：①在严格审查的基础上，扩展企业外债便利化额度试点企业范围和额度。②对于类似 B2C 跨境电商企业提前融资进货，国家可以建立关内离岸金融公司，从事离岸投融资业务，为该类企业境外融资购买提供服务。

目前新片区和保税区货物报关方面海关已经有相应的政策出台，报关速度非常快，自由贸易区在这方面已经做得很好，但现在还有一个“瓶颈”，临港新片区并没有金融政策的突破，对于像被调研公司的离岸贸易，没有一个对应的境内离岸金融公司拥有离岸金融牌照，可以在境外融人民币，然后在境外去支付，将货物放在洋山保税区进行交割，全程离岸。目前中国香港和新加坡的模式值得借鉴，中国香港和新加坡就利用它的港口资源和金融开放政策为全球不同地区提供服务，但国内企业的相关业务必须要放到中国香港或新加坡进行交割，也就是说，洋山保税区货物由于只能依靠中国香港和新加坡等地的离岸金融业务支撑，只能在中国香港和新加坡仓库进行货物交割，中国香港和新加坡并没有实际贸易发生，但依靠离岸金融和货物交割成为全球最重要的金融中心。上海可以在临港新片区内发放离岸金融牌照，境内平台公司可以在这一类金融牌照下进行同行拆借。这样的话如果公司注册在临港新片区，就可以指定货物交割范围必须放在洋山港，不仅能提升上海的国际金融中心地位，还可以给仓库码头赋能，提升洋山港区的作用。

（四）对第 20 ~21 条“提升跨境金融供给能力”的评估

1. 对第 20 条措施的评估

（1）措施：支持临港新片区开展境内贸易融资资产跨境转让业务。支持上海票据交易所及相关数字科技研发支持机构建立平台，办理贸易融资资产跨境转让业务，促进人民币跨境贸易融资业务发展。

（2）实施情况：2020年3月31日，中国（上海）自由贸易试验区临港新片区境内贸易融资资产跨境转让业务试点启动仪式在中国人民银行上海总部举行。试点启动当日，交通银行上海自贸试验区新片区分行就将新片区企业上海昌强重工机械有限公司2笔总额为1000万元人民币的国内信用证福费廷资产，分别转让给中国银行东京分行和交通银行澳门分行，成功落地《中国（上海）自由贸易试验区临港新片区境内贸易融资资产跨境转让业务操作指引（试行)》发布后的首单业务。打通临港新片区境内贸易融资资产的跨境转让渠道，有助于进一步降低企业融资成本，促进投资贸易自由化及便利化。企业不再仅仅面向境内一个市场，而是可利用境内、外两个市场、两种金融资源，通过定价传导机制，降低财务成本，提升经营活力。这一新模式也有利于境内银行进一步盘活资源，优化资产负债结构，提升经营管理效益。境内监管部门对银行人民币信贷投放规模有总量的控制，当投放规模不足以满足实体经济的融资需要时，银行就可以通过转出资产来满足企业需求，相当于境内实体经济通过境内银行转出资产而获得境外融资，银行也可通过跨境转出的渠道扩大融资规模，满足更多的实体经济融资需求。

（3）问题：①有额度、种类、资质限制，规模较小。上海人民银行对人民币跨境资产转让业务管得比较严格，像其他一些地方，如大湾区、舟山等都没有额度限制。交易资产仅仅为经常项下国内信用证福费廷业务，缺乏其他业务，比如不良资产等。交通银行上海总部的跨境资产转让这个业务在上海市场份额第一，占比70%，但整体规模仍然很小，相比其他地区有巨大差距。②参与银行较少，且绝大多数都是中资银行、中资银行境外分行，有个别是外资银行在境内分行，没有真正的境外银行参与。③境外资产转让“断了个腿”，现在资产可以转让出去，但境外资产转让不进来。

（4）建议：①学习国内其他自贸区，进一步放宽额度和种类限制，可以放开额度限制，将涉及资产种类由目前的信用证福费廷业务扩展至国外比较感兴趣的不良资产、信贷资产、银行承兑汇票、票据资产等业务；②跨境资产转让业务要两条腿走路，既能转让出去，又可以到期后转让回来，实现流进流出双循环；③实行国际通行的英美法系，增加政策透明度，吸引真正的外资金融机构参与。跨境资产转让涉及一个法律体系问题，中国是大陆法系，国际通用英美法系，很多业务不在中国的境外银行很难理解中国的跨境管理政策（中国的银行同样难以理解外国，尤其是较小国家的外汇管理政策），造成不必要的损失，因此它们不参与。国际信用证符合国际惯例（UCP600），而国内信用证是中国特色法律体系下的产品，需要遵守银保监会相应的管理办法，并不符合国际惯例。跨境资产转让正常业务没有问题，一旦碰到纠纷，不同法律体系下跨境资产保全、追偿、诉讼权责界定存在困难。新片区相关制度依然没有援引国际法，从而使外资银行对跨境资产转让业务持谨慎态度。

政策复杂是外资银行较少参与到跨境资产转让业务的另一大原因。可能存在的情况是外资银行业务部门想要开展业务，但合规部门鉴于法律体系差异，很难理解我国的政策与创新，从而不通过相应业务的审核。除渣打、汇丰等在中国已有很多网点的银行外，其余外资银行与监管部门的沟通较少，对中国的政策理解存在困难，再叠加汇率风险，最终选择放弃相关业务。

因此，在自贸区和新片区引入英美法系，增加政策透明度，用中英双语发布相应的政策法规，吸引外资金融机构参与。

2. 对第 21 条措施的评估

（1）措施：支持符合条件的临港新片区内金融机构开展跨境证券投资、跨境保险资产管理等业务。

（2）实施情况：目前还没有实施。另外，对于商业银行境外贸易融资也有额度限制。

（3）问题：调研显示，银行外币贸易融资余额 = 资本 × 杠杆率 × 宏观审慎调节参数，上海市现在跨境进出口贸易中，本币的结算占比就是人民币的结算占比，平均数在58%左右，如果银行本币的结算占比超过58%，那就乘以0.2；如果是低于58%，那就乘以0.1；如果乘以0.1，最后的额度就很小，交行有20多亿元的额度，工行有50多亿元的额度。

（4）建议：一方面，尽快落实该项政策，让符合条件的商业银行开展跨境证券投资、跨境保险资产管理等业务；另一方面，适当提升宏观审慎调节参数，提升商业银行贸易跨境融资额度。

（五）对第32~34条“加大对重点产业的信贷支持力度”的评估

（1）措施：第32条措施“综合运用融资担保、贷款贴息、风险补偿等财政政策工具，支持开发性金融机构、政策性金融机构和商业性金融机构为临港新片区内高新技术产业、航运业等重点领域发展提供长期信贷资金，并积极支持保险公司创新金融产品和服务”；第33条措施“鼓励开发性、政策性银行运用抵押补充贷款（PSL）资金支持临港新片区内重大科技创新及研发项目。鼓励金融机构运用再贷款、再贴现资金，扩大对临港新片区内科创类企业、高端制造业企业、小微企业和民营企业等信贷投放”；第34条措施“鼓励金融机构发行双创金融债券，募集资金用于临港新片区内科技创新企业贷款”。

（2）实施情况：对于第32条措施，2020年3月30日，临港新片区管委会、人民银行上海总部和上海市金融局联合发布《中国（上海）自由贸易试验区临港新片区重点企业贷款贴息的实施意见》（以下简称《意见》），《意见》指出，符合临港新片区功能定位和产业发展方向的企业的贷款应以贷款市场报价利率（LPR）定价。贷款期限原则上要求1年期（含）以上，并优先对3年期（含）以上贷款给予贴息。贷款原则上为临港新片区内银行及开发性、政策性银行向符合条件的企业发放的贷款。贷款贴息分为两类：一类是固定资产贷款，每年单笔不高于200个基点；另一类是流动资金贷款，每年单笔不高于50个基点。单户企业每年贴息金额的上限原则上不超过该年企业贷款利息金额。对于部分重点企业，可“一事一议”。对于第33～34条措施，暂时没有通行文件发布。

（六）对第43条措施的评估

（1）措施：优化现代服务业开放区功能空间布局，全力吸引各类持牌类金融机构、新型金融机构、投资类企业和金融功能性机构入驻。加快会计审计、法律服务、信用评级、投资咨询、财经资讯、人力资源等金融专业服务业发展。

（2）实施情况：有报道显示，到2025年，临港新片区要实现各类持牌金融机构、新型金融机构、投资类企业和金融功能性机构（不少于500家）入驻，建设统筹在岸业务与离岸业务发展的国际金融枢纽。

（3）问题：英国伦敦金融城采取由英国政府给予律师事务所、会计师事务所相应补贴，从而将成本费用的降低传导到企业，实现降低企业费用目标。目前，新片区并未采取类似措施为企业降费。

（4）解决措施：管委会可以与长期合作的几家律师事务所、会计师事务所沟通制定协议价，在为新片区企业提供服务时使用优惠价格，价差由政府补贴给律师事务所与会计师事务所。实现为新片区内企业降费目标。

七、调研中反映的其他问题

课题组在调研过程中，除了对“金改50条”中相关内容的落实情况进行调研以外，还涉及资本账户开放、数字货币、企业风险意识和银行诉求等诸多方面。因此，有必要对这些问题做一个总结。

（一）有关资本账户开放

探索资本账户开放新路径是本研究的重点，在问卷调研和实地调研过程中，课题组重点对上海自贸区、临港新片区资本账户开放的相关情况进行调研。调研主要涉及公众、行业和政策部门对资本账户开放的态度、数字账户和资本账户开放等问题。

1. 公众、行业和政策部门对资本账户开放的态度

虽然盛松成等人表示“现在是资本项目开放最好时机”，且从问卷调研结果来看，大家对非金融部门的资本项目可兑换态度乐观，但行业内和政策部门对资本账户开放依旧持谨慎态度。这是一个“不做不错，多做多错”的问题。无论是自贸区建设还是推进人民币资本项目可兑换，真正完全开放步伐比较缓慢。监管与政策层面对资本项目开放依旧持着非常谨慎的态度，仅将开放控制在局部业务范围进行试点。除了跨境资产转让业务外，临港新片区也并未推出多少资本项目自由兑换。但是对跨境资产转让业务设定了很多限制条件，额度、业务种类限制非常厉害，进展步伐相对缓慢。

个人跨境汇款在经常项下已经放开，但以实需为原则，有真实交易背景（比如合同等），在资本项下并未放开，目前上海地区还没有开放政策，但大湾区有跨境理财通，香港和内地居民均可以在大湾区开户通过跨境理财通进行资本项下投资（购买理财产品）。跨境理财通限制较多：①境外居民想参与该项目需要亲自来内地开户；②有额度限制，每人每年100万元人民币；③有银行业务限制，特定银行才能运行；④有区域限制，只能在大湾区，目前上海地区还未有个人项下突破资本项目开放的项目；⑤都是风险等级比较低的项目；⑥进行闭环处理，都是在一家银行内部（内地和境外分行之间）的资金往来。

2. 数字账户和资本账户开放

课题组认为可以通过统一的跨境数字人民币账户，在实现对跨境资金完全动态监管预警的基础上，加速推进资本账户开放。就这一问题我们进行了调研，调研结果显示，如果能将数字人民币用于跨境，且之后资金跨境均使用数字人民币账户，则在此基础上加速推进资本账户开放确实可行，但需要

注意以下问题：

第一，目前数字货币还在测试和验证阶段，并没有出现央行数字货币进行跨境支付的先例；数字货币跨境支付涉及本国与外国的网络系统，交易链上所有交易对手方均需要在统一的交易平台上，单个国家发行的数字货币往往难以得到全球的认可，数字货币不仅是经济问题，还是政治问题，在数字美元可能用于跨境交易的前提下，如何让交易对手方接受并且使用人民币是主要障碍；数字货币的推行往往需要较好的通信基础设施，目前除中国外，其他绝大部分国家往往难以实现4G网络全覆盖，尤其是“一带一路”沿线国家，基础设施较为落后，即使其接受人民币数字货币，也没有相应的通信和金融基础设施来配套。

第二，即使统一的离岸综合数字化人民币账户得以推行，可以通过账户对资本流动进行实时监控，也不能完全杜绝资本流动对一国经济金融体系的冲击。资本账户开放往往有一定前提，调研结果显示超过三分之一的人认为需要完成利率和汇率市场化之后才能进行资本账户开放。在平时，有些资金往来看起来也许并没有问题，但资金在大幅积累后突然出逃，往往对一国经济带来巨大冲击，资本账户开放往往导致一国货币政策独立性下降，对一国货币主权造成影响。

（二）企业汇率风险意识淡薄

课题组在对克朗斯流体技术（上海）有限公司进行调研时发现该公司财务负责人对企业面临的汇率风险视而不见。该公司以出口贸易为主（90%出口），由德国总部接收订单，上海工厂进行罐装设备生产并出口到客户所在国家。企业出口产品收入为欧元，而原材料采购、工资等成本费用以人民币支付，存在外汇风险敞口。企业规模较小，往往在收到外币资金后直接兑换成人民币，没有更多资金来做远期。项目持续期较长，一般为4个月，更长的甚至超过一年。项目合同签订期与结束期之间时间跨度大，面临的汇率波动也更大。企业存在外汇风险敞口并不考虑以远期等外汇衍生品进行套期保值，而是依赖自身对汇率的预期进行本外币兑换。经调研发现，该公司财务对于在人民币贬值期将外币兑换为人民币所获得的汇差收益表示兴奋，全然忘却人民币升值带来以人民币计价的收入下降。

（三）有关 FT 账户和企业诉求

FT 账户是上海自贸区推出的一体化账户，除了本外币一体化、账户内自由兑换、利率汇率市场化等优点外，还有一些创新。FT 账户实施分账核算，各金融机构按照“标识分设、分账核算、独立出表、专项报告、自求平衡”的要求开展试验区分账核算业务。FT 账户的设立使得各银行上海分行可在 FT 账户项下开展同业业务。银保监会有同业业务专营规定，即银行的买入返售、卖出回购、同业拆借等同业业务只能由总行的具体部门来直营，分行不具有相应资格。各银行上海分行建立分账核算单元后，可在 FT 账户项下开展同业业务，并不违反同业业务专营规定。当然，也对银行带来诸多业务压力。由于 FT 账户在使用过程中并没有让使用者真正感受到它刚刚被提出来时所说的那种直接的便利，需要审核的资料并没有得到实质性的精简。从 FT 账户的开立和活跃数量上来看，也一直在萎缩，像中国银行开了几万个账户，但是这些账户的实际交易活跃度并不高，后来也陆续清理了许多睡眠账户。建设一套新的账户体系，还要有一些配套的信息报送管理系统，商业银行在开展 FT 账户业务过程中要制作大量的报表报送至不同的平台，银行因 FT 账户要向各个监管机构报送四五十份材料，有些疲于奔命。商业银行希望监管部门能够统一相关信息报送平台，避免一笔业务多笔报送的流程。

推动临港新片区高水平开放研究
——通关便利化的制度支持

海关特殊监管区域（Special Customs Zones/Free Zones）在国家经济和贸易发展方面具有重要作用，日益成为促进双边贸易、促进经济自由化、现代化的关键机制（Akinci、Crittle，2008）。世界范围内，因各国国情、发展需要及术语使用存在差异，海关特殊监管区域（SCZs）类别多样、具体名称也并不统一，包括自由区（FZ）、自由贸易区（FTZ）、对外贸易区（FTZ）海关特殊监管区（SCZ）、综合保税区（BZ）、经济特区（SEZ）、自由贸易港（FTP）、自由港（FP）等。据联合国贸发会（UNCTAD）统计，2019 年全球具有明确监管框架的经济特区超过 5383 个，覆盖 147 个经济体。其中，发展中国家（地区）具有和规划的区域数量最多，占世界总数的 85% 以上[①]。

海关特殊监管区域的建设历史较为悠久，不同国家的海关特殊监管区反映了各国差异化的产业结构、发展阶段和增长机遇。尽管不同经济体对海关特殊监管区域的布局规划、功能定位有所不同，但其基本源于《京都公约》的自由区（FZ）概念，即在一个确定的范围内对相关进出口企业和投资者实行与一国关境内通常适用制度所不同的特殊的关税制度、非关税要求和监管程序。经济分析认为，自由区的本质特征是通过减少关税、数量壁垒和行政壁垒来降低东道国的贸易保护水平（Grubel，1982）。因此，除了对关税的减免外，大多数海关特殊监管区域还提供与准入、许可和执照有关的有利于商业的法规或就业规则、精简的行政程序及贸易和投资方面的便利化措施（UNCTAD，2019）。其中，以便利化为重点的监管制度的建设、完善与创新，有助于在防范风险的前提下打造高水平开放高地，使海关特殊监管区域中的贸易便利与安全更加平衡、营商环境更加友好、增长动力更加强劲。

由于海关特殊监管区域的广泛存在及其在国家经济发展中的重要作用，国内外学者都积极参与相关议题研究，描述不同海关特殊监管区域的主要特点，分析其经济、社会、环境影响，研究其监管制度的特色及便利之处，并

① UNCTAD. 2019 World Investment Report: Special Economic Zones [R/OL]. 2019-06-12.

展望未来的发展方向。相关国内外研究文献主要集中在中国境内海关特殊监管区域以便利化为重点的监管制度建设及创新、境外海关特殊监管区域发展特点及制度经验、典型海关特殊监管区域监管制度的比较研究三个方面。

一、中国 SCZ 海关制度创新研究综述

随着经济的发展及信息化水平的提升，我国海关特殊监管区域在海关通关制度方面不断进行改革、创新，打造通关便利化制度建设的中国模式。

对海关特殊监管区域海关制度的前期研究主要集中在上海、广东等较早设立的保税区等园区。2013 年，上海最先建立自由贸易试验区后，基于国际自由贸易区“境内关外”效应及我国海关特殊监管区域贸易监管体制问题，王志明（2014）提出应实行“在货物状态分类监管基础上的内外贸一体化改革”，以分类监管、账册管理、宽进严出和内外统筹为基本原则建立海关监管制度。针对国内率先探索建立“单一窗口”，石良平、周阳（2013）指出，海关和原检验检疫部门开展“一次申报、一次查验、一次放行”试点，其“一线放开、二线管住、区内货物自由流动”的监管机制和“由企及物”“由物及企”并行的监管方式，致力于确保国际贸易货物“通得快、管得住”。同时，杨志蓉、刘秋娟（2015）还认为，上海自贸区以贸易便利化为重点的贸易监管制度改革，包括如“一线放开、二线管住”和“先进区、后报关”等制度，加快通关速度的同时也降低了物流仓储成本。此外，潘静、杜志威（2015）还分析了横琴自贸区的通关制度，发现横琴口岸已建成“自助查验”通关系统及车辆通道“一站式”电子验放，实行“一机两屏”“一楼两检”查验，但“提前报检、提前报关、实货放行”“预约通关”等机制还有待探索。

近期，学者在海关特殊监管区域通关便利化制度研究中关注的领域更加广泛，所研究的制度也体现出更高的创新性，如福建自贸试验区通过探

索简化 CEPA、ECFA 原产地证书提交制度及口岸监管部门共建实现信息互联互通（张丹，2018）。河南自贸区通过发展“智慧通关”“单一窗口”“三互”及“一单到底、物流全球”大通关管理服务机制，建立智能化卡口，提升便利化效能（刘晔，2018）。Huang 等（2017、2018）提出，上海自贸区通过改革目前货物进入自贸区前申报的做法，以优惠的关税政策和便利的管理程序减少了贸易壁垒；同时，Meng、Douglas（2019）认为，上海自贸区制定了保税货物、离岸货物和非保税货物监管分类，联合监管、商务、税收、金融等部门构建单一窗口体系，形成了规范化的流程。孟广文等（2018）研究认为，主权分级治理理论要求海南自由贸易港分阶段、分地区实行“境内关外”海关监管制度；裴长洪（2021）则认为，海南自贸港建设中海关和市场监管部门的精准监管、跨境服务贸易负面清单缩减、合格假定监管模式试点等措施构建了一个更加自由、开放的贸易环境。总体而言，郭永泉（2018）提出，自贸港海关制度通过实行舱单申报实现一线放开，依托一、二线对国际货物、保税货物、国内货物和口岸货物进行区分处置实现货物按状态分类管理；同时在二线实施职能监管，区内进行多种服务贸易联动监管，区间进行联运协同监管。张威（2021）认为，自贸区国际贸易“单一窗口”的完善带动了全国“单一窗口”运行，“先进区后报关”“分送集报、自行运输”的监管制度、“互联网 + 税务”的税收征管模式等是贸易便利化领域的有效探索。

此外，还有部分学者对海关特殊监管区域检验检疫制度进行了研究。顾海燕（2015）通过分析我国上海、广东、天津自由贸易区检验检疫监管情况，认为三个自由贸易区在一线实行“进境检疫、适当放宽进出口检验”、二线实行“方便进出、严密防范质量安全风险”、同时探索了“快检快放”“即查即放”和基于企业诚信评价的货物抽检制度等监管制度创新。扈新萍等（2020）以自贸区通关模式为基础，探索基于风险管理、安全监测和信息化的自由贸易区国门生物安全防控制度的完善。陈德荣、崔继峰（2020）也聚焦于自由贸易区的检验检疫监管体系，立足国家质量基础设施（NQI）技术，探讨上海自贸区检验检疫NQI应用体系所需的信任机制和风险管理机制，提出基于信息化手段的自贸区NQI检验检疫综合应用云平台建设，支撑开展科学监管决策。

二、国际自贸区发展特点及制度创新研究综述

境外海关特殊监管区域起步早、发展较为成熟，因此很多国内外学者关注中国关境以外的海关特殊监管区域的发展特点及制度经验，从海关特殊监管区域的总体情况及具体区域的制度特点两个方面进行了研究。

（一）总体情况

一些国外学者对海关特殊监管区域的经济效应及制度发展方向进行了研究。经济效应方面，Engman等（2007）认为，自由贸易区内劳工规则的豁免或放宽往往可能对某些阶层的工人不利，并造成经济扭曲。Leong（2013）探讨经济特区在中印经济自由化中的作用及其对经济增长的影响，认为经济特区的存在促进了区域经济增长，但经济特区数量的增加对经济增长的影响并不显著。NAFTZ（2019）从数量和质量两个维度衡量了自由贸易区对其所在区域的经济影响，发现自贸区的建立使自贸区经济共同体（ZECs）的就业、工资和附加值有所提升。制度发展方面，Grubel（1982）认为，不同的自由经济区根据不同地区和目标企业的要求，有选择地实施管制，从而提高福利。Farole、Akinci（2011）则指出，社会和环境可持续性是经济特区发展中的重要问题，应对经济特区的性别维度、低碳绿色经济特区建设进行更多关注。Kenji（2019）通过研究发现，海关在保税区的建立、经营企业的批准、区内货物的监督方面仍处于较低层次，同时他认为自由贸易区可能会吸引利用管制豁免的非法贸易或其他非法活动；此外，Lavissière1、Rodrigue

(2017) 对13种类型的自由港进行了分类和演变过程的解释，并基于管辖权、提供的服务和流动方向设计了自由港模型，对其未来发展进行展望。

(二) 具体区域

在对发达国家海关特殊监管区域的研究中，我国学者石良平、周阳(2013) 总结了欧盟自由贸易区的类别及制度特点，他们提出，欧盟Ⅰ型自由区采用物理围网，Ⅱ型自由区管理援引“保税仓库”制度；刘奇超(2014) 认为，欧盟自由贸易区实行的AEO制度、单一窗口具有良好效果，值得各国效仿；王立勇 (2019) 则通过分析欧洲自由贸易港建设的特点与经验，认为德国汉堡港、荷兰鹿特丹港和比利时安特卫普港都具备吞吐量大、设施完善、企业自主权高、采用电子信息技术实现无纸化报关、简化海关手续等特点，同时鹿特丹港还有节能减排政策和危险品安全管理政策 (周桂荣、李晓慧，2019)。这些自由贸易港实施的提前申报、企业认证、先入境再报关、以公司账册和存货数据管理代替海关检查等制度使通关更加方便快捷。此外，爱尔兰香农自由贸易园区在贸易便利化方面的制度主要有部分免除报关手续、建立电子海关系统、授权的经营者制度 (陈晖，2016) 和较为完善的管理制度 (王胜等，2018)，都极大地简化了办事流程。

朱文龙 (2020) 对美国对外贸易区的历史与制度进行了研究，发现其区位类型主要有临空、临港和陆路枢纽三种，分布广泛；同时，美国还针对个别企业设立对外贸易分区与主区结合的运作机制，设立周报关制度、物流直通程序和货物分类监管制度，降低成本、提高效率、精准监管 (刘奇超，2014)；检验检疫监管措施方面，美国对外贸易区的国内出口货物进入园区免除报检手续，实行一周集中申报，并采用负面清单规定禁限出入境商品 (顾海燕，2015)。外国学者 Bolle (2012) 指出，美国在对外贸易区建设中的关注重点已较早转移到资源分配、海关数据公开性、安全、劳工权益等问题，但是美国对外贸易区促进就业的效果并不显著。此外，Griswold (2015)

认为，美国通过允许企业从码头到自贸区“直接发货”，加快自贸区运营中的供应链速度；他还提出，美国的自由贸易区通过控制进出、对关键员工进行背景筛选、加强库存记录形成安全区域，是美国海关—贸易伙伴关系（C－TPAT）的“最佳做法”。

还有一些学者对日本、韩国、新加坡的海关特殊监管区域制度进行了研究。对韩国的研究方面，Sattarov 等（2009）认为，拥有著名企业集群的马山自由贸易区为外国企业提供了有利的投资环境、土地租赁和优惠政策；朱福林、王晓芳（2020）发现，韩国自由经济区不仅提供经济活动设施，还具有教育、住宅、娱乐、酒店和旅游区等，并提供税收减免、金融支持、管制放松、行政支持等优惠政策。对日本的研究方面，宾建成（2014）指出，日本冲绳自由贸易园区实行的保税区制度、关税任选制度，为入驻园区企业提供低息贷款优惠。此外，新加坡自由贸易区建立了电子报检制度，并将检验检疫监管推至产品生产过程（顾海燕，2015）；新加坡的 35 个政府部门能够通过先后开发的港口管理电子平台 Portner、国际贸易单一窗口 TradeNet、综合信息平台 TradeXchange 及国家贸易平台简化、整合贸易程序（揭昊，2019），实现审批、检疫、“一站式”高效通关（周桂荣、李晓慧，2019）。

在对发展中国家海关特殊监管区域的研究中，胡剑波等（2017）分析了巴西玛瑙斯自由贸易园区的海关制度创新，发现其实行“一线放开、二线管住，区内自由，管住卡口，管出不管进”的管理制度；陈阳（2020）也聚焦玛瑙斯自贸区，发现相应法律通过建立税收控制和财政激励机制管理自贸区进出口。

阿联酋迪拜自由贸易园区虽然不具备天然的地理优势，但打造出了世界一流的自由贸易园区，自由的商业环境、企业化运营的“政府机构”及出租不出售的土地管理方式是其发展的独特之处（宾建成，2014）。迪拜自贸区实施自由港、海关、自贸区“三位一体”管理模式，进出口手续及投资审批程序都非常高效（胡方，2019）；同时，迪拜自由贸易港的“1＋N”模式，即一个自贸港结合 N 个特色产业城协同发展也能有效整合要素和新兴产业（史本叶、王晓娟，2019）。

裴长洪等（2019）认为，中国香港实行整体模式的自由港体制，在投资方面不对设立企业实行所有制、控股比例等限制；胡方（2019）也提出，中国香港对进出口贸易没有设置壁垒，所有货物不受进口配额、进口证及进出口经营权限制。黄启才、陈昌健（2019）认为，中国台湾自由贸易区通过简化海关审验机制等智能化货物管理，整合海关、贸易签审资源，有效促进了贸易便利化发展；王勇（2017）也指出，中国台湾自由经济示范区通过“前店后厂”模式连接区外厂商，其海关监管制度主要采用“境内关外”管理模式，通过电子账册、远程稽核、分级管理和云平台建设推动贸易便利化发展；朱福林、王晓芳（2020）还指出，中国台湾地区自由贸易港区提倡企业自主管理，同时在通关制度上免除海关检验检查、货物追踪及船只护送。

在对最不发达国家海关特殊监管区域的研究中，Wulf、Sokol（2004）对莫桑比克和玻利维亚自由贸易区进行了分析，他们提出，莫桑比克的海关官员驻扎在自由贸易区内，利用电脑记录监视货物的流动，海关稽核小组定期检查这些记录；而玻利维亚通过海关文件，如运输舱单、商业单据和运输文件，对货物、车辆和人员的进出进行认证。Douglas（2015）聚焦非洲国家的海关特殊监管区域，认为其现行法律、管理和体制框架建设程度很低，在登记、许可证、税收、贸易物流、海关、外汇和服务交付等方面处于一种整体制约的环境中，导致成本高昂。Farole（2011）对非洲区域的六个项目与四个非洲国家进行了比较，结果显示，非洲区域在投资、出口和创造就业方面较为落后，且通关所需的平均时间并没有显著减少。此外，Yagci（2010）认为叙利亚尽管有大量的财政激励措施，但自贸区在创造就业和外汇收入方面的表现并未达到预期；且由于自由区企业从当地市场购买的原材料和半成品的价值被限制在 50 万欧元，自由区内企业的后向联系及与当地经济的融合受到了限制。

（三）制度比较

尽管我国的海关特殊监管区域的制度建设取得了较多成果、制度改革与创新也极大地推动了区域经济乃至国家经济、贸易的发展，目前我国园区建设与国际一流园区间还存在一定差距。因此，需进一步对标国际一流园区，总结并学习境外典型园区好的发展特点和制度经验。基于此目标，我国很多学者通过对境内外海关特殊监管区域监管制度的比较研究，总结归纳典型海关特殊监管区域监管制度的共性，并通过借鉴先进发展经验，提出我国海关特殊监管区域的未来发展方向。

1. 制度的共性与差异

由于基本所有海关特殊监管区域都源于自由区的概念，即减少关税和监管程序，世界范围内的大多数海关特殊监管区域的监管制度都具有相似之处。典型的海关特殊监管区域一般都具有一定规模和较广活动范围，所有种类的商品都可以由注册企业或居民个人免税引进，并在支付进口税费的基础上完全进入国内市场（Akinci、Crittle，2008）。同时，目前世界上的海关特殊监管区域普遍实行“一线放开、二线管住、区内自由”的海关制度，在税制、监管等方面推行便利措施（郭永泉，2018）。先进自由贸易港通常具备网络信息化的海关监管模式、建立海关信息网络服务平台，并对市场开放及有效监管进行平衡，不断完善事中事后监管制度（李猛，2018）。但是，根据自贸区的体制设置，各自贸区海关管制的范围、程度及在各自贸区开展的经济活动也有一些不同（Kenji，2019），因此 Meng、Douglas（2019）认为，没有放之四海而皆准的制度方法，在制度借鉴及使用时应注意因地制宜。

2. 制度的发展方向

通过对比分析我国海关特殊监管区域与世界典型海关特殊监管区域制度，很多学者找到了我国海关特殊监管区域在制度安排方面存在的问题，并对我国海关特殊监管区域监管制度的发展方向提出了建议。沈玉良等（2016）对标国际贸易新规则，提出我国自贸试验区投资制度领域的负面清单制度仍不够精简和清晰，货物贸易监管制度和贸易便利化领域尚未实现多部门高效协同，且贸易监管系统与商业系统对接还不到位。吕颖（2018）认为，我国自由贸易区应建立更加灵活的监管方式，实施货物分类监管制度、加强电子账册使用水平，推进企业信息化管理。符正平（2018）提出，我国应发展“1+N”港产模式，将自由贸易港区和特色产业功能区结合，分别实行“一线放开、二线管住、区内自由”和免税优惠政策。尹红、陈利强（2018）则研究了自贸试验区“单一窗口”制度实践中的事权、法治和技术问题，通过对国际贸易“单一窗口”制度的国别研究，提出我国“单一窗口”需进一步建立各部门间、部门与企业间的有效合作机制，对相关法规进行合理的立改废释，加强企业深度参与。王立勇（2019）认为，建设发展水平较高的自由贸易港，需要监管部门营造有利于企业的营商环境、尊重并发挥市场对资源的配置、调控作用，通过降低企业注册成本、开发电子信息管理系统促进我国自由贸易港高质量发展。裴长洪等（2019）提出，应创新“电子二线”新型监管模式。陈章喜、吕多鑫（2019）认为，自贸区应立法贯彻“境内关外”定位，不断升级港区自动化监管手段，同时引入更精确的物联网管理系统，通过属地管理、前置服务、后续核查等方式提高贸易便利化程度。费广平（2020）通过分析欧盟自由贸易区发展的经验，建议海关特殊监管区进一步发挥“保税、免税、免证”的功能政策优势，接轨国际投资贸易通行规则，复制自贸区关检创新举措，以促进贸易便利化。孟广文（2021）则提出，海南自由贸易港可以结合新加坡自由港的发展经验，在海关监管上把行政区管理、各园区口岸管理和“港中有区”镶嵌式管理相结合，制定颁布行政管理负面清单、投资负面清单、海关进出货物负面清单等，同时简化制度内容、形式、结构，进一步改善营商环境。

三、国际典型自贸港/自由区发展经验

（一）新加坡自由贸易港

功能定位：转口贸易为主、加工为辅的综合型。

产业特点：亚洲金融危机和“9·11”事件引发经济衰退，推出“高科技战略”和“扩大腹地战略”，产业发展定位于生物制药、电子及精密工程、物流、工程及环境服务、资讯及媒体等。石油危机和原有廉价劳动力优势丧失，向高级服务业等高层次发展转型，港口走向后工业化，继续吸引跨国投资。

交通：该港口位于新加坡岛西部、裕廊工业区南岸，是亚洲最大的散装货运港。裕廊港每年有超过7000艘的载重达150000吨位的船舶进出，并拥有23个码头可供吃水线接近16米的船舶停泊。

监管科学化：新加坡通过“一站式”网络通关系统连接海关、检验检疫、税务、军控、安全、经济发展局、农粮局等35个政府部门，与进口、出口（包括转口）贸易有关的申请、申报、审核、许可、管制等全部监管流程均通过该系统进行。

（1）报关便利。按照规定，进出口货物所有人或其代理人只需填写和交验有关单证即可。按规定必须得到有关部门批准方可进出口的货物，如药品、化妆品和危险物品等在报关时需要出具批准通知或许可证。

（2）通关效率高。新加坡拥有全球最高效的海关系统贸易网络，进出口商通过电脑终端10秒钟即可完成全部申报手续，10分钟即可获得审批结果。贸易网络系统连接了与进出口有关的各个部门，使进出口审批、检验检疫、通关查验等环节可以在一个统一的平台上准确、高效地完成。

（3）不设配额限制。新加坡对进出口货物不实施配额限制，也没有类似

的数量限制措施，除危险品、武器、药品和化妆品等特殊货物和针对特定地区的进出口需要申请许可证外，一般货物可以自由进出口。

（4）检验检疫便利。新加坡进口食品、药品和动植物需要提前向检验检疫部门申请许可证，进口上述货物需要经过检验检疫部门的许可。许可证申领和检验检疫部门的查验工作都通过海关贸易网络系统，具有较高的效率。

发展经验：从以政府主导的管理模式转变为企业化管理模式，辅之以政企协调由企业直接管理。以裕廊自由贸易区为例，它主要由裕廊海港私人有限公司——与新加坡国际港务集团类似的公司——经营和管理，定期向政府有关部门汇报工作，但不受政府管制，使自由贸易区的运营得到了效率最大化。但在企业直接管理的模式中，政府参与有效填充了自由贸易区政策制定和执行之间的空白。这种政府与市场“恰当的定位”模式值得学习借鉴。

（二）阿联酋迪拜自由贸易港（拉什德港区和杰贝阿里港区）

功能定位：贸工结合型；港口装卸、仓储物流、贸易及加工制造等，区内加工+转口贸易。

产业特点：工业（原材料进口、制造、加工、装配、包装以及制成品出口等）、商业（进出口、商品分拨和集散、仓储等）、咨询和服务（管理、金融、投资、法律、劳务、营销等）；以培育新产业、新业态为目标，加快形成以高新技术产业、旅游业和现代服务业为主的新型经济结构。

交通：拉希德港是阿联酋迪拜的深水港。位于该国东北沿海，迪拜市东北约3公里海湾深处，迪拜湾之东岸，陆上有公路西南经阿里山港至首都阿布扎比，东通富查伊拉港和阿曼苏哈尔港。附近有沙加国际机场；海路西至阿布扎比77海里，至苏莱曼港250海里，至舒威赫港467海里，东距阿巴斯港131海里，至科伦坡港1887海里。迪拜湾是一个纵深13公里的海湾，港口位于海湾深处，有一个由陆岸向西南伸展的大突堤，与左边的陆岸以及西南部由陆岸向西北伸展有主防波堤，与从大突堤底部向西北再向西南伸展的小防波堤围成外港。外港水深13米，内港水深11.5米。全港共有泊位38个码头，前沿水深9.3～13.0米，有5个集装箱专用泊位，3个油轮泊位，其他均为散货等多用途泊位。港口货物吞吐量已达970万吨，集装箱吞吐52万标准箱，是海湾最大的集装箱装卸中心，该港集装箱处理量提高到64万标准箱。杰贝阿里港包括超过100万平方米的集装箱堆场，还包含中期和长期普通货物的存储空间，其中包括7个荷兰谷仓，共有近19万平方米、12棚覆盖的90.5平方米的空间。此外，杰贝阿里港还拥有96万平方米开放式存储空间。港口杰贝阿里连接到迪拜的高速公路系统和迪拜国际机场货运村，同时具备货物处理设施，使4小时内能够通过船舶或飞机运输。

发展经验：货物在区内存储、贸易、加工制造均不征收关税及其他税收，如进入阿联酋关税区时再征税。海关对区内货物采取随时抽查的方式进行监管。外国货物从海上进出该区均须向海关和港口进行申报。海关通关手续和程序简单便捷，办理审批进出口手续、签证等可在24小时内办结。企业生产所需的原材料和设备免税进口，货物转口“零关税”。

（三）阿联酋迪拜机场自贸区

功能定位：集投资融资、保税仓储物流等功能为一体的综合自由贸易区。

产业特点：投资融资、保税仓储物流、加工贸易、展示和交易、信息技术服务、咨询服务、奢侈品服务、营养和医疗设备服务。

交通：迪拜国际机场作为阿联酋最大的酋长国迪拜的主要机场、中东地区最大的航空港、世界上最繁忙的国际航空港，给迪拜机场自贸区提供了战略中心位置，为自贸区的发展起到了重要的促进与保障作用。作为迪拜最重要的机场，迪拜国际机场不断被投资扩大接待能力。迪拜机场自由区（以下简称 DAFZ)，是迪拜机场物流仓储枢纽，其运营至今所拥有的最大优势为：拥有年均超过 15 亿人次消费者进出的庞大市场；来回世界各地的 100 多条班机航线。仅航空年均货运量超过 50 万吨。

发展经验："一站式"服务、24 小时过关等服务支持。

（四）荷兰鹿特丹港

功能定位：保税仓储物流型——鹿特丹自由贸易区，是欧洲最重要的石油、集装箱、化学品、铁矿、金属等的运输港口。

产业特点：鹿特丹港不仅是转运港，也是一个巨大的工业综合体。大量的跨国公司在此设立最重要的或是在欧洲唯一的工业联合体，它们为整个欧洲甚至全世界生产工业品。鹿特丹市拥有一条以炼油、石油化工、船舶修造、港口机械、食品等工业为主的临海沿河工业带（临港工业区）。同时，发达的临港工业促进了金融、贸易、保险、信息、代理和咨询等服务业的发展。港口主要的产业包括海运业、石化产业、农业综合产业、造船业和水工产品制造业、食品工业、回收利用业、高端服务业、现代物流业。

交通：鹿特丹港经过 100 多年的建设，现为欧洲第一大港，全球最重要的物流中心之一。目前鹿特丹港港区总面积 105.56 平方公里，岸线长度为 40 公里。其中，工业区面积 52.57 平方公里，港口水域面积 52.99 平方公里，港口长度 40 公里，码头长度 89 公里，主要港口 7 个，总泊位 656 个，航道最大水深 22 米，是 500 多条航线的船籍港或停靠港，通往全球 1000 多个港口，货运量占荷兰全国的 78%。

鹿特丹自由贸易港采用多模式集疏运系统，它不仅包括对其服务腹地的运输网络，还包括港口本身内部的运输系统。具有内陆水运，自由贸易港 80% 的吞吐货物发货地或目的地都是通过内陆运输网进行中转。拥有被称作"1000 千米长的传送带"的莱茵河和其他内河航道。近海水运港口的近海直线船运目前已为欧洲各地 150 个港口提供班轮运输服务，航次频率高。近洋和支线运输服务成为替代公路运输的方式。目前，鹿特丹自由贸易港公路运输的占比高达46.2%，港口与欧洲高速公路网直接联通，公路运输可将货物直接送达客户。铁路线路直接深入港口作业区，实现海铁的无缝衔接，减少海公铁联运的起吊装卸环节，降低水铁联运的成本。自由贸易港的运输油管道直通阿姆斯特丹、德国和比利时，拥有纵横发达的管道系统。史基浦机场距鹿特丹80千米，是欧洲的四大国际中枢机场之一。机场开设了260多条航线，机场旅客吞吐量居全球第九位、欧洲第四位。鹿特丹自由贸易港已经实现了海陆空运输交通的对接。截至2016年港口水铁联运比例达12.2%，并力争于2020年铁路集装箱运量达30万标准箱以上，海铁联运比例达20%以上。

由此可见，鹿特丹自由贸易港40多年来一直保持世界第一大港的地位，除了其优越的地理位置、良好的水深条件及高效的港区管理模式外，发达的多模式集疏运系统是其重要支撑。鹿特丹自由贸易港能成为欧洲综合交通运输网中重要的水陆交通枢纽，其完善和畅通的集疏运系统功不可没。

发展经验——海关监管政策

鹿特丹港的海关机构管理便捷，采取高效、便捷、规范、完善的海关监管政策和手段，在手续上尽量简化，很好地适应各国商人过境、转口和分销要求。

1. 对区内企业和货物实行“一线放开、二线管住、区内自由”和“管住卡口、管出不管进”政策

“一线放开”即境外货物进出自由贸易区不受海关的限制，无须向海关呈验，也无须正式报关。除毒品和军火外，几乎所有商品都可自由出入，不受种类和数量限制。“二线管住”即海关依法严管自由贸易区与国内非自由贸易区的通道，以保护国家的关税收入。“区内自由”即区内货物可以进行任何形式的储存、展览、组装、制造和加工，自由流动和买卖，无须经过海关批准，只需备案，因此港区通关速度快，货物集散快，物流量大。

2. 采取“进出关便利化”政策

为提高港口效率，鹿特丹港海关采取“进出口便利化”政策，主要表现

在以下方面。

（1）24 小时通关制。就通关方式而言，海关可以提供 24 小时通关服务（周日除外）。

（2）采用到关前通知、风险分析、电子化检验等多种手段相结合。鹿特丹港海关采用的规则是，在货物到达海关前两天内，货主要将需要办理的手续和相关单证通过电子手段传给海关，海关在进行适当的风险分析之后，决定需要检查货物的数量和品种，货主可一面负责将海关指定的集装箱送去检验，一面可以继续运送获得免检的货物。这种做法大大减少了海关的工作量，也极大地提高了通关的速度，避免了货物运输在海关前停滞。

（3）以公司账册管理及存货数据取代海关查验。对部分符合条件的企业，海关将对其会计数据进行审核，取代传统意义上的开箱查验，从而使通关速度大大提升，运作十分便利。

3. *以企业为基本监管单元，并进行分级监管*

在鹿特丹港区内，各种类型的保税仓库广泛分布于拥有陆域面积 78.52 平方公里的港口内，海关对企业进行分类，颁发不同等级的许可证书，来确定企业所能享受的进出口海关手续的简化程度。鹿特丹港的保税仓库分为海关、公共、私营、商行和工厂等几种类型，具有不同程度的海关监管及财务担保：（1）海关保税仓库是海关设立的为过境货物及运送中途储存之用，一般储存期不得超过五年。（2）公共保税仓库归市政当局所有，经营管理受海关监督，不收货物保证金。（3）私营保税仓库与公共保税仓库较为相似，但属私人所有，而且储存货物需要缴纳保证金。（4）商行保税仓库是私人经营，但不受海关直接监管的保税仓库，准许货主可以不在海关监管下移动货物和进行货物的包装、检查、消洗、混合标记等活动，但不允许加工。这类仓库在鹿特丹港最为普遍，多达 1000 多座。（5）工厂保税仓库是在海关监管下既可储存原料和半成品，又可进行加工、装配和制造的仓库，无须支付保证金。另外还有所谓“行政管理商行保税仓库”，简称 FEMAC，其内海关直接的具体管理完全由事先同意的替代管理方式所取代，是操作效果最为顺畅和切合实际的保税合库，海关对港区内保税仓库采取较为宽松的管理政策，保税货物有一定的免费存放期，延长存放缴纳一定费用；货物在保税仓库之间进出无须通关；对区内货物采取较为宽松的抽查方式等。

（五）爱尔兰香农自由贸易区

功能定位：形成空港经济＋出口加工。

产业特点：（1）人流、物流、资金流和信息流的聚集功能，形成空港经济。空港经济是一种具有现代服务性特征与新经济时代特征的新型产业。空港经济相关的产业大致包括航空运输业以及航空运输相关的物流业、加工业、高新技术产业、商业和其他服务业。（2）形成产业集群。香农国际航空港自由贸易区依托便利运输条件和巨大的人流、物流，吸引了大量国内外资金和原料，在机场周边形成空港配套服务业、临空型制造业产业集群，以及现代服务业等与航空运输相关的产业集群，进而形成以临空指向产业为主导、多种产业有机关联的独特经济发展实体，奠定空港经济区乃至空港经济城发展的基础。（3）发展加工出口工业。直接带动当地经济与社会的巨大发展，从而奠定了世界范围内的空港经济范本。

香农自由贸易区在信息技术领域久负盛名，其软件服务外包产业一直是成功的典范。

交通：香农正好处于北美和欧洲大陆的中轴线上，而且香农地理环境也很特殊，是个极好的避风河口湾，利于飞机起降，是个修建机场的好地方。如今的香农自由贸易区拥有国际先进水准的基础设施，航空运输、陆运与海运交通极为便利。

发展经验：作为飞机横跨大西洋的中转站，香农自由贸易区正是利用了香农机场的便利运输条件和巨大的人流、物流，吸引了大量国内外资金和原料，发展起了加工出口工业，直接带动当地经济与社会的巨大发展。依托空港经济区的巨大集聚辐射作用，以航空运输（人流、物流）为指向的产业在经济发展中形成具有自我增强机制的聚集效应，不断引致周边产业的发展、调整、升级和趋同，在机场周边形成空港配套服务业、临空型制造业产业集群，以及现代服务业等与航空运输相关的产业集群，进而形成以临空指向产业为主导、多种产业有机关联的独特经济发展实体，奠定空港经济区乃至空港经济城发展的基础。

（六）韩国釜山自由贸易港

功能定位：釜山港凭借着优越的区位条件、悠久的历史积淀逐渐形成了“港口＋工业＋服务”的综合型港口，并进一步朝着纵深方向发展，逐步升级为兼具物流、海洋旅游及商务、港口相关服务这三大功能的枢纽港。釜山港一直致力于将港口打造成面向未来的东北亚物流中心之一，不断提升港口服务，创造产业高附加值，及树立具有自身特色的海洋旅游文化国际品牌。

产业特点：始终将物流和集装箱业务作为港口的支柱产业重点发展，以釜山港物流园区的商务模式构建提升港口服务，以尖端 IT 信息技术支撑未来先进港口系统，树立海洋旅游文化的国际品牌。

交通：建立了“海运—空运—公路—铁路运输”复合立体交通网络，覆盖各种类型的交通方式，大大提高了海港的建设能力。金海国际机场承载了主要的客货运工作量，扩充滑道至 314400 平方米，进一步承载更高旅客和货物吞吐量。釜山港形成了全球海运网络，与世界 100 个国家的 500 个港口进行了货物交换。釜山港在原有港口的基础上，又新建港口，竣工后将共有 45 个泊位集装箱码头，形成线路馈线网络，能够处理超过 2200 万标准箱货物。目前，加德线、庆全线等铁路将釜山港与全国连接。未来，朝鲜与韩国间的铁路建成时，便能够与亚欧大陆铁路相连通，从而贯通中国、俄罗斯与欧洲的铁路运输，并能够成为东北亚货运的终点。新建和扩建大邱—大同高速公路等两条道路，建成鸣旨大桥连接釜山港—釜山新港（总长 5.2 千米，往返6车道），节省物流费用；建成巨加大桥，连接釜山—巨济岛的道路总长为8.2千米；扩充公路，进一步增强陆运运输能力。

发展经验——便利的海关监管和宽松的口岸环境

釜山港自由贸易区实施“境内关外”相对宽松的海关监管政策，有利于进一步促进国际物流中转的自由度。在海关监管方面，釜山港为方便国际集装箱物流运作，提高集装箱物流处理效率，将其港口作业区、自由贸易区以及工业经济加工区进行一体化监管；并且在整个区域内，开展物流中转不需要进行备案，手续简便，效率较高，国际集装箱物流效率领先，集装箱货物运转快速便捷，减少中间环节，加快物流速度，从而能够极大地吸引东北亚国家周边港口的集装箱货源。

（七）德国汉堡港

功能定位：物流中心+加工贸易。

产业特点：汉堡的临港工业区既包括传统的造船业、提炼业和外国原料精加工业，也包括航空工业、电子工业、精密机械与光学仪器制造、机器制造和化工等新型高科技产业。临港工业利用港口在运输、成本、劳动力、物流和信息等方面的优势充分发展，同时工业也为港口提供了充分的货源，目前汉堡已发展成为德国第二大工业基地，是欧洲著名的民用航空制造中心。大量的跨国公司和企业落户于此，为城市的发展带来契机。港航业和工业的需求带动了相关产业如货运、仓储、集疏运的发展，同时带动了有关港口的金融保险、通信、维修、旅游、服务等第三产业的发展，使产业重心转移，加速了产业结构升级。汉堡自由贸易区借助于港口综合区位优势、综合运输便捷条件、良好基础设施和配套服务以及发达的临港工业区，因地制宜地发展物流业，兴建物流中心。

交通：汉堡地处中欧，地理位置优越，竞争优势明显。途经基尔运河即可方便快捷地到达整个波罗的海地区，经由发达的水陆运输通道直抵中欧和东欧广袤的腹地，便捷的交通成就了汉堡绝佳的地理位置。然而，汉堡港绝不仅只是一个转运中心，汉堡是德国最大的贸易和工业城市地区，在进出港口的货物中，约有三分之一出产于汉堡都市区。与其他北欧港口相比，本地的商品报价占据着重要地位。这就意味着距离海岸线70海里的汉堡港拥有颇具吸引力的交通优势。海运货物运输对环境影响更小，能够迅速往返于海港腹地市场区域。相比之下，陆上运输便相形见绌。与其他欧洲港口相比，德国、斯堪的纳维亚、东欧、俄罗斯、奥地利、瑞士和波罗的海地区的所有重要市场区域与汉堡都相距更近。地理优势意味着经过汉堡可以缩短运输时间，实现环保流通及运输链，降低运输成本。汉堡港有近300条航线通向世界五大洲，与世界1100多个港口保持着联系。每年进出港的船只达1.8万艘，铁路线遍及所有码头，车厢与船舶间可直接装卸，是欧洲重要的中转港，可迅速且相对低成本的到达内陆各个国家。

发展经验：汉堡自由港区向制造企业和经销商提供了欧洲最优惠的税收待遇。自由港属于德国联邦共和国的一部分，属于欧盟关税区。不过，根据《欧盟关税法案》，进入自由港的第三方货物并未算作进入欧盟的关税区。这就意味着进入自由港的货物并不需要清关，并且可以存放在自由港内而不需要缴纳海关关税或其他税种。只在货物离开自由港进口到德国或者欧盟的时候才需要缴税，非进口到德国的中转货物只需要在进入目的国的时候缴纳相应进口税即可。具体优惠政策包括：（1）船只进出汉堡自由港无须向海关结关，船舶航行时只要在船上挂一面海关关旗，就可不受海关的任何干涉；（2）凡进出口或转运货物在自由港装卸、转船和储存不受海关的任何限制，货物进出不要求每批立即申报与查验，甚至45天之内转口的货物无须记录，货物储存的时间也不受限制；（3）货物在自由港区内可任意进行加工和交易而不必缴纳增值税，货物只有从自由港输入欧盟市场时才需向海关结关，交纳关税及其他进口税。只要能提供有关单证证明，海关就区分管理，视同在欧盟境内另一口岸已完成进入欧盟手续，到汉堡只是为了完成物流流程。

（八）美国对外贸易区

美国对外贸易区发展成功的特征和经验，一是充分发挥私人企业在管理中的作用。多数国家在管理运营自由贸易区方面，一般由政府特定机关授权地方政府机关负责。美国对外贸易区的管理的特征之一是，政府机关授权法人团体或私人公司对对外贸易区进行管理运营，如负责对外贸易区的具体设施建设，改善区内软硬发展环境，吸纳企业入区，进行日常管理。二是设置总区和分区。美国设立对外贸易区的初衷主要是促进出口、转口贸易和仓储。美国国会1999年再次修订了《对外贸易区法案》，允许为特定企业，如汽车制造、石油精炼，专门建立对外贸易区分区，即特殊目的分区（Special - Purpose Subzones）。分区主要为单一企业的所有或部分活动专门设立，通常情况下，企业在与美国海关保持直接联系的前提下，自己作为“营业者”管理分区的事宜。分区一般是为企业的单一行为提供的，不得与总区进行合并管理。允许设立分区是美国发展对外贸易区的重要特色之一，代表了美国管理对外贸易区的灵活性。与总区相比，分区申请费用低，时间短，用地、环保成本低，特别适用于固定投资较大的企业。三是采纳可选址框架。为了重振美国的工业，更好地应对2007年次贷危机，美国对外贸易区委员会2009年采纳可选址框架。可选址框架旨在消除繁文缛节，简化审批程序，降低运营主体入区及从事制造加工活动的壁垒，提高对外贸易区的效益。可选址框架将对外贸易区内分为两类选址：磁石选址和使用驱动选址。磁石选址类似于传统的对外贸易区，旨在把企业吸引到固定的地点，如工业园和港口等。使用驱动选址以具体的企业需要为导向，使对外贸易区被授权者尽量把区设立在企业需要的地方。这样一来，被授权者可以及时掌握地方经济机会，从而省去被授权者为了把握未来经济活动，而必须做的预测工作和成本。更重要的是，在可选址框架下，有意通过使用驱动选址开展制造活动的企业，申请程序大大简化，获得批准的时间甚至缩短到30天，一般会在120天内获得批准。这比在旧框架下申请分区要简单和快捷得多，大幅节省了成本，受到中小企业的欢迎。此外，由于使用驱动选址专为具体的企业量身打造，如果企业不使用该选址，驱动选址就会中止；如果另有企业愿意使用该选址，该驱动选址就会重新启动。

四、国内制度创新改革实践

（一）自贸试验区可复制推广改革试点经验——海关部分（2018—2020年）

自2013年上海设立第一个自贸试验区以来，迄今国务院已批准建设21个自贸试验区，基于自贸试验区改革试验田，制度创新和扩大开放新高地的特点，形成可复制推广的制度创新成果。国务院自2014年以来共发布了六批可复制推广的自贸试验区制度创新成果，其中涉及海关监管制度创新的可复制推广措施有61条，包括企业管理、海关担保、检验检疫、跨部门合作等多个方面。

序号	改革事项	负责部门	复制推广区域	实施时间	来源
1	对外贸易经营者备案和原产地企业备案“两证合一”	商务部、海关总署、中国国际贸易促进委员会	全国	—	中国（福建）自由贸易试验区
2	跨部门一次性联合检查	海关总署	全国	—	中国（福建）自由贸易试验区
3	海关企业注册及电子口岸入网全程无纸化	海关总署	全国	—	中国（福建）自由贸易试验区
4	先放行、后改单作业模式	海关总署	全国	—	中国（福建）自由贸易试验区
5	铁路运输方式舱单归并新模式	海关总署	全国	—	中国（陕西）自由贸易试验区

续表

序号	改革事项	负责部门	复制推广区域	实施时间	来源
6	低风险生物医药特殊物品行政许可审批改革	海关总署	全国	—	中国（福建）自由贸易试验区
7	海运进境集装箱空箱检验检疫便利化措施	海关总署	全国	—	中国（福建）自由贸易试验区
8	入境大宗工业品联动检验检疫新模式	海关总署	全国	—	中国（福建）自由贸易试验区
9	国际航行船舶供水“开放式申报＋验证式监管”	海关总署	全国	—	中国（福建）自由贸易试验区
10	进境保税金属矿产品检验监管制度	海关总署	全国	—	中国（浙江）自由贸易试验区
11	外锚地保税燃料油受油船舶“申报无疫放行”制度	海关总署	全国	—	中国（浙江）自由贸易试验区
12	海关特殊监管区域“四自一简”监管创新	海关总署	全国海关特殊监管区域	—	中国（重庆）自由贸易试验区
13	先出区、后报关	海关总署	全国海关特殊监管区域和保税物流中心（B型）	—	中国（福建）自由贸易试验区
14	“保税混矿”监管创新	海关总署	全国海关特殊监管区域	2017年	中国（辽宁）自由贸易试验区
文件：国务院关于做好自由贸易试验区第四批改革试点经验复制推广工作的通知（国发〔2018〕12号）					
序号	改革事项	负责部门	复制推广区域	实施时间	来源
1	国际航行船舶进出境通关全流程“一单多报”	交通运输部、海关总署、国家移民局	全国	—	中国（福建）（浙江）自由贸易试验区

续表

序号	改革事项	负责部门	复制推广区域	实施时间	来源
2	保税燃料油跨港区供应模式	交通运输部、海关总署	全国	—	中国（福建）（浙江）自由贸易试验区
3	海关业务预约平台	海关总署	全国	—	中国（福建）自由贸易试验区
4	进境粮食检疫全流程监管	海关总署	全国	—	中国（辽宁）自由贸易试验区
5	优化进口粮食江海联运监管措施	海关总署	全国	—	中国（浙江）自由贸易试验区
6	优化进境保税油检验监管制度	海关总署	全国	—	中国（浙江）自由贸易试验区
文件：国务院关于做好自由贸易试验区第五批改革试点经验复制推广工作的通知（国函〔2019〕38 号）					
序号	改革事项	负责部门	复制推广区域	实施时间	来源
1	二手车出口业务新模式	商务部、公安部、海关总署	二手车出口业务试点地区	—	中国（天津）自由贸易试验区
2	飞机行业内加工贸易保税货物便捷调拨监管模式	海关总署、商务部	全国	—	中国（辽宁）自由贸易试验区
3	跨境电商零售进口退货中心仓模式	海关总署、商务部	全国	2020 年 1 月	中国（河南）自由贸易试验区
4	海关公证电子送达系统	海关总署、司法部	全国	2019 年 1 月 11 日	中国（福建）自由贸易试验区
5	出入境人员综合服务“一站式”平台	海关总署、国家移民局、外交部、科学技术部、国务院港澳事务办公室	全国	2019 年 1 月	中国（辽宁）自由贸易试验区
6	进出口商品智慧申报导航服务	海关总署	全国	—	中国（辽宁）自由贸易试验区

续表

序号	改革事项	负责部门	复制推广区域	实施时间	来源
7	冰鲜水产品两段准入监管模式	海关总署	全国	—	中国（四川）自由贸易试验区
8	货物贸易“一保多用”管理模式	海关总署	全国	—	中国（天津）（湖北）（重庆）自由贸易试验区
9	保税航煤出口质量流量计计量新模式	海关总署	保税监管场所	—	中国（天津）自由贸易试验区
文件：国务院关于做好自由贸易试验区第六批改革试点经验复制推广工作的通知（国函〔2020〕96号）					

（二）海南自贸港贸易自由化便利化措施

1. 海南自由贸易港贸易自由化便利化若干措施

2021年4月，商务部等部门发布《关于推进海南自由贸易港贸易自由化便利化若干措施的通知》，在货物贸易方面提出相关措施推进海南自贸港贸易自由化便利化。在洋浦保税港区内先行试点经“一线”进出口原油和成品油，不实行企业资格和数量管理，进出“二线”按进出口规定管理。在洋浦保税港区内先行试点经“一线”进口食糖不纳入关税配额总量管理，进出“二线”按现行规定管理。从境外进入海南自由贸易港的上述商品由海南省商务厅在年底前向商务部报备。将海南省省内国际航行船舶保税加油许可权下放海南省人民政府，经批准的保税油加注企业可在海南省省内为国际航行船舶及以洋浦港作为中转港从事内外贸同船运输的境内船舶加注保税油。在实施“一线”放开、“二线”管住的区域，进入“一线”原则上取消自动进口许可管理，由海南自由贸易港在做好统计监管的前提下自行管理，进入“二线”按现行进口规定管理。在实施“一线”放开、“二线”管住的区域，进入“一线”取消机电进口许可管理措施，由海南自由贸易港在安全环保的前提下自行管理，进入“二线”按现行进口规定管理。将海南自由贸易港纳入开展二手车出口业务的地区范围。支持海南自由贸易港内企业开展新型离岸国际贸易，支持建立和发展全球和区域贸易网络，打造全球性或区域性新型离岸国际贸易中心。提升进出口商品质量安全风险预警和快速反应监管能力，完善重点敏感进出口商品监管，建立医院、市场、应急、消防、消费者投诉等产品伤害信息收集网络，对存在较高风险的进口商品进行预警和快速处置。海关对海南自由贸易港进出商品依据风险水平采取适当的合格评定方式，提高法定检验便利性。加强海关监管模式创新，建立跨部门的植物隔离苗圃监管考核互认机制，优先开展中转基地动植物种质资源检疫准入和疫情监管工作，实施海关总署审批和授权海口海关审批的层级审批模式。

2. 洋浦保税港区加工增值货物内销税收政策

根据海关总署印发的《海关对洋浦保税港区加工增值货物内销税收征管暂行办法》，海南自贸港封关运作前，对鼓励类产业企业生产的不含进口料件或含进口料件在洋浦保税港区加工增值超过（含）30%的货物，经洋浦保税港区进入境内区外的，免征进口关税，照章征收进口环节增值税、消费税。

3. 海南自由贸易港跨境服务贸易负面清单

2021年7月，商务部发布《海南自由贸易港跨境服务贸易特别管理措施（负面清单）（2021年版）》（以下简称《负面清单》），这是我国在跨境服务贸易领域公布的第一张负面清单。负面清单仅包括11类70项特别管理措施，负面清单外的领域在海南自贸港内按照境内外服务及服务提供者待遇一致原则实施管理。《负面清单》明确列出针对境外服务提供者的11个门类70项特别管理措施，把这些作为负面的管理措施列出来。凡是在清单之外的领域，在海南自由贸易港内，对境内外服务提供者在跨境服务贸易方面一视同仁、平等准入，可以说开放度、透明度、可预见性都大大提高。《负面清单》可以说是对服务贸易管理模式的重大突破，是一项制度型开放安排，有助于推动服务贸易自由化、便利化，提升我国整体开放水平，它将会很好地服务于构建新发展格局。比如在报关方面，原来规定只有在中国境内设立的法人方可从事报关业务，现在在海南自贸港取消设立法人的要求，也就是说，境外的报关企业现在不需要在海南注册法人实体，就可以直接开展报关业务。这样既提高了境外报关企业进入海南的自由度，也能有效降低企业的运营成本，同时也有利于海南本地的外贸企业更加便捷地利用境外的优质服务，提升自身的国际竞争力。又如在船舶检验方面，原来规定外国船舶检验机构如果没有在中国设立验船公司，不得雇员或派员在中国开展船舶检验活动。这次在海南自贸港取消了设立验船公司的限制，外国船舶检验机构现在不需要在海南自贸港设立独立法人资格的验船公司，就可以直接派员或者派雇员在海南开展船舶检验业务。这也提升了运输往来的自由便利水平，有利于海南自贸港船舶运输企业获得更多更好的国际服务，同时也可以降低经营成本，为国际航运业企业的集聚发展提供新的便利条件。

（三）促进洋山特殊综合保税区对外开放与创新发展

2020 年 5 月，中国（上海）自贸试验区临港新片区管委会发布《关于促进洋山特殊综合保税区对外开放与创新发展的若干意见》。

1. 实施高标准的贸易自由化便利化

第一，“一线”充分放开。除法律法规要求必须进行申报的外，“一线”对于不涉证、不涉检的货物，采用直接放行，企业可以直接提货、发货；“二线”由以往区内外企业双侧申报制度改为区外企业单侧申报制度。除涉及国际公约、条约、协定或涉及安全准入管理的货物，确需在“一线”验核监管证件外，其余在“二线”验核。对依法实施检疫的货物，原则上在口岸完成，经海关批准可在区内实施检疫。对入境检验的货物，原则上在“二线”实施。

第二，区内高度自由。海关取消账册管理，不要求区内企业单独设立海关账册，免于手册核销、单耗管理等海关常规监管，对区内企业实行企业自律管理，海关不干预企业正常经营活动。企业可依法开展中转、集拼、存储、加工、制造、交易、展示、研发、再制造、检测维修、分销和配送等业务。货物在洋山特殊综合保税区内不设存储期限。

第三，构建法治化、国际化的营商环境。试行商事主体登记确认制。登记机关对申请人提交的登记材料实行形式审查，审查通过后即时予以登记确认，核发营业执照。境外知名仲裁及争议解决机构经市司法行政部门登记并报国务院司法行政部门备案后，可在区内设立业务机构，就国际商事、海事、投资等领域发生的民商事争议开展仲裁业务。发挥航运交易机构、仲裁机构、法律服务机构作用，构建灵活、高效、专业的海事海商纠纷多元解决机制。

第四，建设一体化信息管理服务平台。以“协同监管 + 风险预警 + 政务服务 + 增值服务”为核心功能，建设涵盖管理机构、行业主管部门、区内企业和相关运营主体的一体化信息管理服务平台，为企业提供货物贸易、跨境电商、数字贸易、金融保险、航运服务、增值服务等“一站式”贸易自由化便利化服务，为政府部门间协同监管、联防联控与创新服务提供支撑。支持金融机构运用一体化信息管理服务平台的增信功能，探索基于区块链等技术的大宗商品仓单质押融资、供应链金融等业务和监管创新。

2. 拓展国际供应链管理服务

优化简化贸易监管流程，巩固保税物流、保税仓储、航运服务等基础性功能，拓展国际分拨及配送中心、国际销售及服务中心、国际中转集拼中心等功能。一是巩固提升现代物流服务。对从事国际航运、仓储、物流、运输业务的企业和从事国内货物运输、仓储、装卸搬运业务的企业，根据每年的综合贡献度，给予一定的奖励。支持发展航空物流、冷链物流、精密物流等高端物流仓储业。对在区内开展高端仓储物流业务的新办企业，根据其实际租赁或自有仓库面积，可给予共3年、每年1个月租金及装修费用支持，两项支持总额最高不超过100万元。二是培育发展国际中转集拼业务。进一步完善启运港退税相关政策，对符合条件的出口企业经洋山港离境的集装箱货物，实行更加便利高效的监管和服务。扩大中资方便旗船沿海捎带政策实施效果，研究在对等原则下允许外籍国际航行船舶开展以洋山港为国际中转港的外贸集装箱沿海捎带业务。对区内企业开展以洋山港为国际中转港的外贸集装箱沿海捎带业务，根据集装箱吞吐量给予支持。支持浦东国际机场开展航空中转集拼业务，实行更加便利的海关监管制度。推动在浦东国际机场建设具有物流、分拣和监管集成功能的航空货站，实行更加便利的航空货运监管模式。对从事国际中转集拼业务的企业，按照其在区内集拼业务箱量，每年给予最高不超过200万元的奖励。对开展跨境租赁集装箱等航运业务的企业，经管委会认定，根据综合贡献度，最高给予管委会财力贡献80%的支持。对从事集装箱、航空货物等国际中转业务的企业，按照其规模及贡献度等，每年给予最高不超过1000万元的支持。其中，对在洋山深水港、上海南港挂靠的船公司（无须注册），每新增一条外贸航线，根据新增集装箱吞吐量，给予最高不超过500万元的奖励。对搭建国际中转集拼服务中心、保税船供物资服务平台、保税船供燃料油服务平台等功能性市场或专业贸易平台，经管委会认定，根据实际运行绩效评估，给予最高不超过200万元的一次性支持。三是支持发展国际船舶登记业务及相关业务。推动实行更加便利的“中国洋山港”国际船舶登记管理制度，进一步优化船舶登记工作流程。推动设立洋山特殊综合保税区船舶登记办事机构，提升登记服务水平。在确保有效监管、风险可控前提下，对境内制造船舶在“中国洋山港”登记从事国际运输的，视同出口，给予出口退税。探索放开区内注册企业从事国际航行或港、澳、台航线的船舶的法定检验。对符合条件在“中国洋山港”登记国际航行船舶的企业，每登记一艘船舶（重复登记的除外），按照船舶的总吨大小，每年给予最高不超过300万元的一次性奖励。鼓励设立具有较高国际管理水平的海员外派机构，对注册在或者经营场所设在区内的海员外派机构，实行区内申请、区内审批。鼓励开展高端船员、飞行员培训，对于开办船长、机长、轮机长以及船舶动力定位系统操作员等高端船员、飞行员培训的企业，给予一定支持。四是支持构建多式联运体系。支持建立多式联运信息共享平台，根据运行绩效评估，给予最高不超过100万元的一次性支持。对在洋山深水港、上海南港、浦东国际机场与芦潮港铁路集装箱中心站通过多式联运、江海联运产生的吞吐量增量部分，根据不同联运方式、货运流向等，按照每箱20～30元，每年给予最高不超过600万元的奖励。

3. 提升区外重点产业贸易自由化便利化水平，培育国际高端制造及相关服务业

发挥区内外联动优势，鼓励发展离岸与在岸相结合的保税研发设计、保税加工和制造、高端检测维修和高端智能绿色再制造及相关服务业务。(1) 探索电子监管，进一步提升贸易自由化便利化水平，对符合条件的重点企业给予免担保待遇。(2) 重点企业进口货物的非高风险检验、风险可控检疫等业务，经海关批准，可在工厂内指定场所实施；对需抽样送检的，实行“即到即检”，探索分类实施“边用边检”，其中生物医药等特定商品按照“一批一申请”的方式实施“边用边检”。探索对涉及出口法定检验的货物，实施到厂检验。(3) 探索对重点企业进口的需法定检验的一般商品，采取“合格保证+符合性验证”的检验模式，由企业向海关提供符合要求的产品合规性自我声明，海关采信后予以放行；对经风险评估需要抽样检验的商品，海关进行符合性验证。(4) 根据企业需要，海关对重点企业开展加工贸易业务实施手（账）册管理，允许企业自主备案、自定核销周期、自主核报、自主缴纳税款。(5) 探索对重点企业的集团内企业实施集团保税监管，统一设立加工贸易账册。对具有长期稳定合作关系的

上下游企业，探索实施更加简便的保税监管模式。（6）对生物医药重点企业进口的特殊物品，进一步优化风险评估和审批流程，探索对同一项目的样本实行“一次评估、分批入境”管理。（7）试点生物医药研发用品认定机制及通关便利化，对生物医药企业进口研发用原辅料、合成前体的行为进行认定，不需要办理《进口药品通关单》。（8）对国产大飞机项目，探索由企业自主管理试飞期间零部件及设备的加装、拆卸等作业，实行事后向海关报备管理模式。简化试飞期间零部件与设备进口、退返维修、升级、再进口流程。

（四）浦东新区高水平对外开放

2021 年 4 月，国务院发布《关于支持浦东新区高水平改革开放打造社会主义现代化建设引领区的意见》，提出加快关键技术研发，建立企业研发进口微量耗材管理服务平台，在进口许可、通关便利、允许分销等方面研究予以支持。推进中国（上海）自由贸易试验区及临港新片区先行先试，推进海关特殊监管区域建设，支持洋山特殊综合保税区政策在浦东具备条件的海关特殊监管区域的特定区域适用。优化海关特殊监管区域电子账册管理。围绕战略性新兴产业领域并根据企业实际需要，在中国（上海）自由贸易试验区临港新片区探索创新监管安排，具备条件的可享受洋山特殊综合保税区的通关便利化相关政策。在监管部门信息共享、风险可控的前提下，推动海关特殊监管区域外的重点企业开展高附加值、高技术含量、符合环保要求“两头在外”的保税维修业务。在洋山特殊综合保税区指定区域探索设立为区内生产经营活动配套服务且不涉及免税、保税、退税货物和物品的消费服务设施，设立保税展示交易平台。加快共建辐射全球的航运枢纽，研究在对等条件下，允许洋山港登记的国际航行船舶开展以洋山港为国际中转港的外贸集装箱沿海捎带业务。

五、启示与建议

（一）国际经验启示

1. 明确自贸园区或自贸港类型定位

据自由贸易园区或自贸港的国际发展实践，基于自贸园区或自贸港的功能定位，可分为贸易导向型、工业导向型、物流导向型，且其外部行政/司法环境、内部提供的功能或服务以及主要货物流向的不同，一般可分为如下类型（见表1）。

表1　自由港类型

组1	存储型	功能
1.1	比雷埃夫斯型	进口免税储存的货物，然后再出口到其他城市，或课税进入自由港所在城市。出现第一个贸易中心
组2	加工型	
2.1	提洛岛/汉堡港型	包括物流或一般性加工服务，进入货物与出区货物不同
组3	增值型	
3.1	维勒弗朗希型	包括大范围服务，如银行、住房、交易来支持商业活动
3.2	里雅斯特型	进出国内关区的门户，出口前可在自由港加工
3.3	日内瓦型	进口、储存、再出口未经加工货物，适于高价值货物且通常情形下课征高税收货物。日内瓦自由港免税储存高价值货物，如艺术品、贵金属或葡萄酒
组4	供应链型	
4.1	休内姆型	独立的货物进出区，但通常没有再出口（货物会移入同一海关区内的另一自贸港），作为货物加工或供应链服务的一个商业缓冲区，美国对外贸易区的典型模式
4.2	巴塞罗那型	从国外或另一自贸港进口货物，链接免税园区网络的关区走廊，与丹吉尔地中海自贸港建有关区走廊
4.3	高雄型	区外进出区货物，经存储加工后进口或再出口，类似出口加工区

续表

4.4	达喀尔型	进口或再出口未加工货物；货物去往另一关区的存储缓冲：主要服务指向内陆国家的自由园区
组5	园区专业化型	
5.1	马尔代夫型	类似4.2，除自贸港外还提供供应链服务，且在国内关区的自由园区网络中提供加工和IT服务
5.2	迪拜型	类似4.3，除物流和加工外还提供更大范围的服务，集中于会议中心、营销、法律、咨询公司等供应链商业服务，如中国香港
5.3	丹吉尔地中海新港	进口、加工和再出口货物及全供应链服务，有汽车产业园、工业加工园、IT园区，与巴塞罗那自由园区有促进协议
组6	网络型（未来）自由港网络	—

根据其核心功能，可分为存储型、加工型、增值型、供应链型、园区专业化型和网络型六大类，这些不同类型的自贸港或自贸园区在存储、加工、物流、贸易、服务等功能方面有不同侧重，因而其在通关制度方面的要求也有所不同。目前，中国主要综保区向5.2类型发展，即物流和加工之外还提供更大范围的供应链商业服务，如会展、法律等专业服务、营销等商务服务，且货物流向包括国内国外进出区货物，以及在区内加工或存储货物进入国内市场或再出口国外市场。

2. 构建一体化监管模式

综合国际典型自贸园区和自贸港发展经验，从促进货物自由流动、提升物流效率、最大限度利用园区资源视角，应充分利用先进技术手段，确保园区贸易安全基础上，尽可能减少部门摩擦、实施最低限度监管和限制。比如迪拜港口、海关与自贸园区“三位一体”管理模式，釜山港自贸园区也将港口、自贸园区与工业经济加工区一体化监管，新加坡通过“一站式”网络通关系统连接海关等多个政府部门，整合海关、贸易签审资源，不仅实现了监管协同，提高了园区监管效率，而且相关许可证申领和检验检疫查验等工作都可通过网络系统实现，新加坡进出口商通过电脑终端10秒钟即可完成全部申报手续，10 分钟即可获得审批结果。此外，鹿特丹、新加坡等自贸港都实行 24 小时通关制。上海隶属海关中，洋山海关在工作日中午有值班，但只接受咨询；周末，上海隶属海关有排班且无须预约，但一般只接受咨询或操作无纸化放行，以及查验后放行，删改单需要工作日来处理。

3. 优化禁限商品监管制度

对入区管制或限制货物，新加坡没有配额限制，对危险品、武器、药品和化妆品等特殊货物和针对特定地区的进出口需要申请许可证，且许可证申领可通过贸易网络系统，效率较高；鹿特丹除毒品和军火外，几乎所有商品都可自由出入，不受种类和数量限制，但也采用到关前通知、风险分析、电子化检验等多种手段相结合，通过适当风险分析后决定货物是否需进一步检查。此外，针对特定商品如危险品等采用专门的监管制度，美国对外贸易区国内货物入区免除报检手续，实行周集中申报，并采用负面清单规定禁限出入境商品。

4. 构建企业导向的分区制度和分级监管制度

美国根据企业需要和特点实施分区制度，并使用驱动选址以企业需要为导向，简化申请程序和缩短批准时间，利于中小企业节省成本。鹿特丹自贸港利用企业会计数据进行监管和查验，并以企业为基本监管单元，实行分级监管。

（二）对临港新片区的建议

1. 构建促进跨境服务贸易发展的海关监管体系

迄今为止，临港新片区海关创新服务贸易监管方面取得一定进展，积极促进保税租赁业务、打造期货保税交割平台、积极提升保税展示交易平台、推进集成电路保税监管模式试点、探索区外研发保税监管，但目前的监管手段和监管规范多侧重于货物贸易，对服务贸易特性考虑不充分，导致监管效能方面仍存在一定问题。因此，建议完善立法，赋予海关服务贸易监管职责，促使海关建立服务贸易监管理念，转变单一的以入境消费为基本目的的货物监管理念与模式，运用现代技术手段建立适应服务贸易发展要求的监管体系，利用大数据、区块链等技术，建立有效对接服务外包、跨境电商、会展服务、外贸综合服务平台等服务贸易领域的综合管理信息平台，逐步将有关服务贸易管理事项纳入国际贸易“单一窗口”。建立服务贸易企业海关备案制度，利用线上交易全程留痕、可追溯特点，建立服务贸易“主体资格备案+电子底账管理+后续核查稽查”监管模式，加强海关事中事后监管。研究试点放宽服务外包保税监管模式适用范围，简化会展监管手续，充分发挥临港新片区内洋山特殊综保区的制度创新先行先试作用，借助保税工具和现代化信息技术，增强区内自由度。

2. 完善以企业为基本单元的分级监管体系

基于贸易安全与便利化理念和制度创新，逐步完善以企业为基本单元的分级监管体系。充分利用企业会计资料和存货数据，加强海关监管和查验同时，提升安全准入、便利物流周转，降低企业商品存储成本、物流成本和生产成本。此外，鼓励企业逐步完善和提升信用管理，对不同信用评级企业适用分级监管措施，运用联合激励和惩戒，促进区域内企业提升合规管理及绩效水平。

3. 促进国际中转集拼和分拨配送功能

与其他国际航空货运机场和国内部分机场相比，浦东机场的通关环境评估一直相对落后（见表2）。检验检疫在流程优化、管理创新和服务标准等方面仍有短板，由于浦东机场来港货物大多夜间抵港，海关等监管部门无法提供夜间检验放行，到港货物不得不滞留在机场，占用有限的机场仓库与道路，增加装卸作业环节，降低了航空运输的时效性，同时又加剧了白天货运道路的压力。货运设施自动化、智能化低，物流成本高、效率低。①

① 徐荣．发挥临港新片区制度创新优势　提升浦东机场国际航空货运枢纽能级［J］．科学发展，2020.

表 2　国内外航空货运机场通关时间对比

国内外航空枢纽	通关时间
中国香港机场	货物可在运抵 3 小时之前办理清关手续
韩国仁川机场	货物进出港平均时间为 12 分钟和 16 分钟
新加坡樟宜机场	货物中转时间为 24 小时
上海浦东机场	货物中转时间约 48 小时
北京首都机场	快件通关最快需 40 分钟
广州新白云机场	进出口货物海关平均作业时间为 17. 56 小时和 1. 12 小时
天津滨海机场	空运周转件清关时间为 2 小时

浦东机场南侧区域划入临港新片区洋山特殊综保区，该区域地理位置优越，靠近第五跑道，在该区域建设国际航空货运枢纽中心可享受新片区及洋山特殊综合保税区制度创新优势。境外入区货物若不涉证、涉检，海关予以放行，且在区内企业享有高度自由。国际航空货运枢纽中心与同属洋山特殊综合保税区的洋山港可互动发展。洋山港的境外转口货物通过海上物流通道运至国际航空货运枢纽中心，与通过航空、铁路、公路等方式运至该中心的国内货物进行二次拆拼箱，并根据目的港的不同，开展国际国内（国内进口中转）、国内国际（出口中转）、国际中转（国际国际两次拆箱）及国际货物的延迟中转等“集拼”作业，使该中心成为东南亚、日韩至北美、欧洲、中亚等地的重要货源中转站，扩大国际中转集拼量，从而将浦东机场打造成面向亚太的国际航空货运中转枢纽。同时，利用互联网技术不仅可以建设智能化、自动化的货运港区，还可以打通海关、货代、航空等各企业和部门之间的信息化系统，打造公共服务平台。国际集拼中转业务主体众多、流程复杂、环节繁多，如船公司换单和押箱、进出境申报、码头提箱、保税物流、运输配送、海关指定监管仓库（进口拆箱、出口拼箱、施封、过境货物）等业务环节，任何一个环节脱钩，都会影响货物整体通关时间。因此，要加强对国际中转集拼业务流程和货物的实时性、可视化、集成化监控，建设涵盖国际中转集拼业务所有环节、容纳所有主体、信息同步的开放式、互动式

（查询与咨询）的国际中转集拼业务“一站式”公共服务平台，并逐步与海关“单一窗口”“互联网＋海关”系统对接。与浦东机场综合保税区联动，基于已逐步形成的空运亚太分拨中心、融资租赁、快件转运中心、高端消费品保税展销等临空功能服务产业链，拓展适用洋山特殊综保区通关便利制度，实施更高水平的贸易自由化、便利化政策和制度，最大限度简化一线申报制度，突出区内经营自由，严格二线监管，改革海关统计方法，更加便利国际中转集拼业务发展。

4. 拓展保税维修业务

协调相关部委，争取全面推广保税维修海关监管模式，鼓励海关特殊监管区域内企业开展高技术含量、高附加值、环境风险可控的境内外维修、拆解、再制造业务。适当降低保税检测维修业务门槛、放宽准入资质，拓展海关特殊区域内维修业务的经营范围，减少对产品生产地、原产厂家及品牌等的要求和限制，吸收“工单”管理理念，采用账册记账的方式简化业务流程。探索在区外开展境内外维修业务试点。

5. 建立保税研发商品监管制度

保税研发是指为一系列研发活动提供各项保税创新服务，特别是在海关特殊监管区域内，面向国内外市场开展高技术、高附加值的设计、研发、测试等保税服务业务，以推动新一代信息技术、生物医药等产业领域的发展。针对研发、检测业务所需设施设备、原材料、生物标本等投入要素特点，给予一定的通关便利，以鼓励保税研发业务发展。研发、检测业务进口设备和料件，因其特定技术要求和用量少等特点，且其并不以进入国内最终消费市场为目的，在涉证、涉检方面有相应的便利化措施需求，但目前并没有针对这方面的法律法规。因此，建议通关相关部委的协调，可在临港新片区先行先试有关监管制度创新，并将保税研发监管模式不仅限于海关特殊监管区域，从而探索建立适用于区内外的、高效便利、协调统一的保税研发监管制度。

推动临港新片区高水平数字产权保护和数据流动的方案设计

当前跨境数据流动的全球治理呈现两个发展趋势：一是规制多极化和规制标准的俱乐部化，二是欧盟、美国持续争夺跨境数据流动规制的主导权。作为全球第二大数字经济体，中国同美国和欧盟一样，也是跨境数据流动议题领域的一个重要行为体，尝试通过各种多边机制打造“中式模板”。因此，推动上海临港新片区数字产权保护和数据流动的高水平建设是我国加快参与跨境数据流动全球治理的重要实践。

从国内政策实践来看，我国数据跨境流动制度正处于探索期，上海、北京、浙江和海南等地区相继从产业发展和实际需求出发，探索数据跨境流动规则。上海自贸区临港新片区率先探索数据跨境流动领域国际合作规则先行先试，积极布局国际互联网数据专用通道等新型通信基础设施，加快国际数据产业发展，为完善我国跨境数据流动机制提供试点经验，在国内起到标杆示范作用。从国外政策实践来看，以欧盟为代表的数据限制主义和以美国为代表的数据自由主义一直是跨境数据流动的主要规则。其中，美国建立了严密完整多层次的数据主权保障体系，采取允许境外数据自由流入，却限制国内数据流出的跨境数据流动政策体系。相较于美国为了经济贸易发展制定数据管辖相关规制而言，欧盟更侧重保护个人权利，数据跨境流动监管政策主要体现个人数据保护制度上。在数字知识产权保护方面，各国都是通过完善现有法律法规为数字产权保护提供支持，积极寻求对原有法律的修订与解释，为企业数字内容产品的知识产权保护工作提供充分的权利基础。进一步对标全面与进步跨太平洋伙伴关系协定（CPTPP）发现，CPTPP 以倡导数字自由贸易为目标设定了禁止关税、非歧视性待遇及跨境数据自由流动等一系列重点条款，数字知识产权保护方面也设立了高水平标准，扩展了传统知识产权的保护范围，详细规定了各类知识产权保护程序。

通过国内对比和国际对标分析，本文总结出临港新片区数字产权保护和数据流动规则的发展思路。通过与国际先进国家或地区的对标，未来的改进方向包括：①建立跨境流动数据分级分类标准和管理制度；②探索建立标准格式合同管理模式；③引入第三方对数据保护能力认证机制；④设置数据保护监管机构，形成统一监管体系；⑤探索新的个人数据跨境流动原则和标准；⑥积极参与国际层面的认证信任机制。进一步与 CPTPP 进行对标后，未来发展方向包括：①允许适当的非本地化要求；②加强数字知识产权保护，在临港新片区先行先试严格的网络著作权保护；③加快制定针对信息数据跨境传输的相应法律法规；④加大侵权处罚力度。

基于上述分析，本文提出推动数字产权保护和数据流动发展的实施路径。第一，加强数字产权保护力度，包括建立数字产权保护规章体系、强化数字产权保护战略、推动数字产权证券化发展、建设数字产权服务体系和加大侵权行为处罚力度。第二，建设完备的国际通信设施，包括打造新型泛在移动网络、加快国际互联网数据专用通道建设和推进数字经济新型应用设施部署。第三，建立安全的跨境数据流动体系，包括建立数据安全保护体系、加强数据保护能力认证和建立跨境数据流通和交易风险评估机制。第四，优化跨境数据流动治理体系，包括加快完善跨境数据法律管理制度体系、建立健全跨境数据流动安全管理机制、建立分级分类的数据出境安全监管机制和加强跨境数据流动管理国际合作。第五，打造跨境数据流动国际化平台，包括打造跨境数据流动国际化平台、打造信息服务业开放合作的国内外“连接器”、推进重点领域数据流动合作和建设“数字丝路”的国际枢纽口岸。

一、数字产权保护和数据流动发展概述

数字经济已成为第四次工业革命的主要标识和核心力量，决定了新一轮国际分工态势和全球经济格局。我国高度重视数字经济发展，自 2017 年以来，“数字经济”已经连续五年被写入政府工作报告，2021 年政府工作报告中明确指出“加快数字化发展，打造数字经济新优势，协同推进数字产业化和产业数字化转型，加快数字社会建设步伐”，表明中国建设网络强国、数

字中国、持续发展数字经济的决心。地方层面也不断加强数字经济的战略引导，2021 年，我国 31 个省份的政府工作报告中，有 29 个省份明确要大力发展数字化和数字经济，并出台了数字经济专项政策，包括数字经济发展行动计划、产业规划、补贴政策等 60 余项，不少省份还明确了数字经济占 GDP 的比重目标。数字经济在很大程度上属于知识经济，其发展离不开创新，而创新意味着需要加强知识产权保护，因此《国务院关于新形势下加快知识产权强国建设的若干意见》强调，要“建立以知识产权为重要内容的创新驱动发展评价制度”。与此同时，数据作为数字经济的基础性生产要素，其跨境流动构成了数字贸易的基础，与跨境数据流动相关的政策也成为新一轮国际经贸规则中的主要议题以及各国战略博弈的焦点。基于数字经济时代知识产权与数据流动的重要性，本章对数字产权保护和数据流动的概念和内涵进行梳理。

（一）数字产权保护和数据流动的内涵

1. 数字产权保护的内涵

数字知识产权是指在数字经济和数字贸易活动中发生的，依托于信息通信技术的知识产权。由于数字贸易的标的主要是知识密集的数字产品，数字贸易发展过程中面临的首要问题就是通过互联网进行的知识产权侵权和盗版。对于数字企业来说，专利、版权和商业机密是其最重要的贸易产品，有效的知识产权保护对数字企业的正常运营至关重要。数字知识产权侵权将会严重打击数字生产者的积极性，不利于数字知识产权市场的长远发展。因此，数字产权保护逐渐成为当前数字贸易规则谈判中的重要内容。

数字产权保护的客体是数字产品、源代码与算法等数字内容的版权和商业秘密保护，加强数字产权保护是保障数字贸易安全有序开展的基础。世界知识产权组织（WIPO）专门制定了两个“互联网条约”，即 1996 年《世界知识产权组织版权条约》（WCT）和《世界知识产权组织表演和录音制品条约》（WPPT）。由于 WIPO 未在条约层面对版权保护客体进行扩张，许多版权相关保护客体开始以双边和区域自由贸易协定的形式不断扩张，包括虚拟人物的法律保护、反不正当竞争形式保护数据产品等。

随着数字产品在线贸易的发展，WIPO“互联网条约”中所确立的权利管理信息和技术保护措施显得更加重要。对于没有实物载体且不进行强制著作权登记的数字产品来说，权利管理信息是权利人告知公众和宣示版权的有效方式。由于网络技术发展彻底颠覆了传统对作品的利用和传播方式，知识产权权利人需要适应数字经济发展而采取措施。其中，技术保护措施是权利人通过设置技术措施进行自我保护的重要手段，也是应对网络传播对著作权挑战的自力救济模式。

2. 数据流动的内涵

跨境数据流（Cross - border Data Flows）是数字全球化和经济全球化“双轮”驱动下的产物，已成为全球经济一体化和驱动国际贸易发展的重要支撑。随着全球数字经济和贸易的快速发展，数据跨越国境的流动更加频繁，但当前国际上对跨境数据流动的概念界定尚未达成统一认识。1980 年，经济合作与发展组织（OECD）在《隐私保护和个人跨境数据流动指南》中首次将跨境个人数据流定义为个人数据的跨越国界流动。联合国跨国公司中心（1982）则是将其定义为跨越国界对计算机处理的机器可读数据进行处理、存储和检索。欧洲理事会在《关于个人数据自动化处理的个人保护公约》中指出，跨境数据流动是指基于自动化处理或为自动化处理的目的所收集的个人数据跨越国境的传输。

数据流动是一个动态发展的、包容性的概念，虽然不同国家不同机构定义有所差别，但跨境数据流动均体现出以下两个特征：首先，传输的对象是可被识别的数据；其次，数据跨越国界的传输、处理与存储。由此可见，跨境数据流动最初仅涉及个人数据保护，因此部分国家立法直接将其规制对象限定为“跨境流动的个人数据”。随着大数据时代的来临，科学技术、电子政务等领域的非个人信息数据也成为数据流动的重要组成部分，但涉及党政军以及国有企事业单位的重要机密数据暂不属于数据流动的对象范畴。我国2021年通过的《中华人民共和国数据安全法》明确指出，在境内和境外开展收集、存储、使用、加工、传输、提供、公开等处理活动的数据是指任何以电子或者其他方式对信息的记录，对其整个处理活动均受到数据安全法的规范管理和安全监管。

跨境数据流动在给各国带来巨大利益的同时，也可能对国家安全和个人隐私造成巨大冲击。一直以来，尽管美国等发达国家坚持跨境数据自由流动的立场，但出于对数据资源的保护以及国家安全的需要，数据本地化存储和数据隐私保护依旧是各国制定跨境数据流动规则的重要考量。数据流动的“自由化”和“安全性”双重要求使得跨境数据流动呈现以下趋势。

（1）跨境数据流动的有限性。出于对数据隐私保护、国家主权完整性以及国家安全利益的考虑，各国均对跨境数据流动加以不同程度的限制。因此，无论在多边的世界贸易组织框架内，还是在双边自由贸易协定中，跨境数据流动的“本地化”诉求一直存在，且在地缘政治因素影响下，以“国家安全”关切为核心的“重要敏感数据”的跨境流动一直受到限制，跨境数据流动呈现“有限”流动特征。

（2）跨境数据流动的分类管理。由于个人数据与敏感数据涉及的风险程度不同，许多国家尝试分级分类监管的方法，采用灵活多样的监管模式，根据数据类型的不同，确立限制程度不同的跨境数据流动管理政策。其中，个人跨境数据流动监管以企业自律为基础，政府监管为保障实施。个人跨境数据流动监管以个人信息安全保护为出发点，涵盖数据主体同意、数据主体权益保障、境内数据转出方与境外数据接收方的合同、数据接收方所在国家、地区数据保护充分性审查等多样化机制，由监管机构或监管机构认定的第三方机构为认证主体进行评估认证，或者由政府部门制定并推行数据出境合同范本，保护个人信息出境流动安全。重要敏感数据采取一般性禁止、分级分类审查出境的监管模式。对于特定类型的重要数据采取“一事一议”的行政审查监管，数据输出方需要向相关政府部门提交出境申报材料，政府部门对相应出境活动进行许可审查，通过后才能出境。世界各国普遍对政府、银行、金融、征信、健康、税收等关键基础设施和重要行业数据实施出境限制措施，包括完全禁止出境、选择性禁止、有条件出境等数据出境管理措施。例如，法国规定政府管理、商业开发、税收数据需要本地存储；澳大利亚明确禁止与健康医疗相关的数据出境；美国不允许属于安全分类的数据存储于任何公共云数据；韩国规定移动通信服务提供商应采取规范措施，禁止涉及经济、工业、科学技术等重要数据跨境流动。

（二）数字产权保护和数据流动面临的挑战

1. 数字产权保护面临的挑战

自加入世界贸易组织之后，我国高度重视知识产权保护，制定了《知识产权法》《商标法》《外商投资法》等多部涉及知识产权保护的法律法规，并成为全球第一个制定和实施《电子商务法》的国家，为世界贡献了电商知识产权保护的中国方案。

当前我国与美欧等国和地区在数字知识产权保护方面的争议主要围绕着“数字版权保护不力”“强制开放源代码以及其他技术转让要求”和“非法网络入侵”等问题展开，这些最新要求意味着我国在数字知识产权保护方面的争议可能会升级，需要高度重视并适当弥补数字知识产权保护方面的不足。以源代码为例，出于保护公共安全的需要，我国《网络安全法》第二十三条要求具备资质的机构对网络关键设备和产品进行安全审查和认证之后才可以进入市场，在实施这些条款的过程中可能会涉及对产品和设备源代码的监管。其余的源代码要求主要体现在银行业监管方面，2014 年 9 月银监会等四部门共同起草发布了《关于应用安全可控信息技术加强银行业网络安全和信息化建设的指导意见》，要求银行金融机构建立银行业安全可控信息技术的长效机制，而可控信息技术以及网络安全要求之一是开放源代码，引起了在华提供信息技术的外国科技企业的恐慌，导致推行受阻。目前中国没有在法律层面明确赋予执法机构查看企业源代码的规定，美国、日本、欧盟等国和地区也并未规定出台法律制定相关源代码规则。

2. 数据流动面临的挑战

数据自由流动是数字经济产业发展的需要，但数字经济和数字贸易的发展涉及公共通信、能源、交通、水利、金融和公共服务部门的基础性信息数据，没有限制的数据流动可能会对国家安全造成重大影响。为了保障国家网络空间、基础设施和公共服务领域的安全，防范个人数据泄露，有必要对相关网络的外部接入和数据流动实行一定程度的限制。事实上，数据本地化存储、跨境数据流动限制、数据流量限制以及公开源代码和加密密钥，正在成为数字经济时代的新型数字贸易壁垒。数据本地化存储是国家强制要求对数据的本地控制和规制，具体包括本地储存、本地储存和处理、禁止转发。数据本地化措施会导致数字技术型公司无法向国外传递或储存信息，进而限制了数字贸易的开展。开放源代码和加密密钥则是要求外国投资者在进入本国市场之前提供商业源代码或加密密钥，以此作为外国投资者进入市场的先决条件，这种要求很可能会使投资者的商业秘密被泄露，使外国投资者在竞争中处于不利地位。

目前很多国家通过立法规定了数据境内存储和数据流量限制的相关措施，这会对国际化数字技术型企业的商业运营和国际贸易造成不利影响。就我国而言，个人信息和数据流动的监管比较严格，在贸易协定安排上采取了较为谨慎保守的态度。虽然 2015 年签署的中韩自贸协定、中澳自贸协定均提出在电子商务交易过程中加强对于个人信息的保护，但并未对跨境数据流动做出明确规定。即使在我国参与的区域全面经济伙伴关系谈判（RCEP）中，也没有详细制定涉及跨境数据传输的政策。尽管《网络安全法》确立了“数据本地化存储”和“限制跨境数据流动”规定，但仅适用于“关键信息基础设施”，对于“关键信息基础设施”以外的数据或计算机设施是否遵循本地化要求没有加以规定，也没有具体的法律法规或规范性文件明晰规定限制跨境的数据类型、限制跨境数据传输的例外情况。虽然保守的跨境数据流动规则能最大限度地维护国家安全与保护产业的利益，但也阻碍了部分外资企业进入中国，不利于我国今后加入区域协定乃至引领国际数字贸易规则的制定。

（三）临港新片区探索数字产权保护和数据流动的重要意义

1. 前瞻探索建设数字经济强国

数据跨境流动与数据主权、国家安全、地缘政治博弈紧密相关，当前世界各国都在积极地制定数据跨境规则，形成了美国、欧盟两大跨境数据流动模式。其中，美国建立了严密完整多层次的数据主权保障体系，采取允许境外数据自由流入却限制国内数据流出的跨境数据流动政策体系。相比美国为经济贸易发展制定的数据管辖相关规制而言，欧盟更侧重保护个人权利，数据跨境流动监管政策主要体现个人数据保护制度上。尽管我国也在2017年实施了《网络安全法》，对数据跨境作出了规定，但在国际上总体处于较为被动的地位，未抓住规则制定的主动权和话语权，也未利用有利的国家关系形成以我国为主的“跨境数据流动圈”。欧美主导的数据流动圈不断扩张，将会对我国未来开展数字贸易、推动数据企业“走出去”造成阻碍。因此，通过临港新片区开展数据保护领域的国际合作规则试点，构建面向全球的跨境数据流动管理制度，推进金融、文化和贸易领域的数据规则国际接轨，能够服务于新时期我国对外开放发展的战略目标。与此同时，以临港新片区建设为契机，充分利用“一带一路”倡议、金砖国家、中国—东盟合作论坛等国际合作机制，探索临港新片区高水平数字产权保护和数据流动先行先试，既与“一带一路”建设相契合，也为我国跨境数据流动战略建立积极主动、开放合作的国际形象，可以更好发挥临港新片区“桥头堡”作用。总的来说，临港新片区本质在于对标世界最高水平的开放形态，加快建立与之相适应的一整套比较完整的、具有国际竞争力的数据流动和数字产权保护的政策和制度体系安排，着眼的是国家数字经济发展全局，其使命和目标已经远远超越推动临港改革发展的范畴，具有全国性乃至世界性意义。

2. 承载引领使命打造示范标杆

我国各大自贸区目前正在积极探索完善跨境数据流动机制，北京市立足中关村软件园国家数字服务出口基地推进金融和科技合作等行业领域的数据跨境流动；浙江省重点聚焦数字贸易等领域，以市场化方式推进世界电子贸易平台（eWTP）全球布局；海南省聚焦通信等领域，开放增值电信业务，允许实体注册、服务设施在海南自由贸易港内的企业，面向自由贸易港全域及国际开展在线数据处理与交易处理等业务。相比之下，上海市在临港新片区探索推进金融、汽车产业、工业互联网、医疗研究（涉及人类遗传资源的除外）等领域数据跨境流动，并设立“新片区跨境数据公司”。从探索的方向来看，临港新片区在安全保障机制、数据保护能力认证机制、国际互联网数据专用通道等方面率先在国内展开先行先试，可以为完善我国跨境数据流动机制提供试点经验，在国内也起到标杆示范作用。此外，临港新片区通过加快推进数字贸易主体集聚和资源共享，加强对集成电路、人工智能、生物医药等重点发展产业涉及的专利权、著作权、商标权及商业秘密案件审理，提升知识产权保护力度，树立具有国内外影响力的标杆。

二、数字产权保护和数据流动的国际经验

（一）美国数字产权保护和数据流动的经验分析

1. 美国数字产权保护的经验分析

美国是数字化技术和网络方面的领头军，同时又是知识产权大国，在数

字化知识产权立法方面走在世界前列。1995 年 9 月，美国政府发表了来自知识产权工作组的报告《知识产权与国家信息基础设施（白皮书)》（以下简称《白皮书》)，重点探讨数字经济时代的知识产权法律制度，对知识产权法的发展提出新的建议。《白皮书》是美国数字知识产权立法的基础，涉及作品的临时复制、网络上文件的传输、数字出版发行、作品合理使用范围的重新定义、数据库的保护等内容。《白皮书》明确规定作品的复制件能以网络传输的方式向公众发行、出版，通过网络传输向公众发行作品复制件与通过传统的方式发行无本质的区别，通过网络传输与通过柜台、邮寄发行的复制件都是具体有形的，因此作品通过网络传输同样要遵守知识产权法的有关规定。数字信息服务提供者在国家信息基础设施的发展中起着不可缺少的作用，但这不是免除侵权责任的理由，信息服务提供者在提供服务时应当不侵犯著作权或不为他人侵犯著作权提供便利。《白皮书》对图书馆使用数字作品给予较高的保护，允许图书馆以数字方式准备作品的三份复制件，这样可以确保作品在计算机网络中的安全，避免计算机及网络突然瘫痪可能造成的巨大损失，而且授予数字式复制件的制作权意味着图书馆中大量以纸质、胶片等载体形态典藏的仍在版权保护期内的作品，可以制作成数字式文本保存，从而公众对作品的利用也更加便捷。

1997 年 12 月，美国国会通过了《反电子盗窃法》，该法案是一部直接适用于数字技术环境下的版权刑事处罚法，该法的通过表明美国已经将版权的保护的对象延伸到了“电子信息流”，将版权刑事保护延伸到网络空间。1998 年 10 月，美国国会通过了《数字千年版权法》，通过国内立法的方式为网上作品著作权的保护提供法律依据。该法案是数字时代网络著作权立法的尝试，也是网络环境下著作权利益冲突各方相互协调的产物，对数字信息服务予以规范。《数字千年版权法》对数字信息服务提供者的版权侵权责任作了明确而系统的规定，该法第二章为“网上版权侵权责任限制法”，规定网络服务提供者在网络环境中应承担的责任和所享有的权利，规定网络服务提供者在从事各类信息服务时，对其版权侵权责任的限制，以确保网络的发展和运作。

2020年《美墨加协定》（USMCA）正式生效，在知识产权和数字贸易方面加强对生产者的保护，有关数字知识产权保护的新增内容为：执法机关能够在出入境的所有区域截获涉嫌盗版或伪造的货物；反对商业机密盗取，尤其是国有企业的盗取行为；要求对版权及相关权进行全面的国民待遇；制定专利性标准和专利局最佳实践；将歌曲表演等作品的最低版权期限延长至75年，并确保通过技术保护措施保护数字音乐、电影和书籍等作品；为互联网服务提供商建立版权安全港的通知和删除系统等；保护商标尤其是著名商标。

2. 美国数据流动的经验分析

自1997年起，美国就开始针对跨境数据流动问题制定政策，主要是强调平衡个人隐私保护和信息自由流动带来的利益，促进全球信息基础设施繁荣。美国的商业机构和组织，如美国金融服务论坛、美国商会等，在多个场合通过会议、报告、建议等多种形式指出，跨境数据流动已经成为数字经济与贸易的重要支柱，对跨境数据流动进行限制或构建高水平的隐私保护体系会显著提高企业的经营成本。基于此，美国一方面呼吁放宽跨境数据流动的限制，开展双多边的对话及区域性论坛，宣传数据自由跨境流动为其贸易伙伴带来的好处。另一方面，通过双边和多边机制达成数据流动的制度安排，例如美国和欧盟先后达成了数据安全港协议、数据隐私盾协议等，为美国、欧盟之间数据的自由流动奠定制度基础。美国通过推进《APEC跨境隐私规则体系》，倡导满足一定隐私保护的区域内跨境数据自由流动，将跨境数据流动纳入北美领袖峰会议题，与加拿大、墨西哥联合发布信息自由流动声明，推动北美区域内跨境数据自由流动。2018年，美国议会通过《澄清境外数据的合法使用法案》，扩大了美国执法机关调取境外数据的权力，同时为美国政府与其他国家签订双边条约设定了具体路径，允许满足条件的外国政府执法机构调取美国存储的数据。

美国的跨境数据流动政策理念服从其全球贸易战略，核心是维护美国在全球贸易体系中的主导地位。因此，美国没有出台有关跨境数据流动的统一规则，主要根据其贸易体系和规则的需要进行人员、机构和政策的安排，其组织机构大多数集中在贸易领域，主要包括美国商务部、美国联邦贸易委员会、美国贸易代表办公室及美国司法部等。其中，商务部负责“安全港”协议、数据隐私盾协议等重要协议的实施；联邦贸易委员会主要参与贸易领域相关的隐私和数据保护法案的实施；贸易代表办公室重点关注电子商务和跨境贸易中的跨境数据流动问题，核心任务是推动全球数据自由流动；司法部主要职责是保障法律法规的施行，对美国公司持有的跨境数据行使司法管辖权。

虽然美国尚未专门出台一部针对跨境数据流动的数据保护法，但这并不意味着美国对所有数据的流动都没有限制。美国除依据《出口管理条例》对部分技术数据和关键领域的数据提出限制出口要求外，还对医疗健康、信用、教育、儿童、金融等特定领域的跨境数据流动有着非常严格的要求，如医疗数据方面的美国健康保险携带和责任法案（HIPAA），金融服务数据方面的“格雷姆—里奇—比利雷法案”（GLBA）等。

表1　美国跨境数据流动的政策体系

法规/政策/协议	发布时间	主要举措	具体内容
CBPR；TPP	2011年11月13日；2009年11月14日（2017年1月23日退出）	通过贸易谈判或监管合作，主导个人数据跨境规则的制定	在确保保护个人信息得到保障的前提下，推动全球信息和数据自由流动。缔约国同意不将设立数据中心作为允许TPP缔约方企业进入市场的前提条件，也不要求转让或获取软件源代码
美欧“安全港”协议；美欧“隐私盾”协议	2000年5月（2015年10月废止）；2016年2月29日	通过双边的监管合作，保持个人数据相关贸易正常化	用于商业目的的个人数据从欧洲传输到美国后，将享受与在欧盟境内同样的数据保护标准。美国公司必须向商务部“自我证明”遵守协议中的隐私条款；个人数据被滥用的欧盟公民可以向检察专员提起申诉，欧盟官方可以向美国商务部发起投诉

续表

法规/政策/协议	发布时间	主要举措	具体内容
《出口管制改革法》	2018年8月13日	清单管理，限制与敏感技术相关的技术出口和外国投资	制定针对关键技术和产品的出口管理框架，包含生物技术、人工智能、机器人、高级航天技术等多项核心技术
《澄清境外数据的合法使用法案》CLOUD	2018年3月23日	长臂管辖，以应对新形势下跨境调取数据的执法需要	获取存储在境外的数据适用控制者原则；“适格外国政府认定”为与其他国家签订双边条款设定具体路径

资料来源：课题组整理。

（二）欧盟数字产权保护和数据流动的经验分析

1. 欧盟数字产权保护的经验分析

欧盟数字信息知识产权制度建设的主要目标是促进欧盟诸成员国信息化发展，使知识产权制度适应数字技术的发展。欧盟制定的与数字信息服务有关的主要知识产权制度包括《信息社会的版权及相关权绿皮书》《数据库法律保护指令》等。

1995 年，欧盟委员会发布了《信息社会的版权及相关权绿皮书》，探讨如何使现行的版权和邻接权适用于信息社会中出现的产品和设施，指出数字作品现行版权和邻接权的法律模式，基本上不涉及影响信息产业的其他因素。该书认为信息社会版权问题主要来自新技术的挑战，包括数字化技术引起的服务性质的变化。新的数字化的“点对点”服务不同于传统的“点对面”服务，数字服务的跨国性和单一市场结构又带来法律适用问题。1996 年 9 月，欧盟理事会颁布了《信息社会版权及相关权》的绿皮书增补本，重申在计算机存储中的短暂行为同样构成复制。1998 年 12 月，欧盟理事会针对信息社会的版权问题，为制定共同体内适用的标准，履行世界知识产权组织的相关规定，通过了《信息社会中的版权与邻接权指令》，该指令确认了复制权、公开传输权、发行权和对著作权管理信息的保护，对网络环境下数字信息服务进行规范与引导。1996 年 3 月欧盟公布了《数据库法律保护指令》，强调数据库是指按照一定的组织或方法将多个独立的作品、数据或其他材料编成可供电子装置或其他装置独立接受的集合体。根据该指令，对数据库的保护扩展到任何有组织的集合体，为那些达不到版权法“作品”标准的数据库制作者提供法律保护机制。《数据库法律保护指令》的出台使数字信息服务提供者的权益得到充分保障，激发了数字信息服务提供者投资数据库建设与服务的信心，促进了数字信息资源的交流与传播。2016 年 9 月欧盟委员会提出议案，对 2001 年开始实施的《数字化单一市场版权指令》进行修订，欧盟新版权法对内容创作者的公平报酬提供了法律保障，也对网络平台应尽的责任进行了严格规定，对于数字时代如何保护内容创作者的合法权益有着重要意义。

2. 欧盟数据流动的经验分析

与美国支持数据自由流动以服务其全球贸易战略有所不同，欧盟各国视隐私为基本人权，将隐私权置于优先地位，从个人隐私和权益保护的角度提出更多的跨境数据流动限制要求。欧盟为建立区域内的数字单一市场，对内支持区域内成员国之间数据自由流动，采取“内松”的政策。但是，数据流出欧盟则需要获得充分性保护，且较多地考虑到保护个人权利下的数据流动问题，即“外严”的跨境数据流动政策。欧盟于 1995 年出台了《关于个人数据处理保护与自由流动指令》，后于 2016 年通过了《一般数据保护条例》（General Data Protection Regulation，GDPR），要求欧盟公民的个人数据流出欧盟境外必须获得“充分性”保护，企业向非欧盟国家转移欧盟公民的个人数据将受到特别的限制。只有通过了 GDPR 的“充分性认定”条件，欧盟数据才可以出境，数据接收国需证明其本国隐私保护水平与欧盟“实质上相当”。此外，欧盟基于“外严内松”跨境数据流动政策，制定并实施了统一的数据保护法，并根据该法规组建了包含欧盟委员会、基层单位和数据保护官三个层级的垂直管理监管机构。

为推动成员国之间的数据自由流动，2018 年 4 月欧委会发布《欧洲企业间数据共享研究报告》，为加深对企业间数据共享提供支撑，促进了欧洲数字经济的发展。2018 年 10 月，欧盟通过《非个人数据在欧盟境内自由流动框架条例》，为非个人数据的流动提出了新的指导性规则，促进欧盟内部非个人数据在欧盟境内自由流动。

表 2　欧盟跨境数据流动的政策体系

<table>
<tr><th>法规/政策/协议</th><th>发布时间</th><th>主要举措</th><th>具体内容</th></tr>
<tr><td>《数字化单一市场战略》</td><td>2015 年
5 月 6 日</td><td rowspan="2">消除欧盟境内数据自由流动障碍，实现欧盟数字化单一市场的目标</td><td>消除成员国之间数据自由流动壁垒，推动欧盟数字经济发展</td></tr>
<tr><td>《非个人数据在欧盟境内自由流动框架条例》</td><td>2018 年
10 月 4 日</td><td>明确“非个人数据”的内涵；确保非个人数据的跨境自由流动，禁止数据本地化限制；确保数据在欧盟境内可因监管目的而被跨境使用</td></tr>
<tr><td rowspan="2">《通用数据保护条例》GDPR</td><td rowspan="2">2018 年
5 月 25 日</td><td>实施充分性认定，确定个人数据跨境自由流动的“白名单”国家和地区</td><td>“白名单”国家（13 个）：安道尔、阿根廷、加拿大（商业组织）、法罗群岛、根西岛、以色列、马恩岛、日本（私营部门）、泽西岛、新西兰、瑞士、乌拉圭、美国（仅限于隐私盾协议）</td></tr>
<tr><td>遵守适当保障措施的条件下，提供多样化的个人数据跨境流动方式</td><td>使用欧盟批准的标准合同范本进行数据传输；公司机构间订立的约束数据传输的协议；经过个人专门同意的数据传输</td></tr>
<tr><td>《涉刑事电子证据生成和存留命令条例（草案）》</td><td>2018 年</td><td>积极采取行动解决电子证据跨境获取问题</td><td>欧盟成员国的执法或司法当局可直接向在欧盟境内的服务提供商请求提交电子证据，无论数据存储地是否位于欧盟境内</td></tr>
</table>

资料来源：课题组整理。

（三）日本数字产权保护和数据流动的经验分析

1. 日本数字产权保护的经验分析

日本十分重视知识产权保护，提出了“知识产权立国”口号。日本将知识产权视为基本国策，旨在通过知识产权的创新、保护和应用，提高日本经济的国际竞争力。2000 年制定的《高度信息网络社会形成基本法》是日本最具特色的与数字信息服务有关的知识产权制度，该法明确了制定信息化政策的基本方针，实施信息化战略的领导机构及信息化重点计划的基本内容。日本政府认为，信息网络技术的迅速发展和在世界范围内的普及应用，将深刻改变经济和社会结构，面对这种形势，中央政府、地方政府和社会团体有必要采取有关措施推进高度信息网络社会的形成。要通过制定法律措施，在日本形成世界规模的、多样化的、自由灵活的信息网络，最大限度地发挥信息网络的作用，使国民能够充分、方便地使用信息网络。2018 年 6 月，日本发布了《人工智能数据相关签约准则》，旨在加强数据和人工智能等新信息产品的知识产权战略，建立数字化和网络化的著作权系统。

2. 日本数据流动的经验分析

日本数据流动和保护的国内立法体系深受美国的影响，在数据保护的国内立法上同样坚持数据自由流动和行业自律原则，政府对数据流动尽量不做干预，保护的对象仅限于个人数据或信息。日本于 2003 年制定了首部《个人信息保护法》（APPI），正式实施时间为 2005 年 4 月，从法律文本来看还没有关于跨境数据流动的条款。美国在推广 APEC 隐私框架后，日本成为早期加入此框架的八个国家之一，但该框架仅仅是指导性文件，不具有法律约束力，主要依靠自律原则，因此也没能为日本《个人信息保护法》增加跨境数据流动相关规则提供充足动力。在欧美间跨境数据流动的“安全港协议”作废后，日本开始就跨境数据流动出台一系列相关政策。2015 年 9 月，日本对《个人信息保护法》进行了修改，增加了跨境数据流动的相关规定：第一，设立“个人信息保护委员会”作为独立监管机构，制定向境外传输数据的规则和指南；第二，增加跨境数据流动一般性规定，在处理个人信息的经营者在向国外第三方提供个人数据时，需要事先获得数据主体的同意；第三，增加数据主体同意的例外性规定，在某些例外情形下，处理个人信息的经营者可以不经数据主体同意而直接向国外第三方传输。

在完成以上有关跨境数据自由流动的规则体系后，日本开始在双边和多边交涉中增加跨境数据流动的谈判，实现日本与其他国家间规范的跨境数据流动。日本跟随美国跨境数据自由流动的政策主张，积极参与以美国为主导的跨太平洋伙伴关系协定（TPP）和 APEC 的 CBPR 规则体系，并在美国退出 TPP 后主导推动形成“全面且先进的跨太平洋伙伴关系协定”（CPTPP）。日本在 CPTPP 中沿袭了美国在 TPP 中设置的一系列跨境数据流动规则，鼓励跨境数据自由流动，严格限制数据本地化。只要数据流动对数字贸易有益，CPTPP 成员国不得作出数据本地化要求。不仅如此，日本还积极对接欧盟的数据保护规则，制定补充规则以弥合欧盟和日本在数据保护规则上的差异，对敏感数据、数据主体权利和转移源自欧盟的个人数据进行加强保护。2019 年，欧盟通过了对日本的数据保护充分性认定，实现日欧之间的双向互认。同年 10 月，日本也与美国签订数字贸易协定，对跨境数字产品贸易免征关税，保证跨境数据自由流动，禁止数据本地化规则和禁止要求公开计算机源代码。

（四）韩国数字产权保护和数据流动的经验分析

1. 韩国数字产权保护的经验分析

韩国于 1946 年开启了现代工业产权管理，在贸易、工业和能源部成立了专利局，处理所有与专利、实用新型、工业外观设计和商标有关的事务。1977 年专利局独立并更名为韩国专利厅，隶属韩国产业资源部，是韩国管辖专利、商标等知识产权的最重要的行政机构。在机构设置上，2004 年在国家层面设置了“知识产权保护政策协议会”，目的是防止知识产权侵害。2010年直属韩国总统领导的国家竞争力强化委员会通过了《知识产权强国实现战略》，提出的六大战略措施之一就是加大对韩国企业的知识产权保护力度，通过建立知识产权纠纷应对机制加强对境外投资企业的知识产权支援服务，具体措施包括建立知识产权纠纷预警机制、建立民间专家咨询体系以及实施知识产权诉讼保险制度等，还将“加大海外知识产权保护力度”“构建国际保护合作体系”确定为《韩国知识产权基本法》知识产权基本计划的基本内容和方向。目前，韩国在知识产权保护方面已经形成一套严密的法律制度体系，主要包括《专利法》《实用新型法》《外观设计法》《商标法》《版权法》《计算机程序保护法》《半导体电路设计法》《不正当竞争防止与商业秘密保护法》《种子产业法》和《海关法》等。2021 年 1 月 4 日，韩国知识产权局发布 2021 年知识产权制度的新变化，加强信息技术时代知识产权作为核心资产的保护。

2. 韩国数据流动的经验分析

2011 年 3 月，韩国的《个人信息保护法案》正式施行，作为个人信息领域的一般性法律规定来完善对个人信息的有效保护，同时也是对公共部门与私人部门进行规制的框架性法案。事实上，在《个人信息保护法案》正式施行以前，在不同的特殊领域与案例中已经有相当一部分特殊规制。比如，为了有效地治理信息与通信服务的《促进信息与通信网络使用的信息保护法案》，以及规范治理个人信用信息的《信用信息使用与保护法案》，都经过了多次的更新与修订。在韩国国民议会于 2015 年 7 月 6 日通过的议案当中，继之前的 3 次修订之后对《个人信息保护法案》进行了第 4 次重要的修订，增强了《个人信息保护法案》在控制和协调功能上的总体性作用，确立了私人部门更多参与跨境数据流动治理的规制基础，加大了对泄露数据行为的处罚，并收缴非法个人数据贸易中的犯罪获利。在 2017 年 4 月 18 日的修订当中，个人信息控制方需要在获取数据主体同意的过程中明确表达收集及使用该个人信息的目的、种类、数量，使数据主体可以轻易了解与自己紧密相关的数据将会得到什么样的处理。所有的更新与修订都紧扣时代的发展，手机移动网络、智能手机应用程序的开发与使用等内容都成为全新的讨论焦点，并不断被加入法案当中。2020 年 1 月，韩国国会通过了新修订的《数据三法》，即《个人信息保护法》《信用信息法》《信息通信网法》。其中，新修订的《个人信息保护法》规定在没有本人同意的情况下，可以将经过处理无法识别特定个人的假名信息用于统计和研究等目的，还规定将监督误用、滥用、泄露个人信息的机构划归个人信息保护委员会。根据新修订的《个人信息保护法》，随后韩国对《个人信息保护法执行令》的相关内容也进行了修订。

韩国《个人信息保护法案》为有效保护个人信息，规定个人数据处理方须建立内部管理计划以保持连续的记录，采取必要的技术、行政和物理措施以确保个人数据的安全。限制员工携带便携式 IT 设备进出公司、限制其访问硬件及软件的核心区域、限制个人在办公室的电子邮件或其他网络使用，并采取定期和抽查相结合的监测措施。从《个人信息保护法案》的角度出发，数据的跨境流动必须得到数据主体的额外认可。总体来看，韩国跨境数据流动的治理路径还在不断完善当中，其核心是以《个人信息保护法案》这一最新出现的规制为基本通则，通过不断更新与修订，完善其跨境数据流动治理架构。

（五）新加坡数字产权保护和数据流动的经验分析

1. 新加坡数字产权保护的经验分析

新加坡政府一直致力于建成重要的区域知识产权中枢，因此制定了一系列保护知识产权的法律法规，同时通过资金支持等手段积极营造鼓励创新、方便智力成果产业化的科研、政策和商业环境。新加坡知识产权办公室（IPOS）是新加坡法律部的法定委员会，根据新加坡第 140 号法案《知识产权办公室法》成立，旨在管理新加坡的知识产权保护系统、强化公众的知识产权意识和有效利用知识产权意识。新加坡是各大知识产权国际公约与条约（如专利合作条约、巴黎公约、伯尔尼公约、马德里协定、布达佩斯条约）以及世界知识产权组织的签约国，企业可在新加坡申请全球知识产权保护。

在新加坡国内受到保护的知识产权有专利、商标、注册外观设计、版权（著作权）、商业秘密和机密信息等。新加坡保护商标的主要法律是《商标法》，可以通过新加坡知识产权局的网站或到该局进行商标注册，由知识产权局对商标特性进行审查，商标注册以后长期有效，但须每10年更新一次。规范专利权保护的法律是《专利法》，要获得专利法保护必须向新加坡知识产权局提交专利申请，申请中要包含专利的相关信息，包括发明以及操作说明和相关披露。规范版权的主要法律是《版权法》，它的保护范围包括小说、软件程序、剧本、活页乐谱、绘画作品等。在新加坡取得版权需要满足的条件是作品的作者或创作人是新加坡公民或居民，该作品首次在新加坡出版。在新加坡以外的地方取得版权的作品也可以在新加坡得到保护，条件是作品的作者或创作人是加入世界贸易组织或《伯尔尼公约》的成员国的国民或居民，该作品首次在世界贸易组织或《伯尔尼公约》的成员国出版。

2. 新加坡数据流动的经验分析

新加坡的数据保护一直走在亚洲的前沿，是亚太地区第四大互联网数据中心，仅次于日本、中国和印度。新加坡通过“智慧国家”（Smart Nation）战略，实现了信息基础设施现代化，推动了电信业与数据中心的投资。新加坡对于数据本地化没有明确的要求，2012年通过的《个人数据保护法》（PDPA）对个人跨境数据流动做了相应限制，建立了与欧盟类似的跨境数据传输要求，禁止向数据保护水平低于新加坡的国家或地区转移数据，除非接收国可以提供充分性保护。此外，立法还提供了“跨境数据传输合同条款”作为补充，符合以下情形的也可进行跨境数据传输：①集体企业规则；②数据主体同意；③履行合同义务必要；④关乎生命、健康的重大情形；⑤公开的个人数据；⑥数据中转。除了主张高水平的数据保护和数据自由流动相结合，新加坡还积极加入跨境隐私规则（Cross – Border Privacy Rules，CBPR），寻求区域内数据自由流动。2018 年 2 月，新加坡加入了亚太经合组织主导的 CBPR 体系，并积极寻求符合 CBPR 体系的隐私保护法、隐私保护执法机构、隐私信任认证机构、隐私法与 APEC 隐私框架，经过认证后的新加坡企业可以与 CBPR 成员国的认证企业自由传输数据。

从具体实践看，新加坡通过建立个人数据保护制度和完善相应的监管体系，建立数据跨境流动管理的制度框架，实现对数据跨境流动的管理。在个人数据保护制度建设方面，新加坡围绕个人数据保护出台了专门的法律法规，明确个人数据的内涵以及与非个人数据的边界，并对个人数据保护的责任进行了明确设置。第一，制定个人数据管理的法律法规，包括《个人数据保护法》（PDPA）、《个人数据保护条例》（PDPR）及其实施细则；第二，界定个人数据的内涵和边界，将个人数据界定为“通过该数据能识别出自然人身份的数据，或者通过与企业掌握的或者有渠道获取的其他数据一起使用，能够识别出自然人身份的数据”；第三，设置个人数据保护责任，包括获得个人同意、告知使用目的、依法限制数据使用目的、保证数据的准确性和完整性、保证数据的安全性、满足数据储存限制要求、依法跨境流动、允许个人获取和修改数据、接受问责九项责任。

在监管体系建设方面，新加坡数据跨境流动监管体系主要包括设置主管部门、划分责任边界、设定跨境流动条件、开展国际协调和明确基础设施要求等方面内容。监管重点关注事前和事后两个阶段，事前监管主要通过制定规则的方式提出要求和进行引导，事后监管主要根据投诉和诉讼等情况进行监管和执法。第一，设置数据跨境流动主管部门，由个人数据保护委员会（PDPC）主负责建立个人数据保护机制，进行监管和政策实施。在教育、医疗、金融等专业领域，PDPC 与专业领域行业主管部门对数据跨境流动实行共同管理。第二，明确主管部门的监管对象和责任边界，PDPC 的监管对象是私人部门涉及数据获取、使用、储存、传输和跨境转移的各类组织，主要责任是制定数据跨境流动和使用规则，要求监管对象建立完善的数据传输机制、审核机制以及相应的问责工具。第三，设定数据跨境流动的条件。PDPC 对数据输入新加坡境内不设限制，对于在新加坡中转的数据原则上不进行监管，但对数据流出有较严的监管，要求数据转移出新加坡的行为必须合规，一是对数据流动目的地国家或特定部门、地区进行充分性或等效性评估认证；二是规定允许数据跨境流动的其他法定理由，包括数据主体同意、履行合同义务必要、关乎生命健康的重大情形、公开的个人数据、数据中转。第四，积极参与国际协调，推动数据跨境流动规则的国际互认。第五，基础设施不设置过于严格的要求，没有规定明确的数据跨境流动的本地化要求，对网关不设限制，不要求建立商业实体、在当地建设数据中心或者进行特定数据容灾备份，对企业投资数据中心（IDC）也没有限制。

（六）国外数字产权保护和数据流动的经验及启示

通过国外发达国家或地区的数字产权保护和数据流动政策实践，可以发现在数字知识产权保护方面，各国都是通过完善现有法律法规为数字产权保护提供支持。因此，我国在数字产权保护方面需要进一步健全数字内容产品的知识产权保护机制，加大数字内容产品的知识产权保护力度。在借鉴吸收美国等发达国家先进经验的基础上，积极寻求对原有法律的修订与解释，为企业数字内容产品的知识产权保护工作提供充分的权利基础；在数据流动方面，数字经济大国开始通过双边谈判和多边合作以推动更加灵活的跨境数据流动国际合作。越来越多的国家通过推动国内法律的制定或修改，与欧盟开展 GDPR 项下的充分性认定谈判，设立“白名单”制度。美国与欧盟则采用更加灵活的隐私盾协议，自愿参加的美企需向美国商务部提交自我确认书，确认其完全遵守其中所有隐私原则等要求。在多边合作机制方面，APEC 建立的“跨境隐私规则”（CBPR）则是一项自愿认证体系，以跨境商业个人隐私保护为核心内容，允许通过认证的企业相互之间自由传输数据。由此可见，跨境数据流动治理的政策规则应充分平衡好安全性与流动性。一方面，应优化和完善现有的跨境数据流动安全管理框架及相关法律法规，建立灵活多样、宽严相济的数据分级监管模式；另一方面，应基于上述两个对等原则，主动参与涉及跨境数据流动的多边或双边协定谈判，研究将国际社会广泛引用的隐私盾协议、公司绑定规则、标准合同范本、APEC 跨境隐私规则体系等国际认证规则纳入我国跨境数据流动安全体系，构建与国际社会接轨的跨境数据流动安全认证服务体系，推动互利互惠、合规有序、高质量的跨境数据流动。

三、CPTPP 数字产权保护和数据流动规则分析

（一）CPTPP 发展历程

2018 年 12 月 30 日“全面与进步的跨太平洋伙伴关系协定”（CPTPP）正式生效，CPTPP 生效后将成为亚太地区规模最大的自贸协定，在很大程度上将与欧盟、北美自贸区形成三足鼎立的世界经贸格局，进一步扩大了国际经贸区域化程度，提高亚太地区整体活跃度。CPTPP 的前身为 TPP，随着美国的退出，自贸标准相应地有所降低，但依旧秉承了 TPP 的自由贸易精神和全面开放市场的目标，是目前较高水平的自贸协定。从协议具体内容来看，CPTPP 维持了 TPP 原有的协定结构和其中大约 95% 的内容，为了顾及部分成员国的经济水平和发展程度，暂停了部分高标准高水平的条款。为了全面推进协议生效，CPTPP 修改了原有的生效条款，将“经济总量之和 85% 以上的六个国家批准后 60 天内生效”更改为“六个国家完成国内立法机构的审批手续后 60 天内生效”，生效条款更为宽松。

CPTPP 数字贸易规则是全球数字贸易规则发展到现阶段的缩影，其中关于数字贸易相关规则基本上得到了大多数国家的共识。CPTPP 数字贸易规则

主体部分为第十四章，主要内容包括：减少数字贸易壁垒措施、保护数字贸易消费者权益措施、促进数字贸易便利化措施三个关键内容。第十章跨境服务贸易和第十三章电信规则的内容主要涉及市场准入和电信基础措施。第十八章为知识产权章节，主要内容为知识产权保护。CPTPP 协定秉持的核心精神是寻求自由和开放的数字贸易，严格禁止各国采取贸易壁垒措施将缔约方的数字产品置于劣势地位，不得对跨境数据流动设置不必要的障碍。

总的来看，CPTPP 覆盖的消费者数量、成员国经济水平、贸易市场范围超越了此前大部分的区域贸易协定，对于 21 世纪世界数字贸易规则的构建仍然存在引领作用。CPTPP 数字贸易规则的核心内容是鼓励自由、开放、活力的数字贸易，在一定程度上代表了不同类型经济体制定数字贸易规则的态度，能够为经济水平差异巨大的缔约方设置缓冲期，正迅速成为国际贸易规则谈判中的“现代化”标准，引领数字贸易规则的构建。

（二）CPTPP 数字产权保护和数据流动规则内容

1. CPTPP 数字产权保护规则内容

作为 CPTPP 前身的 TPP 将知识产权条款作为重点谈判领域，随着美国的退出，为了平衡缔约国之间的差异，降低谈判难度，CPTPP 搁置了部分知识产权，如药品和生物制剂的版权等条款。CPTPP 中余下的知识产权章节仍然是高水平的保护标准，扩展了传统知识产权的保护范围，详细规定了各类知识产权保护程序。CPTPP 明确规定了各类数据的保护期限，将包含数字环境下的技术措施和权利管理信息的规定安排在版权和相关权利部分里，还把知识产权保护问题与贸易政策挂钩，强化了执法措施。此外，还单独规定了第三方避风港制度。CPTPP 将数字贸易、电子商务等相关领域的知识产权相关网络规范都涵盖进去了，且制定规范的标准逐渐稳定和完善，CPTPP 中知识产权部分内容将是目前大型区域贸易协定中知识产权保护的最高标准。

进一步深入分析发现，CPTPP 中的知识产权保留条款考虑了网络环境中知识产权的问题，涉及数字产权保护的内容如表 3 所示，总结起来有三个特点：①知识产权客体范围扩张，加强了对互联网域名的保护，第 18.28 条要求为利害关系人提供启动互联网域名争议的法律救济程序和手段；②明确知识产权的保护标准，扩张了知识产权权利内容，第 18.58 条将数字形式增加到了复制权的控制之中；③规定了严格的执法程序和法律责任，第 18.71 条执行程序应能在同等程度上适用于数字环境中的商标侵权以及版权或相关权侵权。

表 3 CPTPP 中涉及数字产权保护的条款内容

条款名称	具体内容
第 18.28 条　域名	提供适当的争议解决程序，该程序根据互联网名称与数字地址分配机构（ICANN）批准的《统一域名争议解决政策》中所确立的原则设立或按照上述原则设计，或该程序：（i）旨在迅速且以低成本解决争议；（ii）公平合理；（iii）不过度烦琐；（iv）不排除诉诸司法程序的可能性
第 18.66 条　版权和相关权制度中的平衡	每一缔约方应努力实现其版权和相关权制度中的适当平衡，特别是通过采取与第 18.65 条（限制和例外）相一致的限制或例外的方式，包括对于数字环境的限制和例外，同时适当考虑合理目的，例如但不限于：批评、评论、新闻报道、教学、学术、研究及其他类似目的，并便利盲人、视力障碍者或其他印刷品阅读障碍者获得已发表的作品
第 18.69 条　权利管理信息	明确权力管理信息包括：识别作品、表演或录音制品、作品的作者、表演的表演者或录音制品的制作者的信息；或识别对作品、表演或录音制品拥有任何权利的所有人的信息；关于使用作品、表演或录音制品的条款和条件的信息；或以上所指信息的任何数字或代码
第 18.71 条　一般义务	每一缔约方确认，第 18.74 条（民事和行政程序及救济）、第 18.75 条（临时措施）和第 18.77 条（刑事程序和处罚）中所列执行程序应能在同等程度上适用于数字环境中的商标侵权以及版权或相关权侵权
附件 18 - EJ 节的附件	为便利在互联网上的版权实施并避免网络环境中无端市场干扰，第 18.82.3 条和第 18.82.4 条（法律救济和安全港）不得适用于一缔约方，只要自就本协定达成原则一致之日起，该缔约方继续：（a）在其法律中规定互联网服务提供商无资格使用第 18.82.1 条（b）项（法律救济和安全港）中所述限制的情况；（b）对于一人通过互联网或其他数字网络提供以促成版权侵权行为为主要目的的情况，规定版权侵权的法定间接责任

资料来源：课题组整理。

2. CPTPP 跨境数据流动规则内容

数字贸易目前面临最大的障碍无疑是各国对于跨境数据流动的规制，数据对于围绕着以信息流为中心的数字贸易至关重要，为了规制上述数字贸易壁垒，打破各国数字保护主义，减少互联网企业全球化的障碍，CPTPP 以倡导数字自由贸易为目标设定了禁止关税、非歧视性待遇及跨境数据自由流动等一系列重点条款。

（1）禁止关税原则。数字贸易的主要交易对象数字产品通过互联网进行传输和贸易，模糊了货物和服务的界限，对于数字产品属于货物还是贸易的归类尚无统一定论，所以无论是对数字产品或数字服务征税，都不符合现行海关征税标准。1998 年，在日内瓦举行的第二次世界贸易组织部长级会议通过了《全球电子商务宣言》，宣布对电子传输不征收关税。之后的部长级会议决定该项承诺不断延期，最新决定延期至 2020 年 6 月。

CPTPP 第 14.3 条规定任何一方不得对一方与另一方之间的电子传输（包括电子传输的内容）征收关税。为了更大的确定性，不排除一方对以电子方式传输的内容征收内部税、费或其他费用，前提是此类税、费或费用的征收方式符合本协议。由此可以看出，CPTPP 特意强调此处仅禁止双方对数字产品的跨境电子传输征收关税或其他费用，但是不排除各方征收国内税收。CPTPP 宣称消除数字产品和电子传输的关税壁垒是促进自由贸易区成员之间数字贸易的关键措施，并且承诺签署国将逐步消除与其他成员的其他关税和非关税贸易壁垒，对于不同的国家，关税削减会以不同的税率逐步实施，但 95% 的关税细目最终会被削减到零，为了促进绝大多数商品的自由贸易。由于发达国家在互联网服务、云计算、电子商务领域处于全球主导地位，所以推行“电子传输”零关税对其是极为有利的，因此该条款普遍应用于美国、日本、欧盟等国家和地区签署的自贸协定中。但一般作为数字产品贸易的净输入国的发展中国家，为了提高本国数字产品的竞争力和减少关税损失，通常主张对国际数字产品贸易征收关税。

（2）非歧视性原则。非歧视性原则是世界贸易组织基本原则之一，主要包含最惠国待遇和国民待遇。数字产品的非歧视待遇大多要求缔约方所获待遇不得低于其他国待遇，该项条款最早出现于美国与智利签订的 FTA 中，这项措施有利于美国数字企业拓展国际市场。但欧盟却对该项条款持有保守态度，欧盟认为在区域贸易协定的“投资”章节已经设立该项条款，无须再另外设立，因此在其 TISA 谈判草案中的“数字贸易”章节并未设置此项条款。

CPTPP 第 14.4 条明确规定对进口数字产品采取非歧视性待遇是一项基本措施，禁止缔约方强迫提供服务的公司以本地化作为进入条件，不得以转让技术、生产信息、专利等行为作为进入市场的条件，不可以通过阻止跨境信息流自由流动让本国的数字产品置于优势地位，支持缔约方之间互相开放数字经济。在数字贸易领域增加非歧视性待遇可以减少数字贸易壁垒，方便外国数字产品和服务进入他国市场，但是对于发展中国家来说，非歧视待遇可能会带来竞争压力，不利于本地数字企业的发展，但同时也能反向增强本地数字产业的国际竞争力，从而实现逆境发展。

（3）禁止数据本地化要求。随着跨境数据流动的价值超过货物贸易的价值，维持跨境数据自由流动自然成为各国或者经济组织之间谈判的目标。美国作为全球互联网大国，支持数字和信息的自由流动，反对数据本地化，在各项多边双边区域协定谈判中引入跨境数据流动条款。而欧盟基于保护人权的历史，对于数据自由流动持谨慎态度。俄罗斯、印度尼西亚等国为了保护个人隐私和国家安全出台数据本地化要求，要求数据处理主体、数据储存地址等数据相关要素必须定位在当地。目前在国际层面各国并未就跨境数据的自由流动政策达成一致意见，但在多边协定层面进行了不同的尝试。

CPTPP 是亚洲区域协定中第一次引进商业跨境数据自由传输条款的区域贸易协定，认为要求计算机设备本地化和禁止跨境数据自由流动的行为是开放网络的重要威胁。在数据本地化方面，CPTPP 第 14.13 条规定任何一方均有权利对计算机设施提出监管要求，但不得要求计算机设施服务方在该方领土内使用或定位计算设施作为在其领土内开展业务的条件，但缔约方为实现合法的公共政策目标除外。对于跨境数据传输方面的规定，CPTPP 第 14.11 条要求任何一方都应允许通过电子手段进行信息的跨境转移，包括个人信息，但缔约方为实现合法的公共政策目标除外。对于跨境数据自由流动与敏感数据保护的冲突，CPTPP 采取了“软硬兼施”的措施作为解决跨境数据自由流动的中立办法。一方面，通过“合法政策目标”，设置缓冲区，为维护各国政策主权而留出的缺口；另一方面，强调跨境数据自由流动，督促各国制定法律规则促进自由贸易。

表 4　CPTPP 中的数据流动相关条款

条款名称	具体内容
第 14.4 条　数字产品的非歧视待遇	任何缔约方给予在另一缔约方领土内创造、生产、出版、订约、代理或首次商业化提供的数字产品的待遇，或给予作者、表演者、生产者、开发者或所有者为另一缔约方的人的数字产品的待遇，不得低于其给予其他同类数字产品的待遇
第 14.6 条　电子认证和电子签名	1. 除非其法律项下另有规定，否则一缔约方不得仅根据一签名是电子方式而否认该签名的法律效力；2. 任何缔约方不得对电子认证采取或维持下列措施：（a）禁止一电子交易的当事方就该交易共同确定适当的认证方法。（b）阻止一电子交易的当事方获得向司法或行政机关证明其交易符合有关认证的任何法律要求的机会；3. 尽管有第 2 款，但是一缔约方可针对一特定交易类型，要求认证方法符合特定性能标准，或经一依照法律认可的授权机构的认证；4. 缔约方应鼓励使用可交互操作的电子认证
第 14.8 条　个人信息保护	1. 每一缔约方应采用或维持规定保护电子商务用户个人信息的法律框架。在制定其个人信息保护的法律框架时，每一缔约方应考虑相关国际机构的原则和指南；2. 每一缔约方在保护电子商务用户免受其管辖范围内发生的个人信息保护侵害方面应努力采取非歧视做法；每一缔约方应公布其为电子商务用户提供的关于个人信息保护的信息，包括：（a）个人如何寻求救济；（b）企业如何符合任何法律要求认识到缔约方可能采取不同法律方式保护个人信息，每一缔约方应鼓励建立促进这些不同体制之间兼容性的机制。这些机制可包括对监管结果的承认，无论是自主给予还是通过共同安排，或通过更广泛的国际框架。为此，缔约方应努力就其管辖范围内适用的此类机制交流信息，并探索扩大此类安排或其他适当安排的途径以促进各机制之间的兼容性

续表

条款名称	具体内容
第 14.11 条　通过电子方式跨境传输信息	1. 缔约方认识到每一缔约方对通过电子方式传输信息可设有各自的监管要求；2. 每一缔约方应允许通过电子方式跨境传输信息，包括个人信息，如这一活动用于涵盖的人开展业务；本条中任何内容不得阻止一缔约方为实现合法公共政策目标而采取或维持与第 2 款不一致的措施，只要该措施：(a) 不以构成任意或不合理歧视或对贸易构成变相限制的方式适用。(b) 不对信息传输施加超出实现目标所需限度的限制
第 14.14 条　非应邀商业电子信息	每一缔约方应对非应邀商业电子信息采取或维持下列措施：(a) 要求非应邀商业电子信息提供者提高接收人阻止继续接收这些信息的能力；(b) 按每一缔约方的法律法规所规定的，要求获得接收人对于接收商业电子信息的同意；(c) 通过其他方式规定将非应邀商业电子信息减至最低程度

资料来源：课题组整理。

（三）CPTPP 数字产权保护和数据流动规则的经验及启示

CPTPP 作为美式数字贸易规则样本的延续，体现了美国国内立法的倾向，无论从广度还是深度来看，未来都有可能成为美国同第三方谈判的样本并将演变成全球性标准。CPTPP 的高标准数字贸易规则对我国现行的数字贸易规则体制构成一定挑战。我国对于数字贸易规则的构建尚处于初步阶段，国内出台了部分法律法规。在多边层面，我国目前签订的 14 个区域贸易协定中，仅有少部分区域贸易协定中含有数字贸易规则条款，其中《中韩自贸协定》与《中澳自贸协定》中采用了单独章节规定，但是约束性条款较少，甚至并未涉及跨境数据传输、源代码、非歧视性待遇等内容，与 CPTPP 存在一定差距。通过上述有关 CPTPP 数字知识产权保护和数据流动的规则分析，对我国的启示有以下几个方面。

第一，完善数字产权保护立法。鉴于数字贸易规则的境外延伸能力和互联网经济的独特发展态势，我国需要汲取欧美等国的法律法规制定经验，推动我国数字产权保护的发展。我国已于 2019 年正式实行《电子商务法》，迈出数字产权保护相关法律法规建设的第一步，必须进一步加快相关法律体系的建设，为数字产权保护的发展营造良好的制度环境。

第二，制定高水平知识产权保护法规，提高知识产权的保护标准。在立法方面与国际接轨，积极对接CPTPP知识产权保护方案，同时考虑数据制度的国际差异，包括与贸易有关的知识产权中的数据协议，统一制定跨境数据流动规则，帮助企业突破国际知识产权壁垒。针对数字经济下不同的知识产权纠纷，尝试成立数字经济知识产权仲裁机构，解决知识产权纠纷等问题。对于确实无法通过仲裁解决的，则在法院设立专门的知识产权审判庭，切实有效保护当事人的权益。

第三，制定跨境数据流动规则。由于数据存在隐私权和经济利益的双重属性，以欧盟为代表的数据限制主义和以美国为代表的数据自由主义一直是跨境数据流动的主要规则。美国为了确保其国内数字企业的利益坚定推动跨境数字完全自由流动，反对一切形式的数据本地化。欧盟面对自由度如此之高的“美式模板”，却奉行“充分保护标准”即通过严苛立法限制个人数据跨国流动，即“严格主义”的“欧式模板”。对此，我国需要汲取美式模板和欧式模板经验，在制定跨境数据流动规则时应当保证国家安全，从经济发展实际情况出发，在跨境数据流动自由化和数据保护主义中寻求平衡，对跨境数据流动进行分级分类管理。对于涉及国家基础设施和个人隐私方面，实施跨境数据流动限制，并严格要求将数据中心建在国内，对违法者予以严厉处罚；对于个人数据，则应按照国内法保护的前提下，要求行业做好自律，同时设置第三方监管允许有条件的自由流动；对于一般性行业数据，可以依据签订的区域协定或者国内法允许其跨境自由流动，以促进数字产业的发展。

四、数字产权保护和数据流动的国内探索

（一）国内数字产权保护和数据流动的相关政策

自加入世界贸易组织以来，我国知识产权保护水平和执法标准不断提

高。与此同时，我国数字经济与数字贸易的迅猛发展，引起了贸易伙伴对我国数字知识产权保护、跨境数据流动、源代码与网络安全等数字贸易议题的高度关注。在此背景下，中共中央政治局基于国家大数据战略指出，要加强关键信息基础设施安全保护，强化国家关键数据资源保护能力，制定数据资源确权、开放、流通、交易相关制度，加大对技术专利、数字版权、数字内容产品及个人隐私等的保护力度，提出中国方案。

1. 国内数字产权保护的相关政策

为了加强知识产权保护，我国主要出台了《中共中央　国务院关于完善产权保护制度依法保护产权的意见》《国家知识产权战略纲要》《商标法》《专利法》《技术合同法》《著作权法》《反不正当竞争法》《中国知识产权司法保护纲要（2016—2020）》等一系列政策文件。在数字知识产权领域，我国规范数字信息服务的知识产权政策除版权法及其实施条例外，1999 年国家版权局发布《关于制作数字化制品的著作权规定》，明确将已有作品制成数字化制品属于著作权法规定的复制行为。2000 年国务院发布《互联网信息服务管理办法》，规定了经营性信息服务提供者和非经营性信息服务提供者在从事信息服务中应遵守的有关规定。2006 年国务院公布《信息网络传播权保护条例》，规定了通过网络传播信息资源时适用合理使用、法定许可使用的情形，给予网络信息服务者知识产权权利空间，极大地促进了互联网接入服务和信息服务业务的快速发展。对于网络侵权问题，2009 年 7 月 1 日正式实施的《侵权责任法》第三十六条也有了详细规定。从地方政策来看，2011 年上海市出台了《关于促进本市数字出版产业发展的若干意见》，是全国第一个全方位支持数字出版产业发展的省级政府文件，主要从三个方面来解决知识产权保护的问题：一是加强保护，把数字网络领域列为打击盗版专项执法重点；二是鼓励研发通用的共性技术，鼓励开展知识产权侵权保险业务，为数字出版知识产权提供保障；三是鼓励企业登记软件著作权，维护自身合法权益，对符合条件的企业在登记经费方面给予资助。2020 年，国务院办公厅印发《关于强化知识产权保护的意见》，明确要求完善新业态新领域保护制度，探索加强对商业秘密、保密商务信息及其源代码的有效保护。

2. 国内数据流动的相关政策

为进一步推动“一带一路”倡议和企业“走出去和引进来”等国家战略实施，我国高度重视数据的共享和开放，出台大数据战略纲要，鼓励数据自由有序跨境流动。国务院印发《促进大数据发展行动纲要》，提出要把数据开放共享作为战略部署的重要任务。我国在法律制度标准层面出台了一系列数据出境管理要求，2017 年正式实施的《网络安全法》是我国第一部全面规范网络空间安全管理方面问题的基础性法律，第 37 条明确我国数据出境安全评估要求，保障我国国家安全以及个人信息主体权益。2017 年 4 月，国家互联网信息办公室制定并公布了《个人信息和重要数据出境安全评估办法（征求意见稿）》，构建了个人信息和重要数据出境安全评估的基本框架，规定了自行评估和监管机构评估两种评估方式以及安全评估的内容。2017 年 8 月 25 日，全国信息安全标准化技术委员会对外发布了《信息安全技术：数据出境安全评估指南（征求意见稿）》，对数据出境安全评估流程、评估要点、评估方法、重要数据识别指南等内容进行了具体规定，为个人信息和重要数据出境评估提供了规范性指导。2019 年 6 月，国家互联网信息办公室组织对《个人信息出境安全评估办法（征求意见稿）》向社会征求意见，探索建立政府部门评估和企业自评估相结合的评估体系。2020 年 7 月 3 日，《中华人民共和国数据安全法（草案）》公开征求意见，其中第九条“国家建立健全数据安全协同治理体系，推动有关部门、行业组织、企业、个人等共同参与数据安全保护工作，形成全社会共同维护数据安全和促进发展的良好环境”，第十条“国家积极开展数据领域国际交流与合作，参与数据安全相关国际规则和标准的制定，促进跨境数据安全、自由流动”，体现了以安全为基础，为数字经济发展、产业勃兴提供坚实保障的积极思路。

对于金融、交通、保险等行业的重要敏感数据，我国目前仍实施本地化存储、限制出境等管理要求。中国人民银行发布《关于银行业金融机构做好个人金融信息保护工作的通知》，明确规定在中国境内收集的个人金融信息的存储、处理和分析应当在中国境内进行。交通运输部、工业和信息化部等7部门共同颁布《网络预约出租汽车经营服务管理暂行办法》，要求网约车平台公司应将所采集的个人信息和生成的业务数据在中国内地存储和使用，除法律法规另有规定的不得外流。此外，《人口健康信息管理办法（试行）》《保险公司开业验收指引》《征信管理条例》《地图管理条例》等都提出了不同程度的数据本地化要求。

由此可见，我国跨境数据流动规定以数据流动禁止规定为主，要求数据本地化，未经批准的敏感信息不得在境外传输和处理以及存储。目前我国跨境数据流动的体系化、分级分类监管机制尚未形成。敏感技术数据只有密码技术与产品进出口许可有明确法律要求，法律和专门数据保护机构缺失，难以被欧盟国家列入“白名单”，与其他国家缔结跨境数据协议仍然存在一定的困难。

表5　我国相关政策文件涉及跨境数据流动的主要条款

文件名称	发布部门	具体内容
《中国人民银行关于银行业金融机构做好个人金融信息保护工作的通知》	中国人民银行；2011年10月21日	在中国境内收集的个人金融信息的储存、处理和分析应当在中国境内进行。除法律法规及中国人民银行另有规定外，银行业金融机构不得向境外提供境内个人金融信息
《征信业管理条例》	国务院；2013年1月21日	第24条　征信机构在中国境内采集的信息的整理、保存和加工，应当在中国境内进行。征信机构向境外组织或者个人提供信息，应当遵守法律、行政法规和国务院征信业监督管理部门的有关规定
《人口健康信息管理办法（试行）》	国家卫生和计划生育委员会（已撤销）；2014年5月5日	第10条　不得将人口健康信息在境外的服务器中存储，不得托管、租赁在境外的服务器

续表

文件名称	发布部门	具体内容
《网络预约出租汽车经营服务管理暂行办法》	交通运输部、工业和信息化部等；2016 年 7 月 27 日	第 27 条　网约车平台公司应当遵守国家网络和信息安全有关规定，所采集的个人信息和生成的业务数据，应当在中国内地存储和使用，保存期限不少于 2 年，除法律法规另有规定外，上述信息和数据不得外流
《网络安全法》	全国人民代表大会；2016 年 11 月 7 日	第 23 条　网络关键设备和网络安全专用产品应当按照相关国家标准的强制性要求，由具备资格的机构安全认证合格或者安全检测符合要求后，方可销售或者提供。国家网信部门会同国务院有关部门制定、公布网络关键设备和网络安全专用产品目录，并推动安全认证和安全检测结果互认，避免重复认证、检测
		第 24 条　网络运营者为用户办理网络接入、域名注册服务，办理固定电话、移动电话等入网手续，或者为用户提供信息发布、即时通信等服务，在与用户签订协议或者确认提供服务时，应当要求用户提供真实身份信息。用户不提供真实身份信息的，网络运营者不得为其提供相关服务。国家实施网络可信身份战略，支持研究开发安全、方便的电子身份认证技术，推动不同电子身份认证之间的互认
		第 31 条　国家对公共通信和信息服务、能源、交通、水利、金融、公共服务、电子政务等重要行业和领域，以及其他一旦遭到破坏、丧失功能或者数据泄露，可能严重危害国家安全、国计民生、公共利益的关键信息基础设施，在网络安全等级保护制度的基础上，实行重点保护。关键信息基础设施的具体范围和安全保护办法由国务院制定
		第 37 条　关键信息基础设施的运营者在中华人民共和国境内运营中收集和产生的个人信息和重要数据应当在境内存储。因业务需要，确需向境外提供的，应当按照国家网信部门会同国务院有关部门制定的办法进行安全评估；法律、行政法规另有规定的，依照其规定
		第 38 条　关键信息基础设施的运营者应当自行或者委托网络安全服务机构对其网络的安全性和可能存在的风险每年至少进行一次检测评估，并将检测评估情况和改进措施报送相关负责关键信息基础设施安全保护工作的部门

续表

文件名称	发布部门	具体内容
《个人信息和重要数据出境安全评估办法（征求意见稿）》	国家互联网信息办公室；2017 年 4 月 11 日	第 9 条　出境数据存在以下情况之一的，网络运营者应报请行业主管或监管部门组织安全评估：含有或累计含有 50 万人以上的个人信息；数据量超过 1000GB；包含核设施、化学生物、国防军工、人口健康等领域数据，大型工程活动、海洋环境以及敏感地理信息数据等；包含关键信息基础设施的系统漏洞、安全防护等网络安全信息；关键信息基础设施运营者向境外提供个人信息和重要数据；其他可能影响国家安全和社会公共利益，行业主管或监管部门认为应该评估。行业主管或监管部门不明确的，由国家网信部门组织评估
		第 11 条　存在以下情况之一的，数据不得出境：个人信息出境未经个人信息主体同意，或可能侵害个人利益；数据出境给国家政治、经济、科技、国防等安全带来风险，可能影响国家安全、损害社会公共利益；其他经国家网信部门、公安部门、安全部门等有关部门认定不能出境的
		第 12 条　网络运营者应根据业务发展和网络运营情况，每年对数据出境至少进行一次安全评估，及时将评估情况报行业主管或监管部门。当数据接收方出现变更，数据出境目的、范围、数量、类型等发生较大变化，数据接收方或出境数据发生重大安全事件时，应及时重新进行安全评估
《信息安全技术个人信息安全规范》	国家市场监督管理总局、国家标准化管理委员会；2020 年 3 月 6 日	9.8　个人信息跨境传输 在中华人民共和国境内运营中收集和产生的个人信息向境外提供的，个人信息控制者应遵循国家相关规定和相关标准的要求
《数据安全法》	全国人大常委会；2021 年 6 月 10 日	第 18 条　国家促进数据安全检测评估、认证等服务的发展，支持数据安全检测评估、认证等专业机构依法开展服务活动
		第 19 条　国家建立健全数据交易管理制度，规范数据交易行为，培育数据交易市场

续表

文件名称	发布部门	具体内容
《数据安全法》	全国人大常委会；2021年6月10日	第21条　国家建立数据分类分级保护制度，根据数据在经济社会发展中的重要程度，以及一旦遭到篡改、破坏、泄露或者非法获取、非法利用，对国家安全、公共利益或者个人、组织合法权益造成的危害程度，对数据实行分类分级保护。国家数据安全工作协调机制统筹协调有关部门制定重要数据目录，加强对重要数据的保护
		第22条　国家建立集中统一、高效权威的数据安全风险评估、报告、信息共享、监测预警机制。国家数据安全工作协调机制统筹协调有关部门加强数据安全风险信息的获取、分析、研判、预警工作
		第23条　国家建立数据安全应急处置机制。发生数据安全事件，有关主管部门应当依法启动应急预案，采取相应的应急处置措施，防止危害扩大，消除安全隐患，并及时向社会发布与公众有关的警示信息
		第24条　国家建立数据安全审查制度，对影响或者可能影响国家安全的数据处理活动进行国家安全审查
		第25条　国家对与维护国家安全和利益、履行国际义务相关的属于管制物项的数据依法实施出口管制

资料来源：课题组整理。

（二）国内数字产权保护和数据流动的政策实践

在政策实践方面，我国正积极利用自贸区的政策创新优势加强数字产权保护，开展跨境数据流动试点，在北京自由贸易试验区、上海临港新片区等区域内先行先试，制定完善数字产权保护和跨境数据传输、利用、保护、流转等方面的规则体系。

1. 国内数字产权保护的政策实践

（1）北京。2020年9月，国务院颁布的《中国（北京）自由贸易试验区总体方案》提出，探索创制数据确权、数据资产、数据服务等交易标准及数据交易流通的定价、结算、质量认证等服务体系，规范交易行为。建设数字版权交易平台，带动知识产权保护、知识产权融资业务发展。为了突出北京自贸区在数字经济方面的特征，2020 年 9 月北京市政府发布《北京市关于打造数字贸易试验区实施方案》，在知识产权保护方面重点研究数字领域知识产权相关制度，强化对数字贸易企业境外知识产权布局支持，指导企业开展专利导航、知识产权海外预警和纠纷应对。探索构建包含专利、商标、版权等知识产权要素的基础资产组合，研究推动知识产权证券化，降低单个企业融资成本。与此同时，2020 年 9 月国务院也发布了《深化北京市新一轮服务业扩大开放综合试点建设国家服务业扩大开放综合示范区工作方案》，在知识产权保护方面明确探索建立公允的知识产权评估机制，完善知识产权质押登记制度、知识产权质押融资风险分担机制以及质物处置机制。加强知识产权审判领域改革创新，完善知识产权司法保护制度，推进知识产权保险试点。

（2）上海。2019 年 8 月，国务院发布的《上海自由贸易试验区临港新片区总体方案》针对知识产权保护领域，提出开展国际合作规则试点，加大对专利、版权、企业商业秘密等权利及数据的保护力度，主动参与引领全球数字经济交流合作。在《中国（上海）自由贸易试验区临港新片区管理办法》中同样也提出在新片区开展国际合作规则试点，加大对专利、版权、商业秘密等权利和数据的保护力度，主动参与引领全球数字经济交流合作。2019 年《中国（上海）自由贸易试验区临港新片区总体方案》，2019 年 7 月，上海市商务局等九部门发布《上海市数字贸易发展行动方案（2019—2021 年）》规定，在保护知识产权、保护个人隐私等方面加快探索和国际通行规则接轨的数字贸易监管举措。2019 年 8 月，上海市政府发布的《上海市新一轮服务业扩大开放若干措施》提出了 40 项具体开放措施，其中涉及知识产权保护的措施要求聚焦产业链关键核心环节、关键零部件环节，探索完善财税等相关政策，加大对跨国公司转让至境内的知识产权的保护力度。

2. 国内数据流动的政策实践

(1) 北京。2020年9月，国务院发布《中国（北京）自由贸易试验区总体方案》提出，对标国际先进水平，探索符合国情的数字贸易发展规则，加强跨境数据保护规制合作，促进数字证书和电子签名的国际互认。探索制定信息技术安全、数据隐私保护、跨境数据流动等重点领域规则。2020年9月，北京市发布《北京市促进数字经济创新发展行动纲要（2020—2022年)》和《北京市关于打造数字贸易试验区的实施方案》《北京国际大数据交易所设立工作实施方案》及《北京市数据跨境流动安全管理试点》等"1+3"数字经济相关工作安排。

其中，《北京市促进数字经济创新发展行动纲要（2020—2022年)》提出了建设支撑跨境数据流动、数据交易等领域完善的安全防护基础设施，探索应用区块链、多方安全计算等技术提升数据流通安全保障能力等基础设施保障建设工程。《北京市关于打造数字贸易试验区实施方案》针对跨境数据的安全有序流动，提出以下发展路径。首先，在试验区内探索开展跨境数据流动试点。立足中关村软件园、金盏国际合作服务区和自贸区大兴机场片区，因地制宜地制定跨境数据流动发展规划，实现在不同领域、各有侧重的跨境数据流动试点试行。其次，分阶段推动跨境数据流动的有序开放。积极推动试验区内少量试点企业与国外特定范围内实现数据流动合规，帮助国内企业开拓国外市场，并允许少量国外重点企业在中国进一步拓展数字业务。在此基础上，通过不断深化开放内容、增加试点企业数量、完善监管方式等，向区域开放拓展，推动在数字领域更大范围的双向开放和互利双赢。最后，逐步构建跨境数据流动规则，不断扩大国际合作范围。依托自贸区等重大国家战略，以中日韩、东盟十国等区域的交流合作为基础，不断打开局面，逐步拓展与美国、欧盟等区域的跨境数据流动。《北京国际大数据交易所设立工作实施方案》明确提出，北京国际大数据交易所功能定位为权威的数据信息登记平台、受到市场广泛认可的数据交易平台、覆盖全链条的数据运营管理服务平台、以数据为核心的金融创新服务平台、新技术驱动的数据金融科技平台，大数据交易所将整合数据要素资源、规范数据交易行为，推动数据要素的网络化共享、集约化整合、协作化开发和高效化利用，引导数据要素向先进生产力集聚，助力北京产业升级和经济高质量发展。

（2）上海。2019 年 8 月，国务院发布《上海自由贸易试验区临港新片区总体方案》，明确提出实施国际互联网跨境数据安全有序流动。建设完备的国际通信设施，加快 5G、IPv6、云计算、物联网、车联网等新一代信息基础设施建设，提升新片区内宽带接入能力、网络服务质量和应用水平，构建安全便利的国际互联网数据专用通道。支持新片区聚焦集成电路、人工智能、生物医药、总部经济等关键领域，试点开展跨境数据流动的安全评估，建立数据保护能力认证、数据流通备份审查、跨境数据流通和交易风险评估等数据安全管理机制。为了进一步推进中国（上海）自由贸易试验区临港新片区建设，上海市政府同年发布了《中国（上海）自由贸易试验区临港新片区管理办法》，指出新片区应聚焦集成电路、人工智能、生物医药和总部经济等关键领域，试点开展跨境数据流动的安全评估，建立数据保护能力认证、数据流通备份审查、跨境数据流通和交易风险评估等数据安全管理机制。

2020 年 6 月，上海自贸试验区临港新片区管委会发布“信息飞鱼”方案，提出了探索建设“新型数据监管关口”，推动数据跨境流动“先行先试”。2020 年 11 月，上海市人民政府印发《上海市全面深化服务贸易创新发展试点实施方案》，在临港新片区开展汽车产业、工业互联网、医疗研究（涉及人类遗传资源的除外）等领域开展数据跨境流动安全评估试点，推动建立数据保护能力认证、数据流通备份审查、跨境数据流动和交易风险评估等数据安全管理机制。探索参与数字规则国际合作，加大对数据的保护力度。试行允许符合条件的外资金融机构因集团化管理而涉及其在境内控股金融机构向境外报送有关数据，特别是涉及内部管理和风险控制类数据。2021年8月，上海市政府发布的《中国（上海）自由贸易试验区临港新片区发展"十四五"规划》进一步明确临港新片区建设国际数据港的具体内容。2021年8月，《关于支持中国（上海）自由贸易试验区临港新片区自主发展自主改革自主创新的若干意见》提出要制定"国际数据港"建设方案，率先在智能网联汽车和车联网领域建立数据跨境流动"正面清单+分级分类"管理制度，开展数据跨境流动安全评估试点，国际互联网数据专用通道投入使用，试点建设新型互联网交换中心。

（3）浙江。2020年9月，国务院印发《中国（浙江）自由贸易试验区扩展区域方案》，提出在国家数据跨境传输安全管理制度框架下，试点开展数据跨境流动安全评估，探索建立数据保护能力认证、数据流动备份审查、跨境数据流动和交易风险评估等数据安全管理机制。

2020年11月，浙江省商务厅、省委网信办联合印发《浙江省数字贸易先行示范区建设方案》，这是全国首个数字贸易先行示范区建设方案，方案中提出"推动数字证书、电子签名等的国际互认，试点数据跨境流动，建设国际信息产业和数字贸易港，探索建立以软件实名认证、数据产地标签识别为基础的监管体系"。

（4）海南。2020年6月1日，国务院发布《海南自由贸易港建设总体方案》，要求"在确保数据流动安全可控的前提下，扩大数据领域开放，创新安全制度设计，实现数据充分汇聚，培育发展数字经济"。海南自贸港允许实体注册、服务设施在自贸港内的企业，面向自由贸易港全域及国际开展在线数据处理与交易处理等业务，并在安全可控的前提下逐步面向全国开展业务。

表 6　我国主要自贸区涉及跨境数据流动的相关内容

文件名称	发布部门	具体内容
《上海市数字贸易发展行动方案（2019—2021 年）》	上海市商务局等九部门；2019 年 7 月 25 日	加快打造“数字贸易国际枢纽港”的要素流动载体。强化虹桥国际开放枢纽功能，推动建设以虹桥商务区为主体的数字贸易跨境服务集聚区，允许符合条件的境外企业提高数字贸易增值服务，探索形成高水平的跨境数据流动开放体系
《中国（上海）自由贸易试验区临港新片区总体方案》	国务院；2019 年 7 月 27 日成文，2019 年 8 月 6 日发布	实施国际互联网数据跨境安全有序流动。建设完备的国际通信设施，加快 5G、IPv6、云计算、物联网、车联网等新一代信息基础设施建设，提升新片区内宽带接入能力、网络服务质量和应用水平，构建安全便利的国际互联网数据专用通道。支持临港新片区聚焦集成电路、人工智能、生物医药、总部经济等关键领域，试点开展数据跨境流动的安全评估，建立数据保护能力认证、数据流通备份审查、跨境数据流通和交易风险评估等数据安全管理机制。开展国际合作规则试点，加大对专利、版权、企业商业秘密等权利及数据的保护力度，主动参与引领全球数字经济交流合作
《中国（上海）自由贸易试验区临港新片区管理办法》	上海市商务局等；2019 年 8 月 20 日	第 35 条（互联网基础设施） 临港新片区建设完备的国际通信设施，加快新一代信息基础设施建设，提升宽带接入能力、网络服务质量和应用水平，构建安全便利的国际互联网数据专用通道
		第 36 条（跨境数据流动） 临港新片区聚焦集成电路、人工智能、生物医药和总部经济等关键领域，试点开展数据跨境流动的安全评估，建立数据保护能力认证、数据流通备份审查、跨境数据流通和交易风险评估等数据安全管理机制
		第 37 条（知识产权和数据保护） 临港新片区开展国际合作规则试点，加大对专利、版权、商业秘密等权利和数据的保护力度，主动参与引领全球数字经济交流合作

续表

文件名称	发布部门	具体内容
《中国（上海）自由贸易试验区临港新片区通信基础设施专项规划 2020—2025》	上海市通信管理局；2020 年 4 月 14 日	开展离岸数据中心试点研究。探索在临港国际创新协同区、前沿产业区、综合区先行区、生命科技产业区等片区开展国际互联网访问试点研究，方案报国家相关主管部门同意后开展试点工作。在临港新片区研究探索国际互联网访问监管模式，构建跨境数据流通安全评估体系，逐步建立对企业的数据备案和“白名单”管理机制，以企业为单位开展“白名单”认证直接接入国际互联网，对不同类别企业和互联网应用数据采用不同等级的管理措施，加强事中、事后监管，在安全的前提下促进数据跨境流动
《上海市全面深化服务贸易创新发展试点实施方案》	上海市人民政府；2020 年 11 月 5 日成文，2020 年 11 月 13 日发布	推进数据跨境安全有序流动。探索跨境数据流动分类监管模式，开展数据跨境传输安全管理试点。在临港新片区开展汽车产业、工业互联网、医疗研究（涉及人类遗传资源的除外）等领域数据跨境流动安全评估试点，推动建立数据保护能力认证、数据流通备份审查、跨境数据流动和交易风险评估等数据安全管理机制。探索参与数字规则国际合作，加大对数据的保护力度。试行允许符合条件的外资金融机构因集团化管理而涉及其在境内控股金融机构向境外报送有关数据，特别是涉及内部管理和风险控制类数据。根据国家有关部委规定，探索优化对科研机构访问国际学术前沿网站（自然科学类）的保障服务
《中国（上海）自由贸易试验区临港新片区数字经济产业创新发展“十四五”专项规划》	上海自贸区临港新片区管委会；2021 年 5 月 4 日	先行先试数据跨境便捷流动，集聚数字创新型企业，推动国际数据便利化流通，参与国际数据治理体系建设，推动实施更大程度压力测试。同时，积极搭建跨境研发、跨境数字贸易新型功能性平台，建成集跨境数据中心、新型互联网交换中心、专用数据通道、跨境数据流通于一体的服务平台 启动上海（临港新片区）国际互联网数据专用通道，开始对外提供相关业务咨询和预受理服务。国际互联网数据专用通道预计 5 月正式开通，正式受理企业申请，并为企业提供网络服务

续表

文件名称	发布部门	具体内容
《中国（上海）自由贸易试验区临港新片区发展“十四五”规划》	上海市人民政府；2021年7月22日成文，2021年8月12日发布	先行先试扩大金融、增值电信、数据跨境流动、教育、医疗、文化等领域对外开放，加快发展文化服务、技术产品、信息通信、医疗健康、跨境数据交易等服务贸易 着力打造国际数据港。聚焦“信息飞鱼”全球数字经济创新岛，分领域打造10个跨境产业协同创新示范区，汇聚100家跨境数据配套服务企业和重点领域头部企业，打造1000亿元规模的产业生态体系。探索建设国家数据跨境流动试验示范区，建设以产业集聚、展示交易为一体的跨境便捷交互的“国际数据港”。开展数据跨境流动安全评估，搭建跨境数据流通公共服务平台，确保数据跨境安全可控。在不涉及国家秘密和个人隐私的前提下，探索特定领域数据非本地化存储。加快推进数字产业化与监管创新，集聚数字创新型企业，推动智能网联汽车、电子商务、金融等领域数据跨境流通。加快信息服务业对外开放，有序放开外商投资增值电信业务领域准入限制，完善云计算等新兴业态外资准入与监管 建设国际信息通信设施。依托海缆登陆站，新建和扩容直达亚太、通达全球的海底光缆系统。建设连接长三角区域的骨干光缆网络。统筹区域互联网数据中心、边缘计算节点发展，探索推进全球数据枢纽平台、新型互联网交换中心建设，构建多功能集约化基础设施体系
《关于支持中国（上海）自由贸易试验区临港新片区自主发展自主改革自主创新的若干意见》	上海市人民政府；2021年8月18日	制定“国际数据港”建设方案，率先在智能网联汽车和车联网领域建立数据跨境流动“正面清单＋分级分类”管理制度，开展数据跨境流动安全评估试点，国际互联网数据专用通道投入使用，试点建设新型互联网交换中心
《海南自由贸易港建设总体方案》	国务院；2020年6月1日	网络安全和数据安全风险防控。深入贯彻实施网络安全等级保护制度，重点保障关键信息基础设施和数据安全，健全网络安全保障体系，提升海南自由贸易港建设相关的网络安全保障能力和水平。建立健全数据出境安全管理制度体系。健全数据流动风险管控措施

续表

文件名称	发布部门	具体内容
《海南自由贸易港建设总体方案》	国务院；2020 年 6 月 1 日	数据安全有序流动。在确保数据流动安全可控的前提下，扩大数据领域开放，创新安全制度设计，实现数据充分汇聚，培育发展数字经济 有序扩大通信资源和业务开放。开放增值电信业务，逐步取消外资股比等限制。允许实体注册、服务设施在海南自由贸易港内的企业，面向自由贸易港全域及国际开展在线数据处理与交易处理等业务，并在安全可控的前提下逐步面向全国开展业务。安全有序开放基础电信业务。开展国际互联网数据交互试点，建设国际海底光缆及登陆点，设立国际通信出入口局
		便利数据流动。在国家数据跨境传输安全管理制度框架下，开展数据跨境传输安全管理试点，探索形成既能便利数据流动又能保障安全的机制
《中国（北京）自由贸易试验区总体方案》	国务院；2020 年 8 月 30 日	探索建设国际信息产业和数字贸易港。在风险可控的前提下，在软件实名认证、数据产地标签识别、数据产品进出口等方面先行先试。建设数字版权交易平台，带动知识产权保护、知识产权融资业务发展。对软件和互联网服务贸易进行高效、便利的数字进出口检验。积极探索针对企业的数据保护能力的第三方认证机制。探索建立适应境外客户需求的网站备案制度
《北京市促进数字经济创新发展行动纲要 2020—2022》	北京市政府；2020 年 9 月 7 日	数据跨境流动安全管理试点工程。针对数字服务贸易领域商业存在、跨境交付、境外消费、自然人移动等贸易形态涉及的跨境数据流动、数据保护能力认证等内容，最大限度放宽和创新管理政策机制，营造安全开放的发展新环境
		数字贸易试验区建设工程。开展跨境数据分类分级，建立数据跨境流动规则、安全保护及风险管控机制，推动跨境数据安全有序流动

续表

文件名称	发布部门	具体内容
《北京市关于打造数字贸易试验区实施方案》	北京市政府；2020年9月18日	在试验区内探索开展跨境数据流动试点。立足中关村软件园、金盏国际合作服务区和自贸区大兴机场片区，因地制宜地制定跨境数据流动发展规划，实现在不同领域、各有侧重的跨境数据流动试点试行
		分阶段推动跨境数据流动的有序开放。积极推动试验区内少量试点企业与国外特定范围内实现数据流动合规，帮助国内企业开拓国外市场，并允许少量国外重点企业在中国进一步拓展数字业务。在此基础上，通过不断深化开放内容、增加试点企业数量、完善监管方式等，向区域开放拓展，推动在数字领域更大范围的双向开放和互利双赢
		逐步构建跨境数据流动规则，不断扩大国际合作范围。依托自贸区等重大国家战略，以中日韩、东盟十国等区域的交流合作为基础，不断打开局面，逐步拓展与美国、欧盟等区域的数据跨境流动
		加大关键环节支持力度。加大对数字经济产业、数字贸易企业扶持力度。鼓励数字龙头企业、产业联盟等牵头成立相关领域发展基金，加强对规则制定、研发设计、境外并购、知识产权等关键环节的资金投入，引导国内外数字经济和数字贸易领域高端团队和原始创新项目在京落地转化和发展
《北京国际大数据交易所设立工作实施方案》	北京市政府；2020年9月18日	通过接入北京市交易场所监管系统、北京市交易场所登记结算系统，纳入北京市数据跨境流动安全管理试点，实现对交易过程、资金结算的实时监测
《中国（浙江）自由贸易试验区扩展区域方案》	国务院；2020年8月30日	在国家数据跨境传输安全管理制度框架下，试点开展数据跨境流动安全评估，探索建立数据保护能力认证、数据流动备份审查、跨境数据流动和交易风险评估等数据安全管理机制。加大对专利、版权、企业商业秘密等权利及数据的保护力度，主动参与引领全球数字经济交流合作

续表

文件名称	发布部门	具体内容
《浙江省数字贸易先行示范区建设方案》	浙江省商务厅、省委网信办；2020 年 11 月 2 日	构建兼顾安全和效率的数字贸易规则，简化数据要素流动管理程序，推动规则、标准行业互信互认，加强产业间的知识和技术要素的共享。探索在数据交互、业务互通、监管互认、服务共享等方面的国际合作及数字确权等数字贸易的规则研究。推动数字证书、电子签名等的国际互认，试点数据跨境流动，建设国际信息产业和数字贸易港，探索建立以软件实名认证、数据产地标签识别为基础的监管体系
		在保护知识产权、保护个人隐私等方面加快探索和国际通行规则接轨的数字贸易监管举措，同时在数据流通、数据安全，网络内容监管等方面形成有本地特色的监管体系，并在示范区开展事中事后监管技术建设和试点示范。探索推动与各国数字贸易相关管理机构以及主要城市就数字贸易规则、监管、便利化等方面形成谅解和合作，加快搭建数字知识产权境外维权渠道和争议解决机制

资料来源：课题组整理。

（三）国内数字产权保护和数据流动政策的对比分析

总的来看，我国数据跨境流动制度正处于探索期，各地区从产业发展、实际需求出发，探索数据跨境流动规则（如表 7 所示）。北京市是我国的政治经济中心，立足中关村软件园“国家数字服务出口基地”、金盏国际合作服务区、自贸区大兴机场片区，推进金融和科技合作等行业领域的数据跨境流动；上海市是我国经济中心、金融中心，在临港新片区探索推进集成电路、人工智能、生物医药、总部经济等领域数据跨境流动；浙江省聚焦数字贸易等领域，以市场化方式推进世界电子贸易平台（eWTP）全球布局；海南省聚焦通信等领域，开放增值电信业务，允许实体注册、服务设施在海南自由贸易港内的企业，面向自由贸易港全域及国际开展在线数据处理与交易处理等业务。

从国内数据跨境流动建设的对比情况来看，在公共数据管理方面，浙江省出台了《浙江省公共数据和电子政务管理办法》，北京市出台了《北京市信息化促进条例》和《北京市公共信用信息管理办法》。在数据分级方面，贵州省出台的《贵州省政务数据资源管理暂行办法》对政务数据资源的采集、存储、共享、安全管理以及数据的元数据、来源业务、类别、共享和开放属性、级别、使用要求、更新周期等进行了明确。《天津市公共数据资源开放管理暂行办法》建立数据资源分级分类的开放机制，一方面明确了公共数据资源开放范围，另一方面也制定公共数据资源分类分级规则。不仅如此，北京在跨境数据保护能力第三方认证方面，开始探索建立允许相关机构在可控范围内对新产品、新业务进行测试的监管机制，建立数据保护能力认证机制，推动数据跨境自由流动。《北京国际大数据交易所设立工作实施方案》也率先探索央行法定数字货币在北数所数据交易支付结算中的应用，打造符合数据交易特征的支付结算体系。

表7　国内主要自贸区数据跨境流动的比较

举措	北京	上海	浙江	海南
重点领域	聚焦人工智能、生物医药、工业互联网、跨境电商等领域	聚焦集成电路、人工智能、生物医药、总部经济等领域	聚焦数字贸易等领域	聚焦通信等领域
平台建设	设立北京国际大数据交易所	依托国际光缆登录口，构建跨境数据中心、新型互联网交换中心；建设新型数据监管关口；设立“新片区跨境数据公司”，打造国际数据港的数据服务交换平台	以市场化方式推进世界电子贸易平台（eWTP）全球布局；探索在数据交互、业务互通、监督互认、服务共享等方面的国际合作及数字确权等数字贸易基础设施建设	设立国际通信出入口局

续表

举措	北京	上海	浙江	海南
机制探索	加强跨境数据保护规制合作，促进数字证书和电子签名的国际互认；探索制定跨境数据流动等重点领域规则。提出协议转让、挂牌、应用竞赛等数据产品跨境交易模式	建设新型数据监管关口，探索国际化数据流通机制	开展数据跨境流动安全评估，探索建立数据保护能力认证、数据流动备份审查、跨境数据流动和交易风险评估等数据安全管理机制	开放增值电信业务，逐步取消外资股比限制；探索更加便利的个人信息安全出境评估颁发。开展个人信息入境制度对接，探索加入区域性国际数据跨境流动制度安排

资料来源：课题组整理。

五、临港新片区数字产权保护和数据流动的探索、挑战以及对标国际先进的启示

（一）临港新片区数字产权保护和数据流动的探索

上海临港新片区则是先行探索数据跨境流动领域国际合作规则，积极布局国际互联网数据专用通道等新型通信基础设施，加快国际数据产业发展，在对标发达国家或地区的数字产权保护和数据流动政策实践，以及对标 CPTPP 高标准数字产权保护和数据流动规则方面做了以下探索。

（1）率先开展数据跨境流动分类监管机制探索和安全评估试点。探索“分类管理 + 正面清单”模式，率先在智能网联汽车领域开展数据跨境流动分类监管机制和安全评估试点，同步完成临港新片区数据跨境流动公共服务管理系统的开发和测试，系统已具备正式投用条件，实现数据跨境流动试点的申请、受理、评审、发证等功能。

（2）率先启动“国际数据港”建设。聚焦数字经济，启动“信息飞鱼”全

球数字经济创新岛建设，打造上海数字贸易国际枢纽港的先行区。已建设完成国际互联网专用通道，面向服务外向型园区、企业，开通从园区直达国际出口局的数据专用通道，目前国际互联网数据专用通道九家申请，完成开通六条专线，已签约、建设中五线。目前已发布工业互联网、通信基础设施、智能网联汽车等专项规划，计划五年投入100亿元建设新型基础设施体系，提升信息基础设施硬实力，构建国际数据产业服务体系，打造国际领先的信息科技创新产业链。

（3）率先开展数字产权保护和数据流动立法创新先试。《中国（上海）自由贸易试验区临港新片区管理办法》（以下简称《管理办法》）首次以政府规章的形式对跨境数据流动进行了法律规制。该《管理办法》第35条至第37条分别从加强基础设施建设、数据跨境流动的安全评估以及开展国际合作规则试点三个方面对数据跨境流动作了规定，形成的开放政策和制度创新优势为临港新片区参与制定跨境数据流动全球规则提供了政策支撑。

（二）临港新片区探索数字产权保护和数据流动规则面临的挑战

临港新片区在先行先试数据跨境便捷流动和有序开放方面已取得了一系列成果，包括布局和推动智能网联汽车、工业互联网、金融贸易等多领域企业开展数据跨境流通试点，试点互联网数据中心（IDC）、内容分发网络（CDN）、互联网接入服务（ISP）、在线数据处理等业务对外资开放，探索建立完善的数据跨境流动申请、审核、传输、安全评估、监察监管流程等。但是，在推动数据跨境流动时面临一些亟待解决的问题，具体表现为以下几个方面。

（1）数据跨境流动法律体系尚未完善。《网络安全法》和《数据安全法》虽提出安全评估制度，但涉及个人数据跨境流动的《个人信息和重要数据出境安全评估办法（征求意见稿）》《个人信息出境安全评估办法（征求意见稿）》均未落地，《个人信息保护法（草案）》虽做出一定规定，但相应的配套措施、具有可操作性的跨境数据流动制度仍处于缺位状态，使新片区内企业在跨境数据流动的具体策略和执行上面临较大的不确定性和模糊性。

（2）缺乏跨境数据流动领域的国际互信机制。目前，欧盟与美国主导着跨境数据流动的国际规则体系，通过签订双边或多边等多种形式的数据流动协议，掌握着全球数字贸易规则的主动权。例如《全面进步的跨太平洋伙伴关系协定》CPTPP 规定有关于“数据自由流动”“禁止数据本地化”等条款，欧盟建立“白名单”机制促进数据流动等。相比之下，我国跨境数据流动国际合作机制方面滞后，加入的有关跨境数据流动的自由贸易协定少，尚未与其他国家和地区建立合作互信机制，与其他国家间存在壁垒，在跨境数据传输的适用规则上存在冲突，缺乏与外国企业的交流与合作机制，使临港新片区的跨境数据管理在一定程度上受到限制，不利于临港新片区参与跨境数据流动国际规则的制定。

（3）数据安全管理机制规定不明晰。临港新片区在推进数据跨境流动时，针对安全评估、监管管理等方面的规定不够明晰。如数据本地化存储如何进行分类管理，如何界定跨境数据流动的各类场景，如何建立智能网联汽车、电子商务、金融等领域的数据跨境模式，如何开展数据跨境流动安全评估，如何确保国家数据安全和个人隐私保护，诸如此类的问题仍然亟待解决和优化。

（4）数字产权保护亟待加强。临港新片区目前已成立了上海市浦东新区人民法院自贸区法庭、自贸区知识产权法庭临港新片区审判站和上海市检察机关临港新片区知识产权保护中心，重点关注新片区知识产权保护问题。但是，临港新片区关于商标、工业设计、版权和专利等具体规定仍然不够明确，尤其是新数字经济体下的著作权保护，保护力度仍然需要加强。

（三）临港新片区探索数字产权保护和数据流动规则的国际对标研究

1. 临港新片区对标发达国家或地区的启示

借鉴国外发达国家或地区在数字产权保护和数据流动方面的先进做法（见表 8），在其进行对标后，提出以下建议。

表 8　国外跨境数据流动的政策体系比较

名称	《通用数据保护条例》GDPR	《加利福尼亚州消费者隐私保护法案》CCPA	《APEC 跨境隐私规则体系》	迪拜《数据保护法》
生效时间	2018 年 5 月 25 日	2020 年 1 月 1 日	2011 年 11 月 13 日	2020 年 6 月 1 日
适用范围	在欧盟设立机构的数据控制者和处理者和未在欧盟设立营业场所、但向欧盟的数据主体提供商品或者服务的，以及未在欧盟设立营业场所、但在欧盟境内处理个人数据且根据国际公法应当适用欧盟成员国法律的	加州居民的个人信息和满足在加州的年度总收入超过 2500 万美元，或为了商业目的每年单独或组合购买、收取、出售或共享 50000 或更多人的个人信息，或通过销售加州消费者个人信息的收入占其年收入的 50%或以上三项条件之一的企业	亚太地区涉及个人信息跨境传输业务的企业，但不包括政府	在 DIFC 内成立的数据控制方或处理方处理、转移数据的活动
跨境数据转移	对数据跨境传输到欧盟境外的情况规定了较为严格的条件：数据输入者所在国是否在“充分性认定白名单”；是否提供适当协议、行为准则为跨境传输提供保障；企业集团内部是否建立起有约束力的公司规则并被监管机构批准；向第三国或国际组织传输个人数据必须满足订立标准合同、通过“必要性测试”和“偶然性判定”等条件。2020 年欧盟法院确认了“标准合同条款”（SCC）数据跨境流动方式的有效性	“原则上允许，有条件禁止”。未对数据跨境流动设置限制，允许数据销售给第三方，但基本只涉及消费者隐私保护的内容。将精确地理位置数据纳入个人敏感数据范畴	如果处于不同国家的不同公司，统一承诺遵循 APEC 隐私框架（提出的九大个人信息保护原则，则个人数据在这些公司之间流动就应该不受阻碍。不要求参与国修改或降低国内个人数据保护水平，但强制这个国家在管控个人信息出境时，不得要求第三国的数据接收方提供超过 APEC 的保护水平	DIFC 强调输入国应有足够充分的数据保护水平，由数据保护专员须判断是否可以将个人数据从 DIFC 转移出；或相关控制者或处理者采取了适当的数据保护措施；或数据主体被告知缺乏适当的保障措施而可能导致风险；授予数据主体一个月内要求提供其个人信息副本的权利和删除个人信息的权利

续表

名称	《通用数据保护条例》GDPR	《加利福尼亚州消费者隐私保护法案》CCPA	《APEC 跨境隐私规则体系》	迪拜《数据保护法》
违规处罚	对数据控制者或数据处理者的行政罚款根据违规行为的性质不同，分为轻重两类：较轻的一类，处罚1000万欧元或全球营收的2%（以较高者为准）；较重的一类是2000万欧元或全球营收的4%（以较高者为准）	企业每次违法行为的罚款最高为2500美元，每次故意违法行为的罚款最高为7500美元	由隐私保护执行机构责令采取补救措施，或予以起诉。违反执行通知可被判罚款及监禁	按照违规行为涉及的特定条款规定不同的行政罚款金额，同时规定了对客户的损害赔偿和补偿原则
名称	美国《澄清境外数据的合法使用法案》	韩国《个人信息保护法案》（PIPA）	新加坡《个人数据保护法》（PDPA）	日本《个人信息保护法》
生效时间	2018年3月23日	2011年3月；2020年1月最新修订	2012年10月15日；2020年5月14日修改	2005年4月1日；2020年6月5日修订
适用范围	依其国家利益采用“数据控制者标准”划定管辖范围，无论通信、记录或其他信息是否存储在美国境内	规范韩国国内个人数据的收集、使用和披露	规范新加坡国内个人数据的收集、使用和披露	以日本民间领域为对象
跨境数据转移	符合条件的外国政府加入签订数据流动协议后，可以直接命令美国境内的组织传送数据，美国也可以根据协议相应条款直接获取该成员国或地区境内组织的数据信息	个人信息管理者向位于境外的第三人提供个人信息，应保障信息主体的知情同意；在特定情形下，如国际公约规定、国际金融合作的需要等，跨境传输相关金融信息可不需事先获得同意；工业、经济、科学、技术等的重要信息限制流动	没有规定明确的数据跨境流动的本地化要求，对网关不设限制，不要求建立商业实体、在当地建设数据中心或者进行特定数据容灾备份，对企业投资数据中心（IDC）也没有限制；允许本地企业在未经事先同意的情况下就出于合法利益和业务改善的目的使用消费者数据；新增“数据可携带义务”，赋予用户从现有数据控制者手中获取数据，并携带到另一数据控制者的权利	在向外国第三方提供个人信息时，应事先征得本人的同意。外国第三方根据需要提供委托合同、共同内部法规以及提供个人数据方满足APEC跨境隐私规则系统认证等担保。修改后，允许个人信息跨境流动有三种情形：日本认定的“白名单”国家；位于第三国的数据接收方遵循了“日本个人数据保护法指定的保护标准”；个人信息主体的同意

续表

名称	美国《澄清境外数据的合法使用法案》	韩国《个人信息保护法案》（PIPA）	新加坡《个人数据保护法》（PDPA）	日本《个人信息保护法》
违规处罚	—	对数据安全漏洞进行严厉制裁，包括巨额罚款和监禁（高达5000万韩元的罚款和最多5年的监禁）	对数据泄露处以更严厉的罚款，最高罚款可以高于100万新加坡元	违反国家命令时，处以6个月以下或30万日元以下罚款；作出虚假报告时，处以30万日元以下的罚款；员工以非法获利为目的提供窃取个人信息数据库时，处以1年以下有期徒刑或50万日元以下的罚款

资料来源：课题组整理。

（1）建立跨境流动数据分级分类标准和管理制度。目前各国对跨境数据均采取分级分类管理的方式，例如韩国则规定通信服务提供商应采取必要手段，防止有关工业、经济、科学技术等重要信息通过互联网向国外流动；美国将农业、受控技术信息、关键基础设施、应急管理、出口控制、金融、地理产品信息、信息系统漏洞信息、情报、国际协议、执法、核、隐私、采购与收购、专有商业信息、安全法案信息、统计、税收18个门类界定为“重要数据”，采取了较为严格的数据管理措施；欧盟对于普通个人数据允许跨境流动，但需要数据流入国满足一定安全认证要求。借鉴发达国家或地区跨境数据分级分类管理的方式，建议临港新片区将数据分为一般数据、重要数据和敏感数据三类进行管理。对于涉及国家秘密、商业秘密、国家安全类的敏感数据，不允许出境；对于集成电路、人工智能、生物医药、总部经济等领域的重要数据实行总体上严格的跨境数据流动限制，但针对部分试点领域有序实施限制更少的跨境数据流动管理，如率先在智能网联汽车、电子商务、金融等领域推动数据跨境流通，探索构建以患者为中心的医疗数据安全防护体系，实施医疗数据使用授权管理，通过采用患者对数据使用者授权的方式，赋予外部数据使用权；对于一般的行业数据的跨境流动可采取较为宽松的管理措施，满足一定的数据安全评估条件即可出境，同时借助于区块链等新兴技术手段建立自动化监管流程，进行实时的风险评估。

（2）探索建立标准格式合同管理模式。借鉴欧盟标准格式合同制度，在临港新片区先行探索由政府和大型企业共同研究制定有关跨境数据流动协议的指示性范本。如韩国在人工智能、新能源汽车、生物医药、节能环保等新兴产业领域具备国际领先优势，可以通过临港新片区与韩国相对领先领域开展标准格式合同管理模式的试点合作，在人工智能、新能源汽车等重点行业领域共同研究制定有关跨境数据流动协议的指示性范本，率先推动行业跨境数据流动标准的出台，通过合同规定数据输出方和数据接收方关于数据保护的权责分配关系，减少数据流动风险。

（3）引入第三方对数据保护能力认证机制。借鉴 APEC 跨境隐私规则中的“问责制”原则以及欧盟《通用数据保护条例》第 42 条、第 43 条的相关规定，建立数据保护的认证机制。在要求企业自行制定自律性隐私政策的基础上，增加专门的第三方问责代理机构对企业进行定期与不定期的审查与认证，专业性的第三方认证机构在获得监管部门委托授权后对临港新片区内提出认证申请的企业进行审查，若企业内部数据合规情况达到认证标准，即向该企业颁发最长不超过 3 年有效期的认证标志，到期后企业视情况自愿续展。

（4）设置数据保护监管机构，形成统一监管体系。借鉴欧盟 GDPR 中关于跨境数据流动管理的组织架构做法，临港新片区可以设置相应的组织机构负责落实具体工作、统一标准和总结经验，建立企业内部数据安全评估机制，最终形成统一的监管体系。在最基层单位设立企业数据保护官落实具体工作，要求跨国企业设置一名数据保护官，负责向本单位管理层定期汇报企业跨境数据流动的工作情况，进行跨境数据流通的备份审查，监督数据处理程序的合理使用。在片区内设立数据保护监管专员，负责与企业数据保护官进行工作对接，对企业处理数据传输工作提供必要的技术解决方案指导，宣传推广优秀企业的数据跨境流动和保护的实践经验，对企业申请国外监管机构或第三方认证提供帮助和指导。

（5）探索新的个人数据跨境流动原则和标准。新加坡《个人数据保护法》在数据跨境流动方面作出了新的规定，例如将个人数据使用的“同意的例外”要求更改为允许企业为“合法目的”、业务改进和更广泛的研发范围使用、收集和披露数据；新增“数据可携带义务”，赋予用户从现有数据控制者手中获取自己的数据，并携带到另一数据控制者的权利。借鉴新加坡有关数据跨境流动的做法，在临港新片区探索制定数据可携带的权力义务、传输条件等相关规则，允许个人享有数据传输请求权，可以向拥有数据的组织即传输组织提出传输请求，要求其将符合条件的数据发送给接收组织。在不涉及国家秘密的前提下，探索特定领域和特定情形下的数据非本地化存储，如允许本地企业在未经事先同意的情况下就出于合法利益和业务改善的目的使用消费者数据，对网关不设限制，不要求建立商业实体、在当地建设数据中心或者进行特定数据容灾备份，对企业投资数据中心（IDC）不设置限制。

（6）积极参与国际层面的认证信任机制。欧美发达国家通过认证等双边机制建立信任关系，以获得重要贸易伙伴国的数据保护认证。例如，美国与欧盟之间曾长期履行“安全港”协议，以及此后达成的“隐私盾”协议，虽然目前均被欧盟司法机构认定为无效，但认证协议已经成为国家间跨境数据流动的基本模式。因此，临港新片区应充分利用“一带一路”倡议、中国国际进口博览会等契机，推动与相关国家和城市洽谈建立跨境数据流动的双边/多边规则，探索建立“白名单”机制，根据个人信息保护状况及对等措施，将部分地区纳入可自由流动的国家与地区。推动与相关国家和区域数据的双向流动，在规则设计方面借鉴欧盟“长臂管辖”的原则，强化数据出境后的风险评估和监管。

2. 临港新片区对标 CPTPP 的启示

对标 CPTPP 与临港新片区的结果表明（见表 9），目前临港新片区的数字知识产权和数据跨境流动规则还不够明确和具体，与 CPTPP 标准也存在一定差距。

表 9　临港新片区与 CPTPP 的政策对标

政策	CPTPP	临港新片区
数字知识产权保护	在版权方面，要求保护著作、表演和音像作品，包括歌曲、电影、书籍和软件等，增加了复制权的内容。第 18.58 条将数字形式增加到了复制权的控制之中	加大对专利、版权、企业商业秘密等权利及数据的保护力度
	在执法方面，打造针对伪造商标和版权剽窃等行为的刑事程序和强有力执法体系。第 18.77 条将著作权和商标权领域应纳入刑事处罚范畴的违法行为进行了扩展；第 18.78 条将侵犯商业秘密行为纳入刑事范围，提高了商业秘密的保护层级	
数据跨境流动	禁止对电子商务征收关税，禁止各缔约方为偏袒国内生产商或供应商而采取歧视措施或网络封锁；禁止将设立数据中心作为电子商务企业市场准入条件，禁止要求电商企业转让或获取软件源代码	试点开展数据跨境流动的安全评估，建立数据保护能力认证、数据流通备份审查、跨境数据流通和交易风险评估等数据安全管理机制

资料来源：课题组整理。

具体来看，CPTPP 对于数据跨境流动的规则，是禁止数据本地化要求和对软件源代码的披露，有助于促进数据的跨境流动。但是我国的《网络安全法》对于关键信息提出了本地化要求，规定“关键信息基础设施的运营者在中华人民共和国境内运营中收集和产生的个人信息和重要数据应当在境内存储”，远低于 CPTPP 的规则要求。相应的对标思路如下：按照国家网信部门以及国务院有关部门制定的办法进行安全评估，允许适当的非本地化要求。在知识产权方面，CPTPP 保留了包括几乎所有类别的知识产权保护和执行（如商标、地理标志、工业设计、版权和相关权利、专利、农用化学品、商业秘密以及民事、刑事和边境执法）的规定，涉及范围广、保护力度大、惩罚力度强，特别在防范商业秘密盗窃（包括网络盗窃）、加快商标注册流程以及打击假冒产品方面采取了强力措施。相应对标思路如下：①加强数字知识产权保护，在临港新片区先行先试严格的网络著作权保护，包括提高著作权年限、扩大著作权保护范围、加大网络侵权的查处等。②加快制定针对信息数据跨境传输的相应法律法规，从数据加密、合同认证、电子签名、电子支付、安全审查、避免双重征税和禁止权利滥用等方面规定行为规范和准则。③加大侵权处罚力度，将对于数字形式著作权的违法行为纳入刑事处罚范畴，将侵犯商业秘密行为纳入刑事范围，提高数字知识产权的保护层级。

六、推动临港新片区数字产权保护和数据流动发展的实施路径

（一）加强数字产权保护力度

（1）建立数字产权保护规章体系。针对数字经济及其重点领域发展特点和发展需求，重点围绕数据所有权、数据使用权、大数据知识产权等内容，加快制定出台一批地方性法规或部门规章，形成灵活反应、兼容与可持续的法规体系。对现有法规进行全面的梳理，及时修订完善不适应数字经济发展的相关条款，增加支持“互联网+”、电子商务、大数据等新业态、新领域知识产权保护规则。完善知识产权保护相关法律和权利人维权机制，加强知识产权综合行政执法，将侵权行为信息纳入社会信用记录。

（2）强化数字产权保护战略。加强数字领域关键环节专利导航，引导企业加强数字产权战略储备与布局。打造具有影响力的数字产权服务企业和品牌，提升面向数字经济的专业服务能力，推动数字产权服务业发展。推进专

利基础信息资源开放共享，支持在线知识产权服务平台建设。开展国际合作规则试点，加大对专利、版权、商业秘密等权利和数据的保护力度，主动参与引领全球数字经济交流合作。支持数字经济企业知识产权建设，对于获批国家级知识产权优势企业、知识产权示范企业的数字经济企业，予以相应的奖励经费。先行先试严格的网络著作权保护，包括提高著作权年限、扩大著作权保护范围等。

（3）推动数字产权证券化发展。研究数字领域知识产权相关制度，强化对数字贸易企业境外知识产权布局支持，指导企业开展专利导航、知识产权境外预警和纠纷应对。探索构建包含专利、商标、版权等知识产权要素的基础资产组合，研究推动数字产权证券化。建设数字版权交易平台，带动知识产权保护、知识产权融资业务发展。

（4）建设数字产权服务体系。组建临港新片区知识产权综合服务窗口，引进专利、商标、版权领域资源，为区域企业提供确权、保护、交易、运用等“一站式”服务。推动临港新片区与市知识产权局不断深化合作，争取相关知识产权领域的制度创新政策在临港新片区先行先试，共同探索知识产权创造、保护、运用的新机制、新模式，构建便民利民的知识产权公共服务体系。

（5）加大侵权行为处罚力度。加快制定针对信息数据跨境传输的相应法律法规，从数据加密、合同认证、电子签名、电子支付、安全审查、避免双重征税和禁止权利滥用等方面规定行为规范和准则，对国内购买者和使用者侵权行为执行严格的认定标准和处罚力度。将对于数字形式著作权的违法行为纳入刑事处罚范畴，将侵犯商业秘密行为纳入刑事范围，提高数字知识产权的保护层级。

（二）建设完备的国际通信设施

加快构建高速、移动、安全、泛在的新一代信息基础设施，形成万物互联、人机交互、天地一体的网络空间，为数据流动提供坚实的信息基础设施支撑。

（1）打造新型泛在移动网络。加快5G、IPv6、云计算、物联网、车联网等新一代信息基础设施建设，形成连续广覆盖、大容量、高速率的优质移动网络。推进由中国移动公司承担的国家5G规模组网建设及应用示范工程项目实施，培育5G产业发展生态圈，启动5G网络建设。加快IPv6发展，推动LTE（长期演进）网络、基础电信企业自营业务系统IPv6改造，推动基础电信企业、广电企业和数据中心运营企业完成数据中心的内部网络和网关设备IPv6改造，满足支持IPv6业务接入和承载的需要。推进物联网网络基础设施建设，完善NB－IoT网络覆盖，推进eMTC网络建设，与NB－IoT实现协同。

（2）加快国际互联网数据专用通道建设。推进临港新片区内国家级互联网骨干直联点投入运营，与各企业的省际出口带宽形成网间互联“双通道”。提升临港新片区内宽带接入能力、网络服务质量和应用水平，推动中国移动、中国联通等移动网络公司面向“一带一路”的国际互联网数据专用通道投入使用。推进国际互联网数据专用通道、新型互联网交换中心和离岸数据中心的探索试点工作。试点建设新型互联网交换中心，将运营商网络、大型互联网企业、ISP企业、各类大型云计算数据中心、物联网、工业互联网等多主体接入交换中心，实现“一点接入，多点互通”的高效流量交换。

（3）推进数字经济新型应用设施部署。加强数据中心、CDN（内容分发网络）等新型应用基础设施的统筹规划和部署，依托电信运营商、专业CDN服务商，构建面向国际的跨国CDN网络，逐步扩大CDN网络覆盖范围。统筹推进数据中心建设，吸引电信运营商、大型互联网企业、专业数据中心运营企业和行业龙头企业等来临港新片区建设数据中心。建设新型基础设施体系，提升信息基础设施硬实力，构建国际数据产业服务体系，打造国际领先的信息科技创新产业链。

（三）建立安全的跨境数据流动体系

（1）建立数据安全保护体系。制定适用于所有领域的统一的、严格的、高标准的个人信息保护规则，并在临港新片区设置数据保护监管机构，建立企业内部数据安全评估机制，形成企业数据保护官和数据保护监察官员两级监管体系。推动数据防窃密、防篡改、防泄露、数据脱敏、数据审计、数据备份、加密认证、流动追溯等安全技术研发和部署，加强数据采集、传输、存储、使用和开放等环节的安全保护，提升重要数据资源和个人信息安全保护能力。建设大数据安全靶场，开展大数据与网络攻防演练。推动合同、发票、证据、档案、凭证等电子化转变，加快构建安全可信的数字商务运行环境。搭建数据跨境流动公共服务平台，开展跨境流通数据受理、流通监管和跟踪追溯。

（2）加强数据保护能力认证。根据《云服务用户数据保护能力参考框架》《云服务用户数据保护能力评估方法》，从数据防窃取性、数据访问安全性、入侵防范、应急响应、安全审计等方面对各厂商云主机、云数据库、块存储、对象存储的数据保护能力展开系统评估。积极推动临港新片区内企业与国际领先的第三方检验、检测和认证机构签署战略合作协议，基于欧盟GDPR法案和企业内部2PfG标准，全面加强物联网产品的隐私保护，提高对个人信息安全和隐私权利方面的保护。

（3）建立跨境数据流通和交易风险评估机制。针对个人信息的收集、处理、共享、转让、公开等环节，按照国家标准《信息安全技术个人信息安全规范》形成完整的个人信息安全影响评估报告，并以此采取保护个人信息主体的措施。要求涉及数据出境的信息控制者定期（每年至少一次）开展个人信息安全影响评估。将跨境数据流通和交易风险评估列为个人信息控制者安全影响评估的重要内容，特别是涉及数据出境的信息控制者，应设立专项评估审查事项。

（四）优化跨境数据流动治理体系

（1）加快完善跨境数据法律管理制度体系。依托《个人信息出境安全评估办法》《关键信息基础设施安全保护条例》《数据安全法》《网络安全法》等现有法律法规，针对数据出境和入境安全评估事项形成统一客观、可操作性强的数据跨境流动法规，以适应数据跨境流动合规建设和多元化发展要求。对特殊敏感数据出台专项保护规定，出台专门的生物识别数据保护法案，保护生物识别数据安全。在移动互联网和车联网的发展中，将精确地理位置数据纳入个人敏感数据范畴。

（2）建立健全跨境数据流动安全管理机制。贯彻落实国家网络安全法，推动临港新片区加快建立责任明晰、安全可控、能力完备、协同高效、合作共享的跨境数据流动安全保障体系。落实网络安全等级保护制度，同步规划、同步建设、同步使用安全技术措施，定期开展安全检查、风险评估工作，完善跨境数据流动安全事件应急预案。健全网络安全风险预警、情报共享、研判处置和应急协调机制，运用人工智能、大数据技术提升综合预警分析能力。

（3）建立分级分类的数据出境安全监管机制。探索“分类管理＋正面清单”模式，率先在智能网联汽车领域开展数据跨境流动分类监管机制和安全评估试点。拓展数据跨境流动试点领域，探索在工业互联网、金融、跨境电商等领域试点数据跨境流动。在临港新片区探索制定数据可携带的权力义务、传输条件等相关规则，允许个人享有数据传输请求权，可以向拥有数据的组织即传输组织提出传输请求，要求其将符合条件的数据发送给接收组织。在不涉及国家秘密的前提下，探索特定领域（如个人信息数据）和特定情形下的数据非本地化存储，对网关不设限制，不要求建立商业实体、在当地建设数据中心或者进行特定数据容灾备份。允许临港新片区内企业出于合法利益和业务改善的目的，在未经事先同意的情况下使用消费者数据。对于涉及国家安全的敏感数据，采用“一事一议”、行政审批等强监管措施。探索制定对低风险国家地区的数据出境“白名单”，减少数据流动障碍。参考欧盟标准合同范本，率先在人工智能、新能源汽车等重点行业领域建立指引性的数据跨境流动协议范本，引导企业在数据出境中通过合同法律机制来管控数据出境风险。

（4）加强跨境数据流动管理国际合作。增进国际交流，构建政府间、行业间、研究机构间多类型多线条的沟通模式，确保管理框架和基本制度与国际规则衔接，增进跨境数据领域国际互信。加强跨境数据流动认证，以工业互联网、车联网等重点领域数据出境为突破口，积极寻求与重要贸易伙伴通过双边、多边协议建立跨境数据流动认证等信任机制，打通数据跨境流动壁垒。积极促进跨境执法、公共机构间跨境数据传输等重点领域的国际合作。

（五）打造跨境数据流动国际化平台

（1）完善跨境数据流动合作框架。举办“数字丝路”跨境数据流动高峰论坛，开展大数据、物联网、信息服务外包、跨境电子商务等主题交流活动，提升论坛高端化、国际化水平。在临港新片区内探索开展数据保护领域的国际合作规则试点，推进与“一带一路”沿线国家及地区数据保护的区域性多边协议，形成跨境数据传输的一致协议。积极参与全球跨境数据传输规则及数据保护标准的制定，强化国际组织如经合组织、亚太经合组织、联合国等提出的关于个人数据保护的基本原则，积极参与数据保护领域的多边公约。

（2）打造信息服务业开放合作的国内外“连接器”。推动龙头企业、特色企业、行业机构参与临港新片区信息产业联盟共建活动，广泛邀请和吸引全球范围信息化领域的知名机构、优势特色组织参与共建，致力于推进融合开放的信息产业及相关专业服务发展，加速扩大产业集聚，形成优质高效的信息化产业生态圈。加快建设亚太信息通信枢纽港，形成信息服务业开放合作的连接枢纽。

（3）推进重点领域数据流动合作。推动建立“数字丝路”统一的数字资源共享交换体系，促进中国与其他国家信息共享交换标准化发展。加快建设“数字丝路”商贸联通数字平台，推动银行、通关、检验检疫、税务等领域信息共享互信互认，为“数字丝路”经贸合作相关的跨境数据流动提供支撑。推进人工智能、生物医药、智能制造、总部经济等领域服务平台建设，形成区域性资源共享和普惠服务合作中心，探索国际化数据流通机制。

（4）建设“数字丝路”的国际枢纽口岸。支持临港新片区跨境数据科技公司打造国际数据港的数据服务、交换服务平台，在政府管理部门的统筹规划下，支撑服务数字经济领域的前沿企业落地“信息飞鱼”。建设面向“一带一路”国际枢纽口岸，搭建大跨境数据应用创新和实验公共服务区，支持入驻企业开展运营数据清洗、分析挖掘、区块链应用等业务。建设“数字丝路”大数据交易中心、展示中心、双创服务中心，发展成果展示、数据交易、数据融资等新型业务。